| 龜峯학술논총 제4집 |

구봉 송익필의
철학과 문학

✪ **구봉문화학술원** 편저

책미래

발간사

　구봉학술총서 제4집 〈구봉 송익필의 철학과 문학〉이 산고 끝에 발간
되었다. 저희 구봉문화학술원은 16세기 조선조의 대표적인 유학자 龜峰
宋翼弼 선생의 학문과 사상을 연구하고, 구봉선생의 삶과 철학을 현대
적으로 재조명하는데 노력을 기울여왔다. 어려운 여건에서도 학술대회
를 지속적으로 개최해 왔고, 구봉학술총서도 제1집『잊혀진 유학자 구
봉 송익필의 학문과 사상』, 제2집『구봉 송익필 학문, 기호유학에서의
위상』, 제3집『고봉 송익필의 학문적 지평』을 이미 발간한 바 있다.

　구봉 송익필(1535~1599)선생은 율곡(栗谷), 우계(牛溪)와 더불어 도의
지교(道義之交)를 하고, 평생 절차탁마하며 학문을 닦고 심신을 조련하
여 조선조의 훌륭한 유학자로 대성하였다. 구봉선생은 조모의 신분으로
연좌되어 벼슬길에 나아가지 못했고, 또 부친의 잘못으로 불우한 삶을
살아야 했다.

　그럼에도 불구하고 그는 율곡, 우계의 지극한 예우를 받으며 당당하
게 유학자의 길을 걸어 존경을 받았다. 구봉선생은 성리학에 있어서도
『태극문(太極問)』이라는 전문적인 저술을 남기고 있을 뿐만 아니라 율
곡으로부터 그의 성리학적 식견에 대해 존경을 받았다. 또한 예학에 있
어서는 ‘동방예학(東方禮學)의 종장(宗匠)’으로 일컬어지는 사계(沙溪)
김장생(金長生)이 그의 문하에서 나왔고, 우리나라 예학의 초석이 된
『가례주설(家禮註說)』과『예문답(禮問答)』은 그의 저술이다. 아울러 그는

조선의 제갈량으로 불릴 만큼 경세에도 밝아 도우(道友) 율곡의 자문 역할을 하였을 뿐만 아니라 문학에도 조예가 깊어 '산림삼걸(山林三傑)', '조선의 8문장가'로 명성이 높았다.

이와 같이 구봉선생은 성리학, 예학, 경세학, 문학에서 탁월한 학문적 업적을 남겼음에도 불구하고, 객관적인 평가를 제대로 받지 못한 채 잊혀진 유학자로 방기된 것은 가슴 아픈 일이다. 이런 점에서 본 구봉문화학술원은 사명감을 갖고 구봉선생의 현창을 위해 더욱 노력할 것을 다짐한다. 그동안 구봉선생을 존경하여 구봉선생 현창사업에 많은 후원을 해 주신 훌륭한 분이 계시지만, 본인의 뜻에 따라 이름을 밝히지 않기로 한다. 다만 그동안 그 후원으로 많은 학술대회와 학술총서가 간행될 수 있었음을 밝히며 충심으로 감사의 인사를 드린다.

이번 구봉학술총서 제4집에는 김세정, 강보승, 김창경, 전성건, 황수영 교수의 철학논문과 최영성, 이향배, 유기원 교수의 문학 내지 문화적 논문이 게재된다. 옥고를 주신 여러 교수님들께 감사드린다. 아울러 이 책이 나오기까지 구봉현창에 앞장서서 구봉문화학술원을 실질적으로 이끌어주는 김창경 부원장에게 감사드린다. 이 학술총서가 구봉의 학문과 사상을 연구하는 데 도움이 되고 나아가 전통문화 선양의 길잡이가 되어 줄 것을 기대한다.

2024년 4월 23일
구봉문화학술원 원장 황의동

차 례

제1부 구봉 송익필 철학사상

구봉詩 감상

〈우득기우계(偶得寄牛溪)〉

萬物從來備一身,　　만물의 이치가 본래 몸에 갖추어졌으니

山家功業莫云貧.　　산가의 공업이 빈약하다 말하지 마소

經綸久斷塵間夢,　　경륜은 세속의 꿈속에 끊긴지 오래고

詩酒長留象外春.　　시와 술로 형상 밖의 봄에 오래 머물었지

氣有閉開獜異馬,　　열고 닫힘이 있는 기는 기린과 말이 다르고

理無深淺舜同人.　　깊고 얕음 없는 이치는 순과 사람이 같지

祥雲疾雨皆由我,　　상서로운 구름 풍우가 모두 나로 말미암으니

更覺天心下覆均.　　천심이 아래에 균등하게 덮음을 깨달아야지

〈『구봉집』, 권2, 『偶得寄牛溪』〉

세계를 보는 두 개의 시선, 구봉 성리학과 양명심학[1)]

김세정[2)]

1. 들어가는 말

　조선시대 16세기의 대표적인 성리학자 가운데 한 사람인 구봉(龜峯) 송익필(宋翼弼, 1534~1599)은 이이(李珥, 1536~1584), 성혼(成渾, 1535~1598), 정철(鄭澈, 1536~1593) 등과 학문적 교유 관계를 유지하며 기호 유학 성립과 발전에 지대한 공헌을 하였다. 그는 성리학뿐만 아니라 예

---

1) 이 글은 구봉문화학술원 정기학술대회(충남대 인문대학 문원강당, 2022. 12. 03.)에서 발표하고, 『陽明學』 제68호(2023)에 게재된 것임을 밝혀둔다.

2) 충남대학교 인문대학교수

학(禮學)에도 뛰어났다. 송익필은 특히 문장에 능해 이산해(李山海, 1539~1609), 최경창(崔慶昌, 1539~1583), 백광훈(白光勳, 1537~1582) 등과 함께 8문장가의 한 사람으로 시와 글씨에도 탁월한 것으로 평가된다. 김장생(金長生, 1548~1631)과 정엽(鄭曄, 1563~1625) 등 많은 제자를 배출하였는데, 김장생은 송익필의 예학을 계승하여 조선 예학의 대가가 되었다. 예학을 중심으로 한 송익필은 학문과 사상은 김장생을 통해 이후 송시열(宋時烈, 1607~1689), 윤선거(尹宣擧, 1610~1669), 송준길(宋浚吉, 1606~1672) 등에게로 계승되었다.[3]

　　이러한 위상에도 불구하고 송익필은 16세기의 대표적 성리학자인 이황(李滉, 1501~1570), 기대승(奇大升, 1527~1572), 이이, 성혼 등에 비해 제대로 주목을 받지 못했다. 이로 인하여 송익필에 대한 연구 성과는 이들에 비해 상대적으로 빈약하다.[4] 다행히 2010년대 '구봉송익필선생기념사업회'가 만들어지고 2016년에 '구봉문화학술원'이 개원하면서 송익필의 생애와 사상에 대한 많은 관심과 집중적인 연구가 진행되었다. 그동안 8차례의 구봉 송익필 관련 학술대회를 개최하고, 그 성과들을 모아서 2016년에 구봉학술총서 제1집 「잊혀진 유학자 구봉 송익필의 학문과 사상」을, 2018년에는 제2집 「구봉 송익필 학문, 기호유학에서의 위상」을, 2020년에는 제3집 「구봉 송익필의 학문적 지평」을 간행하였다. 이를 통해 송익필을 현대 학문의 장으로 재소환하여 송익필의 학문을 현대 사회에 맞게 재조명하고 재구성하기 위한 발판을 마련하는 성과를 이루었다.

---

3) 김창경, 『구봉 송익필의 도학사상』, 책미래, 2014, 24~25쪽 참조.
4) 송익필 관련 연구 성과는 『구봉 송익필의 학문적 지평』(구봉문화학술원 편저, 책미래, 2020) 「부록 1. 구봉 송익필 학술연구 자료 목록」에 수록되어 있다.

3권의 '구봉학술총서'에 수록된 내용에 한정해 봤을 때, 송익필과 관련한 연구는 송익필의 생애와 관련한 내용을5) 비롯하여 송익필의 학문과 교유관계,6) 송익필의 성리학에 관한 내용,7) 송익필의 예학 사상에 관한 내용,8) 송익필의 문학사상 및 서예와 관련한 내용,9) 송익필의 수양론과 경세사상과 관련한 내용이 있다.10) 그 외에 송익필 관련 연구 현황을 분석한 박학래의 「구봉 송익필에 관한 연구 현황 및 과제」(총서 제2집에 수록), 구봉성리학 계승에 관한 유지웅의 「기호성리학 계승 1세대 학자들의 구봉성리학 수용양상」(총서 제2집에 수록)과 도가사상과의 연관성을 밝힌 이종성의 「구봉 송익필의 도가사상에 나타난 이상적 인격과 삶의 지평」(총서 3집에 수록) 등이 있다. 3권의 총서는 송익필의 생애와 학문과 사상을 총체적으로, 그리고 다각도에서 입체적으로 조망하

---

5) 대표적으로 총서 제1집에 수록된 황의동의 「역경 속의 진유, 구봉 송익필」, 최영성의 「구봉 송익필의 학문사상과 한국유학사상에서의 위상」, 황인덕의 「전설로 구현된 송구봉의 인물상과 그 의의」 등이 있다.

6) 대표적으로 총서 제1집에 수록된 김창경의 「『삼현수간』을 통해 본 구봉·율곡·우계의 도의지교와 학문교유」, 최영성의 「우계와 구봉 송익필」 및 제2집에 수록된 손흥철의 「구봉과 율곡의 학문과 교유」, 이선경의 「구봉과 우계의 학문과 교유」, 김창경의 「고청 서기와 구봉 송익필 선비정신의 본질과 의의」 등이 있다.

7) 대표적으로 총서 제1집에 수록된 곽신환의 「송익필의 『태극문』 논변」, 성태용의 「구봉 송익필의 철학사상」 및 제2집에 수록된 손흥철의 「구봉 송익필 「태극문」의 태극에 관한 연구」, 김창경의 「구봉 송익필의 직사상의 기호유학에서의 전승연구」 및 제3집에 수록된 김경호의 「구봉 송익필의 리기심성 이해와 '수파' 은유」, 김창경의 「구봉 송익필의 성리학에 대한 철학적 검토」, 김동희의 「구봉의 묘합적 사유」 등이 있다.

8) 대표적으로 총서 제1집에 수록된 한기범의 「구봉 송익필의 예학사상」 및 제3집에 수록된 김현수의 「기호예학의 형성과 학풍」, 고영진의 「송익필과 김장생·김집 예학 연구 등이 있다.

9) 대표적으로 총서 제1집에 수록된 강구을의 「구봉 송익필의 생애와 문학세계」, 임준성의 「구봉의 시 세계」, 정태희의 「구봉의 서예연구」 및 제3집에 수록된 이강석의 「구봉 송익필의 자득과 지족의 시세계」, 명평자의 「구봉 송익필 시의 시풍적 특징 고찰」 등이 있다.

10) 총서 제2집에 수록된 진성수의 「구봉 송익필의 수양론 연구」와 제3집에 수록된 이영자의 「구봉 송익필의 경세사상」

고 있다.

그럼에도 기존의 연구 성과는 앞으로 해결해야 할 몇 가지 과제를 안고 있다. 첫째, 경세사상과 관련한 연구가 철학사상이나 문학사상에 비해 상대적으로 부족하다는 점이다. 둘째, 인권문제나 환경문제 등과 같은 현대사회의 다양한 문제들과 연관된 논의가 부재하다는 점이다. 셋째, 성리학 안에서의 비교연구는 물론 타 학문과의 비교연구가 매우 부족하다는 점이다. 분명 이러한 점들은 송익필 연구에 있어 기존의 토대 연구를 바탕으로 앞으로 확산시켜 나가야 할 과제라고 생각된다.

본 논문에서는 이 과제 가운데 세 번째 과제인 비교연구의 지평을 넓혀보고자 한다. 지금까지 한 번도 다루어지지 않은 송익필의 성리학과 왕수인(王守仁, 호는 陽明, 1472~1528)의 심학, 즉 구봉성리학과 양명심학을 비교해 보고자 한다. 비교연구는 그 사상이 갖고 있는 특성을 드러내는 데 있어 효과적일 뿐만 아니라, 비교과정에서 두 사상의 융·복합을 통해 새로운 사유의 길을 열어갈 수 있는 계기가 되기도 한다. 두 사상가의 사상을 온전히 비교하기 위해서는 두 사상가의 우주관, 사회관, 인간관, 심성론, 수양론, 경세론 등을 총체적으로 비교해야 한다. 본 논문에서는 먼저 우주관과 인간관을 중심으로 구봉성리학과 양명심학을 비교하고, 수양론, 경세론, 사회관 등에 관한 부분은 이후의 과제로 남겨놓고자 한다. 이에 Ⅱ장에서는 먼저 송익필과 왕수인의 우주관에 관해 논의하고자 한다. 구체적으로 송익필의 이기론적 우주관과 왕수인의 천지만물일체론적 우주관을 다룰 것이다. 그리고 Ⅲ장에서는 두 사람의 인간관과 심성론에 관해 논의할 것이다. 송익필의 성즉리(性卽理)설을 토대로 한 인간관과 심성론, 그리고 왕수인의 심즉리(心卽理)설을 토대로 한 인간관과 심성론에 대해 다룰 것이다.

2. 송익필과 왕수인의 우주관

우주관, 즉 우주를 바라보는 방식, 우주를 이해하는 방식은 곧 자연 존재의 본질을 물론 인간 존재의 본질을 이해하는 근본적인 토대이자, 인간과 자연의 바람직한 관계, 그리고 인간의 바람직한 삶의 방식을 결정하는 근본적인 토대가 된다. 그렇기 때문에 송익필과 왕수인이 자연과 인간을 어떤 존재로 바라보고 인간의 바람직한 삶의 방식을 어떻게 규정하고 있는가를 알아보기 위해서는 먼저 이들의 우주관에 대해 고찰할 필요가 있다.

1) 송익필의 이기론적 우주관

먼저 송익필의 우주관은 성리학 일반에서와 같이 '이기론(理氣論)'이라는 점에는 논란의 여지가 없다. 송익필은 형이상자인 '리(理)'와 형이하자인 '기(氣)'의 관계에 대해 다음과 같이 말한다.

> 형이상은 도(道)이고 형이하는 기(氣)이니, 도는 매우 미묘하고 기는 매우 현저하다. 천지는 형이하요, 건곤(乾坤)은 형이상이다. 일월(日月)·성신(星辰)·풍우(風雨)·상로(霜露)는 형이하이고, 그 리는 형이상이다. 군신부자는 형이하이고, 인(仁)과 충(忠)과 자(慈)와 효(孝)는 형이상이다. 예컨대 한 몸의 형체는 형이하이고, 심성(心性)의 리는 형이상이며, 귀와 눈은 형이하이고, 귀 밝고 눈 밝은 리는 형이상이다. 또 예컨대 하나의 사물과 하나의 도구는 형이하이고, 그 리는 형이상이다. 등촉(燈燭)은 형이하이고, 사물을 비추는 리는 형이상이다. 의자는 형

이하이고, 앉을 수 있는 리는 형이상이다. 심지어 움추림과 펼침·옴과 감·사라짐과 나타남·채워짐과 비워짐·봄과 가을·추위와 더위·끝과 시작·어둠과 밝음·홀수와 짝수 같은 것도 모두 형이하이고, 그 리는 형이상이다. 무릇 형상(形象)이 있어서 보고 들을 수 있는 것은 모두 기(氣)가 아닌 것이 없다. 이와 같이 아무리 폭 넓게 드러나더라도 도리어 작다 하며, 소리도 없고 냄새도 없고 들을 수도 볼 수도 없는 것은 리이니, 이처럼 미묘함에도 도리어 큰 것으로 여기는 까닭은 무엇인가?11)

여기서 송익필은 리는 형이상자이고, 기는 형이하자라고 명확하게 이야기하고 있다. 이 세계는 형이상자인 리와 형이하자인 기로 구성되어 있는바, 이는 자연세계뿐만 아니라 인간세계에도 동일하게 적용된다. 아울러 거시적 세계뿐만 아니라 미시적 세계 또한 마찬가지다.

먼저 거시적 세계이다. 자연세계는 거시적인 존재론적 차원에서 리와 기로 구성되어 있는바, 공간적 차원의 하늘과 땅, 그리고 해와 달과 별과 같은 행성은 물론 바람과 비, 서리와 이슬과 같은 물질세계는 모두 기로 구성된 형이하의 세계라면, 건곤(乾坤)과 같은 것은 형이하의 세계로 하여금 이러한 존재의 형상을 갖게 하는 배후의 형이상의 원리인 소

---

11) 『龜峯集』, 권3, 「雜著」, 〈太極門〉: 問. 形而上爲道, 形而下爲器, 道甚微妙, 器甚著現. 天地, 形而下也, 乾坤, 形而上也. 日月星辰, 風雨霜露, 形而下也, 其理, 卽形而上也. 君臣父子, 形而下也, 仁忠慈孝, 形而上也. 如一身之形體, 形而下也, 心性之理, 形而上也. 耳目, 形而下也, 聰明之理, 形而上也. 又如一物一器, 形而下也, 其理, 形而上也. 燈燭, 形而下也, 照物之理, 形而上也. 交椅, 形而下也, 可坐之理, 形而上也. 至如屈伸往來消長盈虛春秋寒暑終始晦明奇偶, 皆形而下也, 其理, 則形而上也. 凡有形有象可覩可聞者, 無非氣也. 如許其廣大著現, 而反以爲小, 無聲無臭, 不可聽不可見者, 理也, 如許其微妙, 而反以爲大, 何也.

이연지고(所以然之故)로서의 리이다. 그리고 인간세계에 있어서는 군주와 신하, 부모와 자식 같은 신체적 존재는 기로 구성된 형이하의 세계인 반면, 군주의 인(仁)과 신하의 충(忠)과 부모의 자애(慈)와 자식의 효(孝)는 기로 구성된 신체를 지닌 인간이 각자의 위치에서 마땅히 지키고 따라야 하는 형이상의 도덕적 규범인 소당연지측(所當然之則)으로서의 리이다.

행성과 같은 거시적 자연세계뿐만 아니라 개별 사물과 같은 미시적 자연세계 또한 형이상의 리와 형이하의 리로 구성되어 있다. 등불과 촛불, 그리고 의자와 같은 개별 사물은 기로 구성된 형이하의 물질세계이다. 그런데 등불과 촛불이 사물을 비추고 사람이 의자에 앉을 수 있는 것은 단지 그 개별 사물이 존재하기 때문이 아니라 등불과 촛불은 사물을 비추는 형이상의 리가 있고, 의자는 앉을 수 있는 형이상의 리가 있기 때문이라는 것이다. 즉 등불과 촛불이 사물을 비추기 위해서는 기로 구성된 형이하의 등불과 촛불만이 아니라 이들이 사물을 비추는 원리인 형이상의 리가 있어야 한다는 것이다. 의자와 같은 모든 개별사물들은 그 어느 것도 예외일 수 없다. 미시적 차원의 인간 또한 마찬가지다. 몸의 형체를 비롯하여 귀와 눈과 같은 감각기관은 모두 기로 구성된 형이하이다. 그런데 단지 몸과 눈과 귀만 가지고는 이들이 온전하게 제 기능을 발휘할 수가 없다. 몸은 심성의 리, 귀는 밝게 듣게 하는 리, 눈은 밝게 보게 하는 리와 같이 형이상의 리가 있음으로 해서 비로소 몸이나 감각기관들이 온전하게 제 기능을 발휘할 수 있다는 것이다.

물리적인 자연세계뿐만 아니라 다양한 자연 현상, 예컨대 움츠림과 펼침·옴과 감·사라짐과 나타남·채워짐과 비워짐·봄과 가을·추위와 더위·끝과 시작·어둠과 밝음·홀수와 짝수와 같은 다양한 자연 현상과 형상 또한 그 자체는 기의 작용이자 기로 구성된 형이하의 세계라는 것이다. 기로 구성된 이러한 자연 현상이나 형상 또한 그 배후에 이들이 그렇게 존재하고 작용하도록 하는 형이상의 원리인 리가 존재한다. 이 기로 구성된, 그리고 기의 작용으로서의 형이하의 세계는 감각 기관을 통해 보고 듣고 냄새 맡음 등을 통해 인식할 수 있지만, 그 배후의 형이상의 리는 감각 기관을 통해 볼 수도 들을 수도 냄새 맡을 수도 없다는 것이다.

이 하나의 문장 속에 송익필이 거시적으로는 우주와 세계, 미시적으로는 자연사물과 인간을 어떻게 바라보고 있는지가 그대로 담겨있다. 우주든, 세계든, 자연계의 물질이든, 자연현상이든, 인간관계든, 인간의 신체든, 모든 것은 형이하의 기와 형이상의 리로 구성되어 있다는 것이다. 우주에 존재하는 것은 무엇이든, 하나의 미세한 티끌조차도 여기서 예외일 수는 없다.

이 세계를 형이상의 리와 형이하의 기로 설명하는 송익필은 '태극(太極)'과 '음양(陰陽)'으로도 이 세계의 존재 원리와 운행 방식에 관해 다음과 같이 설명하고 있다.

무릇 태극(太極)에는 동(動)하고 정(靜)하는 이치가 있다. 그러므로 음(陰)과 양(陽)도 동하고 정할 수 있는 것이다. 동하고 정하는 것은 음과 양이다. 동하고 정하도록 하는 것은 태극이다.[12]

동하지도 않고 정하지도 않으면서 동과 정을 포함한 것이 태극이고,

---

12) 『龜峯集』, 권3, 「雜著」, 〈太極門〉: 蓋太極有動靜之理. 故陰陽能動靜也. 動靜者, 陰陽也. 所以動靜者, 太極也.

동과 정의 두 끝이 순환하여 그치지 않는 것은 기(氣)이다. 대개 동하고 정하는 것은 기이고, 동하고 정하도록 하는 소이(所以)가 태극이다.[13]

끊임없이 생성소멸하고 만물을 낳고 기르는 이 세계는 '태극'과 '음양'으로 구성되어 있다는 것이다. 여기서 움직이기도 하고 멈추기도 하는 등의 생성소멸과 생육 작용 그 자체는 모두 태극이 아닌 음양, 즉 기의 작용이다. 기는 동정으로 표상되는 운동을 진행하는 작용성을 지닌 형이하자이다. 그런데 이 기는 무작위적으로 운동하거나 운행하는 것이 아니라 기가 그렇게 운동하고 운행하도록 하는 원리인 태극에 의거해서 운동하고 운행한다. 태극 그 자체는 운동하지 않는, 작용성이 없는, "소리도 없고 냄새도 없는"[14] 형이상자인 것이다. 송익필은 '리(理)가 곧 태극'이라고 주장하고[15] 있는바, 태극은 리이고 음양은 기로서, 태극과 음양의 관계는 곧 리와 기의 관계의 다름 아니다.

해와 달과 별과 같은 행성, 바람과 비, 서리와 이슬과 자연 현상, 촛불과 의자 같은 물질뿐만 아니라 움츠림과 펼침, 옴과 감, 사라짐과 나타남, 추위와 더위, 어둠과 밝음 등과 같은 자연세계의 다양한 현상과 운행 등은 존재론적 차원에서 옳다 그르다, 선하다 악하다라는 시비선악으로 재단할 수 없다. 그리고 존재론적 차원에서 이러한 물질과 현상을 구성하고 운동과 운행을 진행하는 형이하자인 기와 이들의 존재원리이

---

13) 『龜峯集』, 권3, 「雜著」, 〈太極門〉: 不動不靜, 而含動靜者, 太極也. 動靜兩端之循環不已者, 氣也. 蓋動靜者, 氣也, 所以動靜者, 太極也.

14) 『龜峯集』, 권3, 「雜著」, 〈太極門〉: 答. 太極無聲無臭而無極者.

15) 『龜峯集』, 권3, 「雜著」, 〈太極門〉: 理是太極也.

자 운행원리로서의 형이상자인 리 또한 시비선악으로 재단할 수 없다.

그럼에도 송익필은 "스스로 움직이지도 고요하지도 않는 것은 리요, 능히 움직이고 고요한 것이 있는 것은 기이다. 선(善)은 리요, 선고 악(惡)은 기이다."16)라고 하여 리와 기를 가치론적 차원의 선악으로 규정하고 있다. 형이상자인 리는 악이 스며들 여지가 없는 절대선이지만, 형이하자인 기는 그렇지 않다는 것이다.

물론 기 그 자체는 선한 것도 악한 것도 아니지만, 기가 작용하는 과정에서 선할 수도 있고 악할 수도 있다는 것으로 이해된다. 즉 기가 운행하는 과정에서 리에 어긋나지 않고 부합되면(順理) 선이 되지만, 리를 거스르거나 리에서 어긋나면(逆理) 악이 된다. 리는 기가 운행하는 데 있어 절대적인 표준이 되기 때문에 악이 될 수 없고 악이 되어서도 안 된다. 반면 기는 리라는 표준을 따라야 하는 형이하자이기 때문에 리에 일치하느냐 리에 어긋나느냐에 따라 선과 악으로 나뉠 수 있는 것이다.

사실상 존재론적 차원에서 자연계에 시비선악의 가치 개념을 적용하는 데는 문제가 있다. 송익필이 리와 기에 선악의 가치를 부여한 것은 자연계보다는 인간계에 가치 개념을 적용하고자 하는 데 목적이 있었다고 할 수 있다. 이기론을 바탕으로 성즉리(性卽理)를 주장하면서 정(情)을 기(氣)의 작용으로 보는17) 송익필은 "성은 선악이 없고 순수한 선뿐이며, 정이 움직이는 데에서 곧 선과 악이 구분되므로 바로 기질의 성(氣質之性)이 있음을 알게 된다."18)고 주장하고 있다.

---

16) 『龜峯集』, 권4, 「玄繩篇上」, 〈上閔景初氏書〉: 夫不自動靜者理也, 有能動靜者氣也. 善是理也, 善惡是氣也.

17) 『龜峯集』, 권4, 「玄繩篇上」, 〈答許公澤雨〉: 性是理, 知覺是氣. 性是靜, 知覺是動. 性是性, 知覺是情. 所以知覺之理, 雖在乎性, 所以知覺者, 氣也. 看心統性情之說, 可知.

18) 『龜峯集』, 권3, 「雜著」, 〈太極門〉: 答. 性無善惡, 純善而已. 至情動處, 便分善惡, 便知有氣

인간의 성은 형이상자인 리(理一)가 인간의 마음에 부여된 것(分殊理)으로, 구체적으로는 군주의 인(仁), 신하의 충(忠), 부모의 자(慈), 자식의 효(孝)와 같은 당위의 도덕규범을 의미한다.[19] 따라서 리가 순선하기 때문에 분수리(分殊理)의 한 형태인 인간의 성 또한 순선하다고 할 수 있다. 반면 감정은 성이 아닌 형이하자인 기질 차원의 작용으로서 감정 작용은 발동 과정에서 성에 부합될 수도 있고 성에 어긋날 수도 있는바, 성에 부합되면 선이 되고 성에 어긋나면 악이 된다. 사실상 송익필을 비롯한 성리학자들이 리와 기를 선악의 가치 개념으로 재단한 것은 자연계가 아닌 인간계, 즉 인간의 행위를 규제하고 바람직한 방향으로 이끌어가고자 하는 데 목적이 있었다고 할 수 있다.

2) 왕수인의 천지만물일체의 우주관

송익필의 우주론이 이기론이라면 왕수인의 우주론은 '천지만물일체설(天地萬物一體說)'이다. 왕수인은 성리학에서와 같은 이기론을 주장하지 않는다. "리(理)란 기(氣)의 조리(條理)이며, 기는 리의 운용(運用)이다. 조리가 없으면 운용할 수 없고, 운용이 없으면 또한 이른바 조리라는 것을 볼 수가 없다."[20]는 왕수인의 주장에 근거할 때, 왕수인에게 있어 리는 주희(朱熹, 1130~1200)나 송익필이 주장하는 형이상자로서의 리가 아니라 단지 기의 개별적 조리라는 성격이 강하다. 그리고 왕수인

質之性.

19) 『龜峯集』, 권3, 「雜著」, 〈太極門〉: 君臣父子, 形而下也. 仁忠慈孝, 形而上也.

20) 『傳習錄』(中), 「答陸原靜書」, 153조목: 理者氣之條理, 氣者理之運用; 無條理則不能運用, 無運用則亦無以見其所謂條理者矣.

은 리를 기와의 관계보다는 인간의 '마음(心)'과의 관계 속에서 주로 이야기하고 있다.

예컨대 왕수인은 리를 '마음의 조리'로 규정하면서,21) 리는 마음 밖에 존재하는 것이 아니며,22) 인간 마음 밖에서 구할 수 있는 것이 아니라고 주장한다.23) 왕수인에게 있어 리는 송익필이 주장하는 것처럼 자연계와 인간계의 형이상자로서의 객관적 존재원리(所以然之故)를 의미하는 것이 아니라 인간 마음의 실천 조리를 의미한다고 할 수 있다. 이런 의미에서 왕수인은 성즉리가 아닌 '마음이 곧 리'라는 '심즉리(心卽理)'를 주장한다.24) 심즉리를 토대로 왕수인은 주희가 주장하는 형이상자의 리, 선험적이고 고정불변 하는 리는 '정리(定理)'로써, 대상 사물에서 정리는 구하고자 하는 주희의 격물(格物)은 내 마음과 리를 둘로 나누는 문제가 있다고 비판한다.25)

주자학의 이기론에 대해 비판적 입장을 가진 왕수인은 이기론 대신 '천지만물일체설'이라는 우주론을 주장한다. 왕수인은 『주역』과 『중용』의 입장을 계승하여 천지를 만물을 생성하고 양육하는 살아있는 유기체로 규정한다.26) '천리(天理)', '천덕(天德)', '기기(氣機)', '천기(天機)' 등으로 다양하게 표현되는 우주의 생명성과 생명력은 쉼 없는 작용과 운행

---

21) 『傳習錄』(中), 「答顧東橋書」, 133조목: 心一而已, 以其全體惻怛而言謂之仁, 以其得宜而言謂之義, 以其條理而言謂之理.

22) 『傳習錄』(上), 「陸澄錄」, 32조목: 心外無理, 心外無事.

23) 『傳習錄』(中), 「答顧東橋書」, 133조목: 夫物理不外於吾心, 外吾心而求物理, 無物理矣. 遺物理而求吾心, 吾心又何物邪?

24) 『傳習錄』(上), 「徐愛錄」, 3조목: 心卽理也.

25) 『傳習錄』(中), 「答顧東橋書」, 135조목: 朱子所謂格物云者, 在卽物而窮其理也. 卽物窮理, 是就事事物物上求其所謂定理者也, 是以吾心而求理於事事物物之中, 析心與理而爲二矣.

26) 『王陽明全集』, 권6, 「答友人問」: 知天地之化育. 및 『王陽明全集』, 권7, 「自得齋說」: 天地以位, 萬物以育.

을 본질로 한다.27) 우주는 쉼 없이 작용하고 운행하면서 수많은 존재물들을 생성하고 양육하는 존재이다. 이렇듯 우주자연은 미리 설정된 형이상학적 원리나 기계적 법칙에 따라 작동하는 무생명의 물리적 기계가 아닌 항구적인 변화 과정을 통해 스스로 생명을 창생·양육해나가는 '생생불식(生生不息)의 자기 – 조직성'을 지닌 하나의 유기체이다.28) 이에 왕수인은 "대저 사람이란 천지의 마음으로, 천지만물은 본래 나와 한 몸이다."29)라고 하여, 우주자연이란 마음을 지닌 하나의 유기체임을 명확히 하고 있다.

송익필의 우주론과 왕수인의 우주론의 다른 점은 두 사람이 태극과 음양의 관계를 이해하는 데 있어 보다 명확하게 드러난다. 송익필은 태극과 음양의 관계에 대해 주희의 입장을 온전히 계승하고 있다. 주희는 태극과 음양을 현상계를 초월한 지극한 표준으로서의 형이상자와 현상계의 형이하자로 구분한다. 현상계에서 동정(動靜)하는 것은 오로지 음양의 기이고 태극은 동정 작용 없이 오로지 음양이 동정하는 형이상학적인 원리로만 존재한다는 것이다.30)

이에 주희는 "태극은 리이고 동정은 기이다."31)라고 명확하게 밝히고 있다. 또한 그는 "태극은 단지 천지만물의 리이다. 천지로 말하면 천지 가운데 태극이 있고, 만물로 말하면 만물 가운데 각기 태극이 있다. 따

---

27)『傳習錄』(上),「薛侃錄」, 126조목: 天理無一息間斷, 才是能知畫. 這便是天德.『傳習錄』(上),「薛侃錄」, 104조목: 天地氣機, 元無一息之停.『傳習錄』(下),「陳九川錄」, 202조목: 戒懼之念是活潑潑地. 此是天機不息處, 所謂維天之命, 於穆不已, 一息便是死.

28) 김세정,『왕양명의 생명철학』(개정판), 충남대학교 출판문화원, 2019, 204쪽 참조.

29)『傳習錄』(中),「答聶文蔚」, 179조목: 夫人者, 天地之心, 天地萬物, 本吾一體者也.

30) 朱熹,『太極圖說解』: 蓋太極者, 本然之妙也; 動靜者, 所乘之機也. 太極, 形而上之道也; 陰陽, 形而下之器也.

31)『朱子語類』, 권94,「董銖錄」: 太極理也, 動靜氣也.

라서 천지가 생기기 이전에 반드시 먼저 이 리가 있는 것이다."[32]라고 하여, 현상세계의 형이하의 기(음양)의 작용에 앞서 형이상자인 리(태극)가 먼저 존재한다고 하는 리선기후(理先氣後)를 주장한다. 앞에서 살펴본 바와 같이 송익필은 이러한 주희의 입장을 온전히 계승하고 있다.

이러한 태극과 음양을 형이상자와 형이하자로 나누어보는 주희와 송익필의 입장과 달리 왕수인은 태극과 음양의 동정 관계를 다음과 같이 체용(體用) 일원의 관점에서 바라보고 있다.[33]

> 태극의 낳고 낳는 리(生生之理)는 그 오묘한 작용이 쉬지 않으면서도 (妙用無息) 그 항상된 본체는 바뀌지 않는다(常體不易). 태극이 낳고 낳는 것(生生)은 곧 음양의 낳고 낳는 것이다. 그 낳고 낳는 속에서 쉬지 않는 것을 가리켜서 움직임(動)이라 하고 양(陽)을 낳는다고 말하는 것이지, 움직인 뒤에 양을 낳는다고 말하는 것은 아니다. 그 낳고 낳는 속에서 그 항상된 본체가 바뀌지 않는 것을 가리켜서 고요함(靜)이라고 하고 음(陰)을 낳는다고 하는 것이지, 고요한 뒤에 음을 낳는다고 말하는 것은 아니다. 만일 고요한 뒤에 음을 낳고 움직인 뒤에 양을 낳는다고 한다면, 음과 양, 움직임과 고요함이 자른 듯이 각자 하나의 사물이 되고 만다. 음양은 하나의 기(氣)이다. 하나의 기가 구부렸다 폈다 하여 음양이 된다. 움직임과 고요함은 하나의 리(理)이다. 하나의 리가 숨었다 드러났다 하여 움직임과 고요함이 된다.[34]

---

32) 『朱子語類』, 권1, 「陳淳錄」: 太極只是天地萬物之理. 在天地中有太極. 在萬物言, 則萬物中各有太極. 未有天地之先, 畢竟是先有此理.

33) 이하 왕수인의 태극·음양 관련 내용은 필자의 『왕양명의 생명철학』(개정판) 208~211쪽 내용 가운데 일부를 인용한 것임을 밝혀둔다.

34) 『傳習錄』(中), 「答陸原靜書」, 157조목: 太極生生之理, 妙用無息, 而常體不易. 太極之生

왕수인은 주희와 같이 태극과 음양을 형이상과 형이하가 아닌 체(體)와 용(用)으로 구분한다. 태극은 '작용 주체(體)'이고 음양은 '현상 작용(用)'이라는 것이다. 먼저 작용 주체로 규정되는 '태극 생생의 리'는 현상계를 초월하여 선험적으로 존재하는 형이상학적 원리를 의미하지 않는다. 태극 생생의 리는 그 자체가 묘용무식(妙用無息), 즉 자연만물이 끊임없이 생성되고 양육되는 생생한 생명 창출 과정임과 동시에, 상체불역(常體不易), 즉 이러한 끊임없이 작용하는 주체의 창출성은 절대로 바뀌지 않는다는 속성을 지니는 것으로 규정된다. 따라서 태극 생생의 리는 그 자체가 천지만물을 자기 조직하는 작용 주체(體)이자 끊임없는 자기 – 조직화 과정(用)이라는 체용일원(體用一源)의 체계를 지닌다. 따라서 태극과 음양 또한 형이상자와 형이하자로 나뉘어 각자 별개의 영역으로 존재하는 것이 아니다. "태극의 생생은 곧 음양의 생생이다."라는 주장에서 알 수 있듯, 태극에 의한 자연만물의 생성·양육이 바로 음양에 의한 존재물들의 생성·양육이 되는 일원적 체계를 지닌다.

동정 작용 또한 성리학에서와 같이 단지 현상적 측면에서의 기의 작용으로만 국한되지 않는다. '움직임(動)'과 '고요함(靜)', 그리고 '양을 낳음(陽之生)'과 '음을 낳음(陰之生)' 또한 태극의 체용일원적 관계를 표현하는 말에 불과하다는 것이다. 태극 생생의 리의 끊임없는 자연만물의 생성·양육 과정에 있어 '움직임'과 '양을 낳음'은 끊임없이 자연만물을 생성·양육하는 자기 – 조직화 과정(妙用無息)을 지칭하는 것이라면, '고요함'과 '음을 낳음'은 끊임없이 작용하는 주체의 생명 창출의 불역성

生, 卽陰陽之生生. 就其生生之中, 指其妙用無息者, 而謂之動, 謂之陽之生, 非謂動而後生陽也. 就其生生之中, 指其常體不易者, 而謂之靜, 謂之陰之生, 非謂靜而後生陰也. 若果靜而後生陰, 動而後生陽, 則是陰陽動靜截然各自爲一物矣. 陰陽一氣也, 一氣屈伸而爲陰陽; 動靜一理也, 一理隱顯而爲動靜.

(常體不易)을 지칭하는 것이다. 따라서 동과 정의 관계 및 음과 양의 관계는 시간적 선후 관계나 대비적 관계가 아니라 자연만물의 끊임없는 생명 창출 과정에 있어 현상 작용의 측면에서 보느냐 아니면 작용 주체의 측면에 보느냐에 따른 표현상의 차이일 뿐, 이들은 결국 태극 생생의 리의 체용일원이라는 하나의 과정으로 일원화된다.

결국 태극과 음양, 리와 기는 성리학에서와 같이 형이상자와 형이하자로 구분되지도 않을 뿐만 아니라 또한 선후의 관계로 나누어지지도 않는다. 태극 생생의 리는 그 자체가 끊임없이 자연만물을 생성·양육하는 생생의 생명 창출 과정(妙用無息)으로서의 용(用)과 이러한 작용 주체의 창출성은 절대로 바뀌지 않는(常體不易) 체(體)의 속성을 동시에 함축한다. 따라서 태극의 생생(生生)이 곧 음양의 생생이자 일기(一氣)의 굴신(屈伸)임과 동시에 일리(一理)의 은현(隱顯)이 되는 일원적 체계를 지니게 된다. 단지 만물이 끊임없이 창생·양육되어지는 묘용불식의 용의 측면에서 보았을 때, 이를 '동(動)', '양지생(陽之生)', '일기(一氣)의 신(伸)', '일리(一理)의 현(顯)'이라 하고, 끊임없는 작용 주체의 불역성, 즉 상체불역의 체(體)의 측면에서 보았을 때, 이를 '정(靜)', '음지생(陰之生)', '일기의 굴(屈)', '일리의 은(隱)'이라 이르는 것일 뿐이다.

이렇듯 왕수인이 성리학의 이원론적 체계를 부정하고 태극과 음양을 만물의 창생·양육의 주체로 보고 태극과 동정, 음양 및 이기를 생명 창출의 체용 일원적 과정에서 파악하면서 간접적으로 동적인 상태에 대비되는 부동의 정적인 상태를 부정하는 근본적인 이유는 우주 자체를 하나의 살아있는 유기체로 보는 데 있다. 유기체에게 동적인 상태에 대비되는 정적인 상태는 사실상 죽음을 의미하기 때문에, 리와 음뿐만 아니라 정(靜)마저도 우주의 생명 창출의 역동적 과정에서의 생명 창출성의 불역성으로 정의되고 있는 것이다. 또한 유기체로서의 이 세계는 고정 불변 또는 순환 반복하는 것이 아니라 새로운 생명의 창출을 통해 끊임 없이 새로운 단계로 도약한다. 따라서 어떤 종류의 사물이 생성되기 전 에 그 리가 이미 존재한다는, 즉 정리된 세계에 앞서 일반 법칙이 존재 한다는 인식은 생명을 질곡 시키는 것으로 양명심학에서는 부정될 수밖 에 없다.

3. 송익필과 왕수인의 인간관과 심성론

유학자들이 우주관을 제시하는 근본적인 목적은 자연과학에서와 같 이 단지 우주의 원리를 이해하고 활용하고자 하는데 있지 않다. 유학자 들은 바람직한 인간관을 정립하기 위해 그 근거로서 우주관을 제시한 다. 유학자들 사이의 서로 다른 우주관은 서로 다른 인간관을 도출하고, 서로 다른 인간관은 서로 다른 심성론을 도출한다. 그렇다면 이기론과 천지만물일체설이라는 서로 다른 우주관을 주장하는 송익필과 왕수인 은 인간관과 심성론에 있어서는 서로 어떠한 주장들을 하고 있을까?

1) 송익필의 인간관과 심성론

먼저 송익필은 '기화(氣化)'와 '형화(形化)'를 가지고 인간을 포함한 모든 존재물들의 생성 과정에 대해 다음과 같이 설명한다.

아무런 종류의 사물이 있기 전에 음(陰)과 양(陽)의 기(氣)가 합하여 생겨난 것을 기화(氣化)라 하고, 이미 종류가 있은 다음에 암컷과 수컷의 형체가 짝해서 생기는 것을 형화(形化)라고 한다. 만물이 처음 생겨날 때는 기로 변화하는 것뿐이다. 이미 형화와 기화가 서로 자리를 물려주면 형화는 자라나고, 기화는 사라져 버린다. 정이천이 "운석은 종류가 없고 기린도 역시 종류가 없는 것처럼 당초에 사람이 생겨날 때도 또한 이와 같았다." 하였으니, 이것이 기화이다. 이제 보건대 사물에 기회가 있다는 것은 아무런 사물도 없었던 곳에서만 볼 수 있다. 사람도 그러하다. 선유가 이르기를 "바다 한가운데 있는 조금 큰 섬에 종자에 의해 태어나지 않은 사람이 그 중간에 생겨나지 않을 줄 어찌 알겠는가. 만약 인류가 이미 있다면 반드시 기화한 사람은 없을 것이다. 예컨대 사람이 새 옷을 입으면 반드시 이(蝨)가 거기에 생겨나는 것과 같은 것으로 이것이 기화이다. 이미 기화한 다음에 바로 종자로서 생성해 간다. 이러한 이치는 매우 분명한 것이다.[35]

송익필은 이 세계는 '기화 이전', '기화 시기', '형화 시기'라는 3가지 단계를 거쳐 생성되었다고 본다. 기화 이전의 세계에는 어떤 종류의 사물도 존재하지 않았으나, 기화의 시기에 접어들어 음의 기와 양의 기가 합하여 비로소 다양한 종자(種子)가 생성되었다는 것이다. 사람도 다양한 유형의 사람들이 있고, 기린도 다양한 종류의 기린이 있지만, 기화 시기에는 사람, 말, 소, 개, 기린 등과 같이 각각의 종(種)을 대표하는 단

---

[35] 『龜峯集』, 권3, 「雜著」, 〈太極門〉: 答. 未有種類之初, 陰陽之氣合, 而生之謂氣化, 旣有種類之後, 牝牡之形配, 而生之謂形化. 萬物之始, 氣化而已. 旣形氣相禪, 則形化長而氣化消. 程子云隕石無種, 麟亦無種, 厥初生民, 亦如是. 此氣化也. 今見物有氣化者, 無物處也. 夫人亦然. 先儒云海中島嶼稍大, 安知無種之人不生於其間. 若已有人類, 則必無氣化之人. 如人着新衣, 便有蟣蝨生其間, 此氣化也. 氣旣化後, 便以種生. 此理甚明.

일 개체만이 생성된다. 그리고 형화의 시기에 이르러 암컷과 수컷이 짝을 지음으로써 한 종 안에서도 다양한 유형의 인간, 다양한 유형의 기린 등과 같이 다양한 형태를 지닌 다양한 유형들이 생성되었다는 것이다.

이에 송익필은 "『주역』과 『태극도』 모두 천지가 있은 후에 기화(氣化)가 있고 기화가 있은 후에 형화(形化)가 있다고 하였다. 『주역』, 「계사전」의 천지의 기가 왕성하여 만물이 저절로 자라난다고 한 것은 기화이고 남녀의 정기(精氣)가 합하여 만물이 생겨난다고 한 것은 형화이다."[36]라고 주장하고 있다. 기화는 형화가 출현하기 위한 바탕으로 형화가 출현한 이후에는 사라지고 형화만이 지속된다. 여기서 중요한 점은 인간 또한 여기서 예외가 아니라는 점이다. 어떤 종류의 사물도 존재하지 않았던 기화 이전의 시기에는 사람도 존재하지 않았다. 음의 기와 양의 기의 결합, 즉 기화를 통해 비로소 '사람'이라는 종이 출현하게 된다. 그리고 남자와 여자가 짝을 이루는 형화를 통해 다양한 사람들이 생성되고 번성하게 된 것이다.

기화와 형화를 통해 생성된 인간과 사물은 단지 기로만 구성된 것은 아니다. 송익필은 리의 보편성에 근거하여 인의(仁義)라는 리는 사람만이 아니라 사물 또한 동일하게 부여받았다고 주장한다. 다만 사물과 사람의 차이는, 리가 아닌 기에서 비롯된다고 본다. 사물은 오행(五行)의 기 가운데 치우친 것을 받은 반면, 성인으로 지칭되는 사람은 바르고 맑은 기를 얻었다고 하는 차이가 있다는 것이다.[37] 이에 송익필은 인의라

---

36) 『龜峯集』, 권3, 「雜著」, 〈太極門〉: 答. 易與圖, 皆言有天地然後有氣化, 有氣化然後有形化. 易繫辭天地絪縕, 萬物化醇, 氣化也, 男女構精, 萬物化生, 形化也.

37) 『龜峯集』, 권3, 「雜著」, 〈太極門〉: 答. 物亦具五行, 而得其偏者, 物也. 人受其正, 而得其淸者, 聖也. 明德之不分聖狂, 同得其正也. 仁義之均賦人物, 同得其理也. 仁義禮智, 全指其理 明德, 竝擧理氣而言.

는 리는 사람이 따르고 지켜야 하는 삶의 방식으로서의 인도(人道)라고 칭한다.38) 물론 사람이 사물에 비해 바르고 맑은 기를 부여받았다고는 하지만 사람 또한 타고난 기의 차이에 따라 성인(聖人)과 범인(凡人)으로 나뉘게 된다. 이에 송익필은 다음과 같이 주장한다.

> 범인은 동(動)하기만 하면 차질이 발생하는 것은, 기(氣)가 그렇게 만드는 것이다. 성인이 차질이 없는 것은 맑은 기를 얻었기 때문이다. … 대체로 성인은 순일한 청기(淸氣)를 얻었고, 범인은 청탁(淸濁)이 고르지 못하다.39)

모든 존재물은 형이상자인 리와 형이하자인 기로 구성되어 있는데, 형이상자인 리는 동일하지만 신체를 구성하는 기에는 맑고 탁함, 바름과 치우침의 차이가 있으며, 이로 인해 사람과 사물이 다르고, 사람에 있어서도 성인과 범인이라는 다름이 존재하게 된다는 것이다.

주희와 같이 성즉리를 주장하는 송익필은 성(性)과 정(情)에 대해 다음과 같이 주장한다.

> 성(性)은 리(理)이고 지각(知覺)은 기(氣)이다. 성은 정(靜)이고 지각은 동(動)이다. 성은 성이고 지각은 정(情)이다. 지각하는 리는 비록 성에 있지만 지각하는 것은 기이다. 심통성정(心統性情)에 관한 학설을 보

---

38) 『龜峯集』, 권3, 「雜著」, 〈太極門〉: 陰陽合氣, 剛柔成質, 而是理始爲人道之極者, 仁義也, 其實皆一理也.

39) 『龜峯集』, 권3, 「雜著」, 〈太極門〉: 荅 凡人之纔動有差, 氣使之然也. 聖人之無差, 得氣之淸也. … 蓋聖人純得其淸, 凡人淸濁不齊.

면 잘 알 수 있다.40)

유학에서 인간은 성(性), 정(情), 심(心), 의(意), 지각(知覺), 신(身) 등과 같은 다양한 요소로 구성되거나 다양한 작용을 진행한다고 본다. 송익필은 이 가운데 인간의 성만을 형이상자인 리로 규정한다. 지각 작용은 형이하자인 기의 작용이자 감정 작용으로 형이상자인 리가 될 수 없다. 리가 지각하는 이치로 작용성이 없는 것처럼 리로서의 성은 지각하는 원인은 될 수 있어도 그 성 자체가 지각 작용을 할 수는 없다. 지각은 작용성을 지닌 기만이 할 수 있다는 것이다. 심 자체는 질료적 차원에서 기로 구성되지만 지각의 리를 구비하고 있는바, 심이 지각의 리에 근거하여 지각 작용을 진행한다는 측면에서 '심통성정(心統性情)'이라고 할 수 있다는 것이다.

성즉리를 주장하는 송익필은 성을 '천지지성(天地之性)'과 '기질지성(氣質之性)'으로 나누면서 선악의 문제를 다룬다. 송익필은 먼저 "천지의 성은 리이다. 겨우 음양과 오행이 있는 곳에 이르면 곧 기질의 성이 있게 되며, 곧 어둡고 밝으며 두텁고 얇음의 차이가 있게 된다."고 하는 주희의 말을 인용하면서,41) 천지지성과 기질지성의 차이에 대해 이야기하고 있다. 성즉리로서의 성은 천지지성이라면, 기질에 영향을 받는 성은 기질지성이라는 것이다. 천지지성은 상대적 선악을 초월한 순수한 선이지만, 기질지성의 경우 정(情)이 동하는 단계에서 천지지성에 일치

---

40) 『龜峯集』, 권4, 「玄繩篇上」, 〈答許公澤雨〉: 性是理, 知覺是氣. 性是靜, 知覺是動. 性是性, 知覺是情. 所以知覺之理, 雖在乎性, 所以知覺者, 氣也. 看心統性情之說, 可知.

41) 『龜峯集』, 권3, 「雜著」, 〈太極門〉: 朱子曰天地之性, 是理也. 纔到有陰陽五行處, 便有氣質之性, 便有昏明厚薄之殊."

하는 경우와 천지지성에 어긋나는 경우가 생기는 바, 전자는 선이 되고 후자는 악이 된다는 것이다.[42] 선악은 기질지성의 작용에서 비롯된다고 할 수 있다.

송익필은 비록 성을 본연지성과 기질지성으로 나누어 말하지만 기질지성도 실상은 본연지성과 동일한 성이라고 주장하면서,[43] 누구나 수양을 통해 기질지성이 본연지성과 하나 될 수 있는 길을 열어놓고 있다.

> 주자가 "성은 태극과 같고 심은 음양과 같다"고 하였는데, 음양과 태극은 두 개가 아니다. 모두 하나의 성을 얻었다는 것은 리로서 말한 것이고, 기질이 천차만별하다는 것은 기로서 말한 것이다. 기질지성과 본연지성은 하나의 성이다. 사물은 막힌 기를 얻었으므로 변화의 이치가 없다. 사람은 통하는 기를 얻어서 혼탁한 것은 맑은 것이 될 수 있고, 어리석은 사람은 지혜로운 사람이 될 수 있는 것이니, 이것이 대학과 소학을 세운 이유이다. 맹자와 정이천의 주장이 어찌 다르겠는가? 주자는 "맹자는 성의 본연을 바로 집어내서 말했고, 정이천은 기질을 겸해서 말한 것이다"라고 하였는데, 중요한 것은 서로 분리될 수 없다는 것이다.[44]

---

42) 『龜峯集』, 권3, 「雜著」, 〈太極門〉: 答. 性無善惡, 純善而已. 至情動處, 便分善惡, 便知有氣質之性.

43) 『龜峯集』, 권3, 「雜著」, 〈太極門〉: 答. 各一其性之性, 卽氣質之性也. 但氣質之性, 實與本原之性, 同一性也.

44) 『龜峯集』, 권3, 「雜著」, 〈太極門〉: 答. 朱子曰, 性猶太極也, 心猶陰陽也, 陰陽之與太極 非二物也. 咸得一性, 以理言也, 氣質千萬, 以氣言也. 氣質之與本然, 卽一性也. 物得氣之塞,. 故無變化之理. 人得氣之通, 故濁可以爲淸, 愚可以爲智, 而此大小學之所以設也. 孟子程子豈異其說. 朱子曰, 孟子剔出言性之本, 伊川兼氣質而言, 要之不可離也.

비록 기질지성이라고 하더라도 본연지성과 무관한 것은 아니라, 본연지성이 기질에 내재된 것이 기질지성이라는 것이다. 즉 '기질+본연지성=기질지성'이다. 다만 기질의 맑음과 탁함, 순수함과 얼룩짐에 따라 통함과 막힘에 있어 사람과 사물의 차등이 생기는데, 사물의 경우 지나치게 탁하고 얼룩진 기로 구성되어 꽉 막혀서 기질을 변화시킬 수 없을 뿐만 아니라 본연지성도 회복할 수도 없다. 반면 사람은 비록 성인부터 어리석은 사람까지 다양한 기질상의 층차를 지니고 있지만, 어리석은 사람의 경우 사물에 비해 덜 탁하고 덜 얼룩지고 덜 막힌 기질로 구성된 관계로 스스로의 노력을 통해 탁한 것을 맑게 하고 얼룩진 것을 순수하게 하고 막힌 것을 통하게 함으로써 본연지성을 회복하고 본연지성에 부합되는 삶을 살아감으로써 지혜로운 사람이 될 수 있다는 것이다.

송익필은 "아직 발동하지 않은 것이 성(性)이요, 이미 발동한 것이 정(情)이며, 아직 발동하지 않은 것과 이미 발동한 것을 포함한 것이 심(心)이다. 심은 성과 정을 통괄하는 것이다."[45]라고 하여, 성을 마음이 작용하기 이전의 상태로 정을 마음이 작용한 상태로 구분한다. 마음이 작용하여 드러나는 것은 성이 아닌 정이라는 것이다. 유학에서 정은 일반적으로 『맹자』에 나오는 '사단(四端)'[46]과 『예기』에 나오는 '칠정(七情)'[47]을 구분해서 이야기한다. 이와 관련 이황은 사단은 리가 발한 것이고 칠정은 기가 발한 것이라고 하여, 사단과 칠정의 근원과 발동처를

---

45) 『龜峯集』, 권4, 「玄繩篇上」, 〈答叔獻書別紙〉: 夫未動是性, 已動是情, 而包未動已動者爲心. 心所以統性情也.

46) 『孟子』, 「公孫丑章句」: 惻隱之心, 仁之端也, 羞惡之心, 義之端也, 辭讓之心, 禮之端也, 是非之心, 智之端也.

47) 『禮記』, 「禮運」: 有曰何謂人情喜怒哀懼愛惡欲.

엄격하게 구분한 바 있다.48) 이와 관련 송익필은 사단과 칠정에 관해 다음과 같이 말하고 있다.

> 사단은 리에서 발하고 칠정은 기에서 발한다는 말은 매우 온당치 못하다. 사단과 칠정이 어찌 리기의 발이 아니겠는가? 단지 한 쪽만을 말하면 사단이고, 전체로 말하면 칠정이다. 사단은 주로 리 일변으로 한 쪽만 말한 것이요, 칠정은 이기를 겸하여 전체를 말한 것이다.49)

송익필은 우선 이황의 리기호발설(理氣互發說)에 대해 부정적 견해를 피력하면서 사단은 정 가운데 한 쪽만을 말한 것이고 칠정은 정 전체로 말한 것이라는 이이의 주장을50) 따르고 있다. 칠정은 인간의 감정 작용 전체를 칭하는 것이라면, 사단은 전체 감정 작용 가운데 선한 감정의 작용만을 가리켜 말한다는 것이다. 감정의 작용은 결국 선한 감정으로서의 사단과 그렇지 못한 감정 작용으로 구분되는데, 칠정은 이러한 감정 작용 모두를 통틀어 가리키는 말이다.

송익필은 "사단은 주로 리 일변으로 한 쪽만을 말한 것이다."라고 하여 사단이 선한 감정 작용일 수 있는 근거를 리에서 찾고 있다. 리는 순선한 것이고 기는 유선유악한 것이기 때문에 사단이 선한 감정이 되기 위해서는 마음의 작용이 기의 편차에 따라 구애되거나 제약을 받지 않

---

48) 『退溪全書』, 권7, 箚, 「第六心統性情圖」: 如四端之情, 理發而氣隨之, 自純善無惡. 必理發未遂, 而掩於氣, 然後流爲不善. 七者之情, 氣發而理乘之, 亦無有不善.

49) 『龜峯集』, 권4, 「答許公澤問」: 四端發於理, 七情發於氣之說, 甚未穩. 四端七情, 何莫非理氣之發. 但偏言則四端, 全言則七情. 四端重向理一邊而偏言者也, 七情兼擧理氣而全言者也.

50) 『栗谷全書』, 권9, 「書1」, 〈答成浩原壬申〉: 四端七情, 正如本然之性氣質之性. 本然之性, 則不兼氣質而爲言也. 氣質之性, 則却兼本然之性. 故四端不能兼七情, 七情則兼四端.

고 순리(順理)할 수 있어야 하는바, 마음이 리에 일치하여 선하게 발동하는 감정 작용을 사단이라고 칭한다는 것이다.

그리고 칠정은 사단만이 아니라 기의 편차에 따라 영향을 받는 감정 작용까지 모두 포함하는 감정 작용 전체를 지칭하는 것이다. 이에 송익필은 "정이 선하지 않음이 없다고 하는 것은 사단만을 끄집어냈기 때문이다. 정에 선·불선이 있다고 하는 것은 칠정까지 통틀어 말했기 때문이다."51)라고 말하고 있다.

2) 왕수인의 인간관과 심성론

이기론을 주장하는 송익필과 달리 천지만물일체설을 주장하는 왕수인은 "대저 사람이란 천지의 마음으로, 천지만물은 본래 나와 한 몸이다."52)라하고, "사람은 천지만물의 마음이며, 마음은 천지만물의 주체이다. 마음이 곧 하늘이니, 마음을 말하면 천지만물이 모두 열거된다."53)고 주장한다. 사람이란 천지 또는 천지만물과 한 몸이라는 것이다.

그런데 여기서 중요한 점은 사람은 한 몸을 구성하고 있는 다른 자연 존재물들과 달리 '천지만물의 마음'이라는 위상을 지닌다는 점이다. 사람에게 있어 마음은 자신이 하나의 생명체라는 것을 자각하고 살고자 하는 의지를 발산하고 자신의 생명을 건강하게 유지시켜 나가는 생명의 주체이다. 그렇듯 천지만물의 마음인 사람은 나와 천지만물이 한 몸, 즉

---

51) 『龜峯集』, 권4, 「玄繩篇上」, 〈答叔獻書別紙〉: 情之無不善云者, 拈出四端也. 情之有善不善云者, 統言七情也.

52) 『傳習錄』(中), 「答聶文蔚」, 179조목: 夫人者, 天地之心, 天地萬物, 本吾一體者也.

53) 『王陽明全集』, 권6, 「答李明德」: 人者, 天地萬物之心也, 心者, 天地萬物之主也. 心卽天, 言心則天地萬物皆擧之矣.

하나의 생명체라는 것을 자각하고 생명 의지(生意)의 발동과 실천 행위를 통해 만물을 건강하게 양육해 나가는 천지만물의 생명 주체인 것이다. 그렇기 때문에 천지만물의 마음인 사람은 천지만물의 주체이고 하늘이며, 천지만물의 마음인 사람을 말하면 천지만물이 모두 열거된 것이라고 말할 수 있는 것이다.

그렇다면 인간이 천지만물의 마음이 될 수 있는 근거는 어디에 있는 것일까? 왕수인은 사람이 천지만물의 마음이 될 수 있는 근거를 먼저 '기(氣)'에서 찾는다. 사실상 기는 인간은 물론 무생물, 식물, 동물과 같은 자연 존재물들의 형체를 형성하고 생명을 유지시켜나가는 동일한 질료이다. 이 부분은 인간을 포함한 모든 존재물들은 기화(氣化)와 형화(形化)를 통해 형성된다고 하는 송익필의 주장과 다르지 않다. 비록 모든 존재물들이 동일한 기로 구성되어 있다 하더라도 존재물을 형성하는 기는 정미함에 있어 차이가 있다. 정미함의 차이에 따라 '무생물→식물→동물→인간→인간의 마음'이라는 층차를 지니게 된다. 무생물이나 동·식물과 달리 인간은 매우 정미한 기로 구성되어 있으며, 가장 영묘하고 밝은 기로 구성된 것이 바로 인간의 마음이다.[54]

존재물들을 구성하는 기의 정미함의 다름은 단지 형체의 다름으로 국한되지 않는다. 구성하는 기가 정미해질수록 존재의 속성과 기능적 측면에서도 차이를 지니게 된다. 식물은 무생물에게는 없는 '생명 의지(生意)'를 지니고, 동물은 식물에게는 없는 '지각(知覺)' 기능을 지닌다.[55] 그리고 인간은 무생물과 식물은 물론 동물에게는 없는 '감응(感

---

54) 『明儒學案』, 권25, 南中王門學案一, 「語錄」: 今夫茫茫堪輿, 蒼然隤然, 其氣之最麤者歟. 稍精則爲日月星宿風雨山川, 又稍精則爲雷電鬼怪草木化蘡, 又精而爲鳥獸魚鼈昆蟲之屬, 至精而爲人, 至靈至明而爲心.

應)'과 '통각(痛覺: 怵惕惻隱之心, 不忍之心, 憫恤之心, 顧惜之心)' 기능을 지닌다.[56] 송익필 또한 사람과 사물을 구성하는 기의 청탁과 수박의 차이와 차등에 따라 무생물, 식물, 동물, 인간이 다르다고 주장하고 있는바, 이 점에서도 왕수인과 송익필의 입장은 크게 다르지 않다. **55)56)**

송익필과 왕수인의 다름은 '리(理)'와 '심(心)'을 정의하는 부분에서 찾을 수 있다. 앞에서 살펴본 봐와 같이 송익필은 기로 구성된 사람과 사물에 리가 내재되는 바, 그것이 바로 '성(性)'이라고 하여 '성즉리(性卽理)'를 주장한다. 사람에 한정했을 때, 사람의 성만이 리이고 사람의 몸과 마음은 기이다. 마음은 형이상자인 성을 담고 있는 형이하자의 그릇에 불과한 것으로 본다. 반면 주희의 정리(定理)의 문제점을 비판하는 왕수인은 "마음이 곧 성이며, 마음이 곧 리이다."[57]라고 하여, 성즉리를 주장하는 주희는 물론 송익필과 달리 '심즉성(心卽性)'과 '심즉리(心卽理)'를 주장한다. 나아가 "기가 곧 성이며, 성은 곧 기이니, 본래 성과 기를 나눌 수 없다."[58]고 하여 주희나 송익필처럼 심시기(心是氣)가 아닌 '성즉기(性卽氣)'를 주장한다.

사실상 왕수인에게 있어 리(理)·기(氣)·심(心)·성(性)은 '마음(心)' 하나로 귀결된다. 하나의 마음을 어떤 측면에서 이야기하느냐에 따라 '성'이다, '리'다, '기'다 라고 칭할 수 있는 것일 뿐 이들은 모두 하나의 마음에 대한 다양한 표현에 지나지 않는다. 먼저 왕수인은 마음과 리의 관계에 대해, "마음은 하나일 뿐이다."라고 전제하면서 "그 조리로 말하면 리

---

55) 『王陽明全集』, 권26, 「大學問」: 鳥獸猶有知覺者也, … 草木猶生意者也.

56) 『王陽明全集』, 권26, 「大學問」 및 『傳習錄(下)』, 「黃以方錄」, 336조목 참조.

57) 『傳習錄』(上), 「陸澄錄」, 33조목: 心卽性, 性卽理.

58) 『傳習錄』(中), 「答周道通書」, 150조목: 氣卽是性, 性卽是氣, 原無性氣之可分也.

라 한다."59)고 하여, 리를 성리학에서와 같이 형이상자가 아닌 '마음의 조리(條理)'로 규정한다.

따라서 왕수인이 말하는 리는 사람의 마음과 무관하게 사물에 내재되어 있는 것, 즉 사물의 존재 원리를 지칭하는 것이 아니다. 그래서 왕수인은 "사물에 있는 것이 리이다(在物爲理)에서 재(在)라는 글자 앞에 마땅히 하나의 심(心)이란 글자를 첨가해야 한다. 이 심이 물(物)에 있으면 리가 된다(此心在物爲理). 예를 들면 이 심이 어버이 섬기는 데 있으면 효가 되고, 임금 섬기는 데 있으면 충이 되는 것과 같은 종류이다."60)라고 말한다. 리가 성리학에서와 같이 마음에 앞서 존재하는 것이 아니라는 것이다. 예컨대 내가 어버이와 같이 누군가와 마주해서 효도하고자 하는 의지가 발동하고 효도라는 실천 행위를 하게 되는데, 이러한 실천 의지와 실천 행위의 주체가 바로 마음이며, 이러한 마음의 실천 조리가 바로 리라는 것이다.

그렇기 때문에 왕수인은 "어버이에게 효도하는 마음이 있으면 곧 효도의 리가 있고, 어버이에게 효도하는 마음이 없으면 곧 효도의 리가 없다."고 하면서 "리가 어찌 내 마음에서 벗어나겠는가?"61)라고 말하고 있다. 감응의 주체인 마음이 먼저 존재하고 리는 상황에 따라 마음으로부터 창출되는 것이기 때문에 리는 마음 바깥에 존재하는 것이 아니며,62)

---

59) 『傳習錄』(中), 「答顧東橋書」, 133조목: 心一而已, … 以其條理而言謂之理.
60) 『傳習錄』(下), 「黃以方錄」, 321조목: 又問: 心卽理之說, 程子云在物爲理, 如何謂心卽理? 先生曰: 在物爲理, 在字上當添一心字, 此心在物則爲理. 如此心在事父則爲孝, 在事君則爲忠之類.
61) 『傳習錄』(中), 「答顧東橋書」, 133조목: 心之體, 性也. 性卽理也. 故有孝親之心, 卽有孝之理; 無孝親之心, 卽無孝之理矣. … 理豈外於吾心邪?
62) 『傳習錄』(上), 「陸澄錄」, 32조목: 心外無理, 心外無事.

마음 밖에서 구할 수 있는 것도 아니다.[63]

　인간심성론에 있어 왕수인이 송익필과 다른 점은 송익필에게는 없는 '양지론(良知論)'을 주장한다는 점이다. 왕수인이 말하는 실천 조리의 창출 주체로서의 마음은 다름 아닌 '양지'이다. 먼저 왕수인은 "양지가 사람의 마음 가운데 있다는 것은 아주 오랜 시간과 전 우주 공간을 통틀어 같지 않음이 없다."[64]고 말하고, 또한 "양지가 사람 마음에 있는 것은 성인과 어리석은 자의 구분이 없으며, 천하 고금이 다 동일하다."[65]고 하여, 기질상의 차등이나 신분상의 차등에 상관없이 시공간을 초월하여 인간 누구나 양지를 지닌다고 하는 양지의 보편성과 평등성을 주장한다. 왕수인은 "다만 성인은 그 양지를 실현할 수 있고, 어리석은 지아비와 어리석은 지어미는 실현할 수 없을 뿐이다. 이것이 성인과 어리석은 자가 나누어지는 원인이다."[66]라고 말한다.

　왕수인은 성인과 일반인이 나뉘는 원인을 송익필과 같이 선천적인 기질상의 차등에서 찾는 것이 아니라 양지의 실현 여부에서 찾고 있다는 점이 다르다. 기질상의 차등으로 인한 성현과 일반인의 구분은, 탁하고 잡박한 기질을 지닌 일반인들은 맑고 순수한 기질을 지닌 성현에 의한 교화의 대상이 된다. 반면 양지를 지닌 일반인들은 교화의 대상이 아닌 누구나 스스로 양지 실현을 통해 성인이 될 수 있다는 점에서 다르다.

---

63) 『傳習錄』(中), 「答顧東橋書」, 133조목: 夫物理不外於吾心, 外吾心而求物理, 無物理矣. 遺物理而求吾心, 吾心又何物邪?

64) 『傳習錄』(中), 「答歐陽崇一」, 171조목 :蓋良知之在人心, 亘萬古, 塞宇宙, 而無不同.

65) 『傳習錄』(中), 「答聶文蔚」, 179조목: 良知之在人心, 無間於聖愚, 天下古今之所同也.

66) 『傳習錄』(中), 「答顧東橋書」, 139조목: 但惟聖人能致其良知, 而愚夫愚婦不能致, 此聖愚之所由分也.

그렇다면 인간의 '양지'란 구체적으로 어떠한 성격과 특성을 지닌 것일까? 먼저 양지는 인간 자신과 천지만물을 하나의 생명체로 연결해주는 '생명 중추'이자 '감응 주체'로 정의된다. 양지는 감응을 통해 천지만물의 생명의 온전성에 대한 시비를 판단하고 이들의 생명이 손상될 때이를 자신의 아픔으로 느끼는 '통각의 주체'로서,67) 인간 마음의 선천적인 '자각적 판단력'이자 '유기적인 생명력'이다.68) 이러한 양지는 인간만이 지닌다.

양지는 또한 '생명 창출의 주체'로 정의된다. 감응의 대상인 천지만물은 끊임없이 변화하기 때문에 감응 주체인 양지 또한 천지만물의 변화에 따라 끊임없이 변화하는 역동성을 지녀야 한다. 이에 왕수인은 양지의 역동성을 '항조자(恒照者)',69) '상각상조(常覺常照)'70) 등으로 표현하고 있다. 이러한 양지의 역동성은 곧 시비준칙을 새롭게 창출하는 양지의 '창출성(創出性)'의 바탕이 된다.71) 양지의 창출성은 판단 준거를 새롭게 설정하는 단계에 머무는 것이 아니라 보다 적극적으로 생명을 새롭게 창출시켜나가는 것으로 정의된다.72) 항상 새롭게 펼쳐지는 천지

---

67) 『傳習錄』(中),「答聶文蔚」, 179조목: 夫人者, 天地之心. 天地萬物, 本吾一體者也, 生民之困苦荼毒, 孰非疾痛之切於吾身者乎? 不知吾身之疾痛, 無是非之心者也. 是非之心, 不慮而知, 不學而能, 所謂良知也.

68) 『王陽明全集』, 권26,「大學問」: 天命之性, 粹然至善, 其靈昭不昧者, 此其至善之發見, 是乃明德之本體, 而卽所謂良知也. 『傳習錄』(中),「答歐陽崇一」, 169조목: 良知是天理之昭明靈覺處, 故良知卽是天理. 『傳習錄』(中),「答顧東橋書」, 137조목: 心者身之主也, 而心之虛靈明覺, 卽所謂本然之良知也.

69) 『傳習錄』(中),「答陸原靜書」, 152조목: 良知者心之本體, 卽前所謂恒照者也.

70) 『傳習錄』(中),「答歐陽崇一」, 171조목: 良知常覺常照.

71) 『傳習錄(下)』,「黃以方錄」, 340조목: 良知卽是易, 其爲道也屢遷, 變動不居, 周流六虛, 上下無常, 剛柔相易, 不可爲典要, 惟變所適.

72) 『傳習錄(下)』,「黃修易錄」, 244조목: 良知卽是天植靈根, 自生生不息.

의 만물 창생·양육 과정에 양지는 언제나 새롭게 감응하고 주체적으로 참여함으로써 천지만물이 건강하고 온전하게 창생·양육될 수 있도록 돕는 것이다.

감응과 생명 창출의 주체인 양지는 시비준칙과 시비판단력의 통합체로서 인간의 선천적인 '유기적 생명성'이다. 양지는 천지만물의 생명의 온전성과 인간 자신의 의념에 대한 시비와 선악을 판단하는 시비판단의 준칙임과 동시에 그 자체가 시비판단 작용을 진행한다. 시비준칙은 외재적 당위의 도덕규범에 의존하거나 고정불변한 격식으로 존재하는 것이 아니라 마주한 대상 또는 주어진 상황에 따라 감응을 통해 끊임없이 양지로부터 새롭게 창출되는 '수시변역성(隨時變易性)'을 지닌다.73) 스스로 창출한 시비준칙에 의거하여 양지는 감응 대상의 생명의 온전성에 대한 시비는 물론 인간 자신의 의념이 생명의 온전성에 부합되는지의 시비 여부를 자각적으로 판단하는 영명한 자각성이다.74) 아울러 천지만물이 끊임없는 변화를 생명 본질로 하기 때문에 천지만물과의 감응 주체로서의 양지는 끊임없이 시비준칙을 새롭게 창출하고 시비판단 작용을 진행하면서 자신의 실천 방향성을 새롭게 설정하는 '항동성'을 지닌다.75)

인간은 누구나 선천적으로 이러한 양지를 지니고 있으며, 양지를 실

---

73) 『傳習錄(下)』, 「黃省曾錄」, 248조목: 義即是良知, 曉得良知是個頭腦, 方無執着. 且如受人饋送, 也有今日當受的, 他日不當受的; 也有今日不當受的, 他日當受的. 你若執着了今日當受的, 便一切受去, 執着了今日不當受的, 便一切不受去, 便是適莫, 便不是良知的本體, 如何喚得做義?

74) 『傳習錄』(下), 「陳九川錄」, 206조목: 爾那一點良知, 是爾自家底準則. 爾意念着處, 他是便知是, 非便知非, 更瞞他一些不得.

75) 양지의 성격과 특성에 대한 보다 구체적인 내용은 『왕양명의 생명철학』(개정판), 307~360쪽을 참조 바람.

현하면 성인이 될 수 있다. 그런데 현실에서는 어떤 이유로 성인은 희소하고 어리석은 사람들은 많은 것일까? 왕수인은 그 원인을 '사욕(私欲)'에서 찾고 있다. 예컨대 왕수인은 "사람들 중에 누가 뿌리가 없겠는가? 양지가 바로 하늘이 심어준 영명한 뿌리이니 저절로 쉬지 않고 생성한다. 다만 사욕이 누가 되어 이 뿌리를 해치고 막아서 자랄 수 없을 뿐이다."[76]라고 주장한다.

양지는 장애가 없으면 쉼 없이 모든 존재물과 감응하지만 사욕이 발동할 경우에는 사욕에 가로막혀 온전한 감응 작용을 진행할 수 없게 된다는 것이다. 사욕(私欲), 물욕(物欲), 사심(私心), 사의(私意), 자사(自私), 용지(用智) 등으로 불리는 사욕은 인간 자신의 개체생명의 이익과 안위에만 집착함으로써 천지만물과의 감응 주체인 양지를 차폐시키고,[77] 자신의 형체를 기준으로 천지만물과 자신을 내·외, 자·타, 물·아로 분리시키고,[78] 천지만물과 대립·갈등·투쟁을 야기하는 인간의 극단적인 개체 욕망을 의미한다. 극단적 개체 욕망의 양지 차폐는 양지가 자연스럽게 천지만물과 감응할 수 있는 계기를 상실시킨다. 이로 인해 인간은 천지의 만물 창생·양육 과정에 주체적·능동적으로 참여하지 못할 뿐만 아니라, 오히려 인간 사회와 자연세계의 존재물들의 생명을 파괴시킴은 물론 결과적으로 자신의 생명 또한 상실시키는 결과를 초래하게 된

---

76) 『傳習錄』(下),「黃修易錄」, 244조목: 人孰無根? 良知卽是天植靈根, 自生生不息, 但著了私累, 把此根戕戕蔽塞, 不得發生耳.

77) 『傳習錄』(下),「黃修易錄」, 244조목: 良知卽是天植靈根, 自生生不息, 但著了私累, 把此根戕戕蔽塞, 不得發生耳. 『傳習錄』(下),「黃省曾錄」, 290조목: 但不可有所著; 七情有著, 俱謂之欲, 俱爲良知之蔽.

78) 『傳習錄』(下),「黃以方錄」, 336조목: 可知充天塞地中間, 只有這箇靈明, 人只爲形體自間隔了. 『王陽明全集』, 권26,「大學問」: 若夫間形骸而分爾我者, 小人矣.

다.[79]

그렇다면 양지의 감응 작용을 회복하기 위해서는 어떻게 해야 하는가? 그것은 양지의 감응을 가로막는 사욕을 제거하는 '수양'을 통해 해결된다. 사욕이 발동했다고 하여 양지가 소멸되는 것은 아니다. 양지는 단지 사욕에 의해 가려졌을 뿐이다. 그렇기 때문에 양지를 가로막고 있는 사욕을 깨끗하게 제거하면 양지는 온전하게 회복된다.[80] 회복된 양지를 미진함 없이 실현하는 일이 바로 '치양지(致良知)'로서[81] 치양지를 통해 인간은 누구나 성인의 경계에 도달할 수 있게 된다.[82]

송익필의 성리학과 왕수인의 심학의 다름은 사단과 칠정을 이해하는 방식에서도 찾을 수 있다. 성리학에서는 일반적으로 인(仁)·의(義)·예(禮)·지(智) 사덕을 마음에 구비된 리로서의 성(性)으로 규정하고 측은(惻隱)·수오(羞惡)·사양(辭讓)·시비(是非)는 마음의 작용으로서의 정(情)으로 규정한다.[83] 이와 달리 왕수인은 사단을 성(性)의 발현으로 규정할 뿐만 아니라, 사덕 또한 이미 발현된 상태를 지칭하는 것으로 규정하고 있다.[84] 성은 마음의 역동적이고 주체적인 유기적 생명성을 의미

---

79) 김세정, 『왕양명의 생명철학』(개정판), 414~415쪽 참조.

80) 『傳習錄』(下), 「黃直錄」, 222조목: 人心是天淵. 心之本體無所不該, 原是一個天. 只爲私欲障碍, 則天之本體失了. 心之理無窮盡, 原是一個淵. 只爲私欲窒塞, 則淵之本體失了. 如今念念致良知, 將此障礙窒塞一齊去盡, 則本體已復, 便是天淵了.

81) 『王陽明全集』 권26, 「大學問」: 致者, 至也, 如云喪致乎哀之致. … 致知云者, 非若後儒所謂充廣其知識之謂也, 致吾心之良知焉耳.

82) 본 논문에서는 우주관과 인간관 가운데 심성론에 한정하고 수양론에 관한 구체적 내용은 이후의 과제로 남겨 놓는다.

83) 『朱文公文集』, 권67, 「元亨利貞說」: 仁義禮智, 性也. 惻隱羞惡辭讓是非, 情也. 以仁愛, 以義惡, 以禮讓, 以智知者, 心也. 性者心之理也, 情者心之用也, 心者性情之主也.

84) 『傳習錄』(上), 「陸澄錄」, 38조목: 澄問: 仁義禮智之名, 因已發而有? 曰: 然. 他日澄曰: 惻隱羞惡辭讓是非, 是性之表德邪? 曰: 仁義禮智, 也是表德. 性一而已, 自其形體也謂之天, 主宰也謂之帝, 流行也謂之命, 賦於人也謂之性, 主於身也謂之心. 心之發也, 遇父便謂之

하기 때문에 측은해하고 부끄러워하며 사양하고 옳고 그름을 따지는 마음의 작용뿐만 아니라 어짊, 의로움, 예를 지킴, 지혜로움 또한 성의 발현으로 정의되는 것이다. 따라서 인간의 '마음이 바로 성'이며, 인간의 '정이 바로 성'이 되는 일원적 체계를 지니게 된다.

앞에서 살펴본 바와 같이, 사단과 칠정과 관련해서 송익필은 칠정은 인간의 감정 작용 전체를 칭하는 것이라면 사단은 선한 감정의 작용만을 가리켜 말하는 것으로 정의하고 있다. 리는 순선한 것이고 기는 유선유악한 것이기 때문에 사단이 선한 감정이 되기 위해서는 마음의 작용이 기의 편차에 따라 구애되거나 제약을 받지 않고 순리(順理)할 수 있어야 하는바, 마음이 리에 일치하여 선하게 발동하는 감정 작용을 사단이라고 칭한다는 것이다. 그리고 칠정은 사단만이 아니라 기의 편차에 따라 영향을 받는 감정 작용까지 모두 포함하는 감정 작용 전체를 지칭하는 것이다. 반면 왕수인은 칠정은 모든 사람들의 마음에 있는 감정이라고 전제하면서, 칠정이 자연스러운 유행을 따르는 것이 바로 양지의 작용으로 상대적 의미의 선과 악으로 구별할 수 없다고 한다. 칠정은 양지가 발현되는 통로이자 방식으로서 칠정과 양지는 둘이 아닌 하나, 즉 일원적 체계를 지니게 된다. 다만 칠정의 작용에 집착이 있게 되면 그것은 양지의 작용이 아니라 오히려 양지를 가로막는 사욕이 되는 바, 이는 제거의 대상이 된다. 사욕을 제거하여 집착에서 벗어남으로써 칠정의 작용은 비로소 양지의 작용으로 일원화된다.85) 왕수인은 송익필과 같

孝, 遇君便謂之忠. 自此以往, 名至於無窮, 只一性而已.

85) 『傳習錄』(下), 「黃省曾錄」, 290조목: 喜怒哀懼愛惡欲, 謂之七情. 七者俱是人心合有的, 但要認得良知明白. … 七情順其自然之流行, 皆是良知之用, 不可分別善惡, 但不可有所著; 七情有著, 俱謂之欲, 俱爲良知之蔽; 然纔有著時, 良知亦自會覺, 覺卽蔽去, 復其體矣!

이 칠정 가운데 선한 감정만을 별도로 뽑아내어 사단으로 규정하지 않는다. 사욕이 깃들지 않은 감정의 자연한 작용이 바로 양지의 작용이며 칠정으로 지칭되는 감정 일반이 모두 선한 감정일 수 있음을 명확히 하고 있는 것이다.

4. 나오는 말

이상 송익필의 철학사상과 왕수인의 철학사상, 즉 구봉성리학과 양명심학에서 바라보는 세계와 인간에 대해 고찰해보았다. 나오는 말에서는 2장과 3장에서 다룬 내용을 중심으로 구봉성리학과 양명심학을 비교하면서 두 사상의 다름과 두 사상이 지닌 의의에 대해 살펴보고자 한다.

먼저 2장에서 다룬 고봉성리학과 양명심학의 우주관이다. 송익필의 우주관은 '이기론'인 반면, 왕수인의 우주관은 '천지만물일체론'이다. 먼저 송익필의 이기론적 우주관의 특징을 정리해 보면 다음과 같다.

첫째, 이 세계는 형이상자인 리(理)와 형이하자인 기(氣)로 구성되어 있다. 행성과 같은 거시적 세계와 개별 사물과 같은 미시적 자연세계와 자연 현상은 물론 인간 또한 여기서 예외일 수 없다.

둘째, 이 세계의 운행은 태극과 음양에 의해 진행된다. 모든 존재물들의 생성소멸과 생육 작용은 태극이 아닌 음양의 작용으로 음양의 기는 작용성을 지닌 형이하자이다. 음양의 기는 무작위적으로 운동하거나 운행하는 것이 아니라 형이상자인 존재의 원리, 즉 태극에 의거해서 운동하고 운행한다.

셋째, 형이상자인 리는 악이 스며들 여지가 없는 절대선이지만, 형이하자인 기는 작용하는 과정에서 선할 수도 있고 악할 수도 있다. 기가 운행하는 과정에서 리에 어긋나지 않고 리에 부합된다(順理)면 선이 되지만, 리를 거스르거나 리에서 어긋난다면(逆理) 악이 된다.

넷째, 리와 기에 선악의 가치를 부여한 것은 자연계보다는 인간계에 가치 개념을 적용하고자 하는데 목적이 있다. 즉 리와 기를 선악의 가치 개념으로 재단함으로써 인간의 행위를 규제하고 바람직한 방향으로 이끌어가고자 하는 데 목적이 있었다고 할 수 있다.

이기론적 우주관을 주장하는 송익필과 달리 왕수인은 천지만물일체론적 우주관을 주장하는 바, 그 내용은 다음과 같이 정리할 수 있다.

첫째, 왕수인에게 있어 리는 송익필과 같이 형이상자로서의 객관적 존재원리(所以然之故)나 도덕규범(所當然之則)을 의미하는 것이 아니라 인간 마음의 실천 조리를 의미한다. 이에 왕수인은 주희의 격물설은 정리(定理)를 찾는 것으로 마음과 리가 둘로 나뉘는 문제가 있다고 비판한다.

둘째, 우주자연은 미리 설정된 형이상학적 원리나 기계적 법칙에 따라 작동하는 무생명의 물리적 기계가 아닌 항구적인 변화 과정을 통해 스스로 생명을 창생·양육해나가는 자기 – 조직성을 지닌 하나의 유기체이다. 나아가 사람은 천지만물의 마음으로 규정되는 바, 우주자연은 마음을 지닌 유기체이다.

셋째, 태극과 음양을 형이상자와 형이하자로 나누어보는 송익필의 입장과 달리 왕수인은 태극과 음양의 관계를 체용(體用) 일원의 관점에서 바라본다. 태극은 작용 주체이고 음양은 현상 작용으로, 태극에 의한 자연만물의 생성·양육이 바로 음양에 의한 존재물들의 생성·양육이 되는 일원적 체계를 지닌다.

송익필의 이기론적 우주관과 왕수인의 천지만물일체론적 우주관의 가장 큰 차이는, 송익필이 말하는 우주는 작용성이 없는 형이상학적 원리가 지배하는 반면, 왕수인이 말하는 우주는 형이상학적 원리와 무관하게 스스로 생명을 창출해 나가는 유기체라는 점이다. 송익필의 이기론적 우주관은 우주자연에서 일정한 패턴을 찾아내서 이를 객관적이고 보편적인 원리와 법칙으로 삼음으로써 이 세계를 이해하는데 있어 훨씬 수월하게 해줄 수 있다. 또한 객관적이고 보편적인 원리들이 길잡이가 되어 사람들이 세상을 살아가는 데 있어서도 많은 도움을 받을 수 있다.

그러나 우주자연이 끊임없이 성장하거나 변화하는 경우에는 불변하는 존재의 원리와 이에 근거한 삶의 방식은 다른 문제에 부닥치게 된다. 이미 설정되어 있는 원리, 특히 그것이 불변하는 원리일 때, 우리는 그 원리에 얽매여서 변화하는 현상에 제대로 대응할 수 없게 된다. 인간은 오히려 그 변화와 괴리되거나 그 변화를 가로막는 문제가 발생한다. 우주자연을 역동적인 하나의 유기체로 바라보는 왕수인의 천지만물일체론적 우주관은 이러한 문제를 해결하는데 있어 유익하다고 말할 수 있다. 왕수인은 '심즉리설(心卽理說)'과 '치양지설(致良知說)'을 통해 이 문제를 해결하고자 한다.

이러한 우주관을 바탕으로 송익필과 왕수인은 각자 차별화된 인간관을 제시하고 있는바, 먼저 송익필의 인간관을 정리해보면 다음과 같다.

첫째, 인간은 다른 자연 존재물들과 같이 기화(氣化)와 형화(形化)의 과정을 통해 생성된다. 인간과 사물은 단지 기(氣)로만 구성된 것은 아니라, 모두 동일하게 리를 부여받았는데 이를 성(性)이라 한다.

둘째, 사람과 사물의 차이는 리(성)가 아닌 기에서 비롯된다. 사물은 오행(五行)의 기 가운데 치우친 것을 받은 반면, 사람은 바르고 맑은 기로 구성되었다는 차이가 있다.

셋째, 사람이 사물에 비해 바르고 맑은 기를 부여받았다고 하지만, 사람 또한 타고난 기의 차이에 따라 성인과 범인으로 나뉜다. 성인은 순수하게 맑은 기만을 얻었다고 한다면, 범인은 맑고 탁한 것이 고르지 않다.

넷째, 성즉리(性卽理)로서의 인간의 성은 지각 작용을 하는 원인으로만 존재할 뿐 지각 작용은 하지 않는다. 심시기(心是氣)로서 마음이 지각 작용을 진행한다.

다섯째, 성은 천지지성(본연지성)과 기질지성으로 나뉜다. 성즉리로서의 성은 천지지성이라면, 기질에 영향을 받는 성은 기질지성이다. 천지지성은 상대적 선악을 초월한 순수한 선인 반면, 선악은 기질지성의 작용에서 비롯된다.

여섯째, 사람은 누구나 얼룩지고 막힌 기질을 순수하고 통하게 함으로써 본연지성을 회복하고 본연지성에 부합되는 삶을 살아감으로써 지혜로운 사람이 될 수 있다.

일곱째, 사단(四端)은 감정의 한 쪽만을 말한 것이라면, 칠정(七情)은 감정의 전체로 말한 것이다. 마음이 리에 일치하여 선하게 발동하는 감정 작용을 사단이라고 칭한다. 그리고 칠정은 사단만이 아니라 기의 편차에 따라 영향을 받는 감정 작용까지 모두 포함하는 감정 작용 전체를 지칭한다.

이기론에 근거한 성즉리설을 바탕으로 인간심성론을 펼치는 송익필과 달리 왕수인은 천지만물일체설에 근거한 심즉리설(心卽理說)과 치양지설(致良知說)을 바탕으로 인간심성론을 펼친다. 그 내용을 정리하면 다음과 같다.

첫째, 사람은 천지만물과 한 몸이며, 다른 자연 존재물들과 달리 '천지만물의 마음'이라는 위상을 지닌다. 사람은 천지만물이 하나의 생명체라는 것을 자각하고 생명 의지와 실천을 통해 만물을 건강하게 양육해 나가는 천지만물의 생명 주체이다.

둘째, 자연 존재물들을 형성하고 생명을 유지시켜나가는 동일한 질료인 기(氣)는 정미함의 차이에 따라 '무생물→식물→동물→인간→인간의 마음'이라는 층차를 지니게 된다. 인간은 가장 정미한 기로 구성된 존재로서, 인간만이 다른 존재물들의 생명 손상에 대한 통각과 감응의 기능을 지닌다.

셋째, 성즉리가 아닌 심즉리(心卽理)이다. 감응과 시비 판단과 실천 의지와 실천 행위의 주체인 마음이 먼저 존재하고 리는 상황에 따라 마음으로부터 창출되는 실천 조리이기 때문에 리는 마음 밖에 존재하지도 마음 밖에서 구할 수 있는 것이 아니다.

넷째, 실천 조리의 창출 주체로서의 마음이 곧 '양지(良知)'이다. 양지는 인간 누구나 가지고 있는 바, 양지를 실현하는 자가 바로 성인(聖人)이다. 인간 누구나 주체적으로 양지를 실현함으로써 성인이 될 수 있다.

다섯째, 양지는 '감응 주체'이자 '생명 창출의 주체'이며', '생명의 온전성에 대한 시비준칙'이자 '영명한 자각력'이며, '항동성'과 '수시변역성' 등의 속성을 지닌다.

여섯째, 일반인들이 양지를 실현하지 못하는 이유는 그 원인이 '사욕'에 있다. 사욕은 양지를 가로막아 양지가 감응 작용을 할 수 없도록 한다. 따라서 사욕을 제거하여 양지가 온전하게 작용하도록 하는 수양이 필요하다. 이를 통해 누구나 성인이 될 수 있다.

일곱째, 사덕과 사단은 미발의 성과 이발의 정으로 구분되는 것이 아니라, 둘 다 감응 과정에서 밖으로 드러난 감정이다. 그리고 왕수인은 송익필과 같이 칠정 가운데 선한 감정만을 별도로 뽑아내어 사단으로 규정하지 않는다. 사욕이 깃들지 않은 감정의 자연한 작용이 바로 양지의 작용으로 칠정으로 지칭되는 감정 일반이 모두 선한 감정일 수 있음을 명확히 하고 있다.

사람을 포함한 모든 존재물들이 기로 구성되었으며, 사람과 사물을 구성하는 기·기질의 차이(송익필이 말하는 기의 청탁·수박·통색의 차이와 왕수인이 말하는 기의 정밀함의 차이)에 따라 무생물, 식물, 동물, 인간 등 다양한 층차가 존재하며, 그 가운데 사람이 가장 좋은 기로 구성되어 있다고 보는 점에 있어서는 송익필과 왕수인이 동일하다. 구봉성리학이든 양명심학이든 자연물과 다른 인간의 우수성을 인정한다는 점에 있어서는 분명 공통분모를 지닌다. 그리고 그 우수성은 인간의 자연 정복이나 지배의 근거, 즉 인간우월주의의 근거가 아니라 지구상에서 인간만이 도덕적 존재로 자리매김할 뿐만 아니라 도덕적 삶을 살 수 있는 근거로 작용한다. 이 점에 있어서 분명 구봉성리학과 양명심학은 불교나 도가와는 구분되는 유교의 범주에 포함된다고 할 수 있다.

도덕적 인간의 근거와 도덕적 삶의 방식 등에 있어서는 구봉성리학과 양명심학은 다른 입장을 취한다. 송익필은 이기론에 근거한 성즉리를 도덕적 인간의 근거와 도덕적 삶의 근거로 제시한다. 기로 구성된 사람의 몸과 마음에 리가 내재된 것을 성이라 부르는데, 본원적 성, 즉 본연지성은 순선한 것으로 인간이 따르고 지켜야 하는 인의예지와 같은 도덕적 규범을 의미한다. 인간은 이 본연지성을 표준으로 삼고 기질의 장애를 극복하고 본연지성대로 살아야 한다. 그래야만 도덕적 인간이 될 수 있다. 성즉리이기 때문에 본연지성은 보편성과 객관성을 갖게 된다. 이 점은 한편으로는 사람들에게 자신들이 따르고 지켜야 하는 도덕적 삶의 규범과 표준을 제시해준다는 점에서 사회 질서 유지의 측면에서 유용한 부분이 있다.

반면 미리 설정된 규범과 표준은 자칫 인간의 주체성과 능동성을 억압하고 질곡 시키는 문제를 야기할 수 있다. 만일 천지만물이 끊임없이 새롭게 성장하고 변화한다고 한다면 이 문제 더 심각하다. 변화의 한 복판에서 인간은 스스로 그 변화를 감지하고 그 변화에 대응할 수 있어야 하는바, 그러기 위해서는 인간은 주체성과 능동성은 물론 그 변화에 맞추어 대상 존재물과 온전하게 감응할 수 있는 감응력을 지녀야 한다. 이에 왕수인은 심즉리설을 통해 인간으로 하여금 리의 족쇄에서 벗어나 주체적이고 능동적인 인간으로 우뚝 설 수 있도록 하고 있다. 그리고 통각과 감응의 주체인 양지에 시비준칙과 수시변역성 및 창출성을 부여하여 변화를 감지하면서 마주한 대상 존재물과 온전하게 감응할 수 있도록 하고 있다. 무엇보다 인간 누구나 주체적으로 양지를 실현함으로써 성인이 될 수 있다고 함으로써 평등적 인간관을 제시해주고 있다.

조선시대처럼 정도(正道)와 이단(異端)의 관점에서 본다면 분명 구봉성리학과 양명심학은 함께 공존할 수가 없다. 하나가 정도로 선택되면 다른 하나는 이단으로 배척된다. 여기서 사상의 획일성과 원리주의와 교조주의가 자리 잡게 된다. 그리고 학자들은 정도로 규정된 학문에 빌붙어서 진심(眞心)과 실심(實心)을 상실하거나 감추고 위선(僞善)과 가식(假飾)과 허위(虛僞) 속에 살아가게 된다. 반면 사회가 다원화되고 사상의 다양성이 존중되는 오늘날에 있어, 유학사상 안에서의 다양성, 예컨대 구봉성리학과 양명심학과 같이 서로 다름은 오히려 유학의 발전에 긍정적 기여를 할 수 있다고 본다. 서로 다름이 만나 과거로의 회귀가 아닌 새로운 창조의 길로 나아갈 수 있기 때문이다. 이 논문이 그 시발점이 되기를 희망한다.

【참고문헌】

『孟子』.

『禮記』.

『朱子語類』.

『朱文公文集』.

『王陽明全集』.

『傳習錄』.

『明儒學案』.

『龜峯集』.

『退溪全書』.

『栗谷全書』.

김창경,『구봉 송익필의 도학사상』, 책미래, 2014.

구봉문화학술원 편저, 『잊혀진 유학자 구봉 송익필의 학문과 사상』, 책미래,
    2016.

구봉문화학술원 편저,『구봉 송익필 학문, 기호유학에서의 위상』, 책미래, 2018.

구봉문화학술원 편저,『구봉 송익필의 학문적 지평』, 책미래, 2020.

김세정,『왕양명의 생명철학』(개정판), 충남대학교 출판문화원, 2019.

구봉 송익필의 수양론에 대한
일고찰(一考察)[1]

강보승[2]

1. 머리말

사화의 소용돌이가 지나고, 16세기 중반 중앙 정계의 주축이 된 새로운 지식인들은 누적된 개혁과 혁신 과제를 해결하면서 도학(道學)의 연구와 확산에 몰두하였다. 특히 퇴계(退溪) 이황(李滉:1501-1570), 율곡

---

1) 이 글은 2022년도 제8회 구봉 송익필 학술대회(충남대 인문대학 문원강당, 2022. 12.
03.)에서 발표한 원고를 수정·보완하여 『한국철학논집』 제77집(2023)에 게재한 것임을
밝혀둔다.

2) 충북대학교 사범대학 교수

(栗谷) 이이(李珥:1536-1584), 우계(牛溪) 성혼(成渾:1535-1598) 등 조선을 대표하는 유학자들이 이 시기에 등장하여 저마다의 영역에서 학문 탐구와 경세에 매진하였다.

그러나 이들 못지않게 16세기 학계와 사회 전반에 큰 영향을 미쳤음에도 불우한 가족사로 인해 주목받지 못하였던 인물이 있었으니 바로 구봉(龜峯) 송익필(宋翼弼:1534-1599)이다.

구봉은 아우 한필(翰弼)과 함께 향시에 합격하였으나, 조모가 천첩 소생이라는 이유로 사관 이해수(李海壽) 등에게 대과 응시 자격을 박탈당하였다. 그러나 조모의 출신은 표면적 이유였고, 사관은 구봉의 부친 송사련(宋祀連)이 안당(安瑭:1461-1521)을 무고하고 입신한 인물이라고 판단한 것이다. 이후 사건의 전말이 밝혀져 송사련은 삭탈관직 되고 구봉은 서얼로 전락하였다. 구봉의 수난은 이에 그치지 않았다. 그는 53세에 동인들에 의해 환천되어 천민으로 전락하였으며, 가솔들은 저마다 흩어져 도피하였고 구봉 자신도 각지를 떠돌다 말년에 충청도 당진에서 생을 마감하였다.

그는 자신의 의지와 무관하게 출세의 길이 막히고 평생 어려운 삶을 살았으나 학문과 덕성을 닦아 16세기를 대표하는 유현의 반열에 올랐다. 구봉은 서모(庶母) 위차(位次)의 예(禮)에 관한 논변,『격몽요결』의 오류에 관한 논변,『소학집주』오류에 관한 논변,『순언(醇言)』에 대한 비판 등 율곡과의 수준 높은 학문 논변을 진행하였는데,[3] 그 내용을 보면 율곡에 가히 필적할만하였고, 때로는 율곡의 성리설이 구봉으로부터 상당한 영향을 받았을 것으로 짐작되는 부분들이 있을 만큼 수준이

---

3) 진성수,「구봉 송익필의 수양론 연구」,『東洋哲學研究』第87輯, 동양철학연구회, 2016, 47쪽 참조.

높다. 우계와도 학문과 문학, 예법, 수양에 관해 토론하고 삶을 공유하는 편지를 활발히 주고받으며 도우(道友)의 교유를 돈독히 하였다.

구봉은 25세에 과거 응시 자격이 박탈되고 부친의 죄에 연좌되어 서얼로, 만년에는 천민으로 떨어지는 기구한 삶 속에서도 도학의 탐구에 매진하여 일가를 이루었다. 학문과 인품이 알려지자 일찍부터 그에게 배움을 청하는 이들이 많았으며, 구봉 자신도 출사의 길이 막히자 일찍부터 교육에 눈을 돌렸으니, 27세에 사계(沙溪) 김장생(金長生:1548-1631)을 제자로 맞이한 것이 대표적인 예이다. 또한 송강(松岡) 정철(鄭澈:1536-1593)이 그의 아들 정홍명(鄭弘溟)을 구봉의 제자가 되도록 하면서 구봉의 진실한 학문을 그대로 본받을 것을 아들에게 주문한 예를 통해서도[4] 구봉이 신분적 제약에도 불구하고 당대에 유현으로 널리 인정을 받았음을 알 수 있다.

구봉의 학문과 인품에 영향을 받은 많은 선비들이 조선 후기 학계와 정치계에서 중추적인 역할을 하였는데, 자세히 열거하기 어려울 만큼 그 영향은 지대하였다. 앞서 언급하였듯이 율곡과 우계는 구봉의 도우(道友)로 뜻을 함께 하여 도학의 구현에 일생을 바쳤다. 사계 김장생은 구봉의 직계 제자로 10년을 구봉과 함께 지내며 학문을 전수받았고 사계의 학문은 신독재 김집을 거쳐 우암 송시열로 이어져 기호학파의 정맥이 되었으며, 조선 후기 학문과 정치를 주도하였다. 우암 계열의 대척점에 있는 명재 윤증도 가학으로 구봉과 우계, 율곡의 학문을 전수하였으니, 기호학파의 시초로 구봉의 영향력은 율곡·우계 못지않았다 해도 과언이 아닐 것이다.

---

4) 이영자, 「구봉 송익필의 경세사상」, 『한국철학논집』 제59집, 한국철학사연구회, 2018, 316쪽.

미천한 신분에 비운의 삶을 살았던 구봉이었지만 율곡, 우계와 일생을 도우로 함께 하고, 제자를 길러 기호학파의 성립과 발전에 결정적 역할을 할 수 있었던 것은 그가 단순히 성리학 이론에 조예가 깊었기 때문만은 아니었을 것이다. 수양에 토대를 둔 높은 인품이 있었기 때문에 많은 선비들이 그를 스승으로 본받았을 것이다. 따라서 구봉의 학문을 연구함에는 수양론에 관한 깊이 있는 연구가 반드시 수반되어야 한다. 그러나 16세기 이후 조선의 학계와 정치계에 끼친 구봉의 절대적인 영향력에도 불구하고 구봉의 도학(道學)에 관하여는 연구가 충분히 이루어지지 못하였고, 특히 그의 성리설과 수양론에 관하여는 더욱 그러하다. 2023년 초 현재 구봉의 철학 사상 관련 연구 성과는 학술논문과 학위논문, 단행본을 합하여 모두 약 20건 가량으로 나타나 있다.[5]

구봉의 철학 사상 관련 연구 성과가 아직 많지 않은 가장 큰 이유는 그가 당대에 문장가로 칭송받았음에도 시(詩) 등 문학 분야 외에 철학 관련 체계적인 저술이 남아있지 않음으로 인해 문집에 산발적·단편적으로 보이는 철학 관련 언급을 토대로 연구를 해야 하기 때문일 것이다.

또한 구봉의 수양론 관련 연구는 이제껏 2건 정도에 그치고 있고,[6]

---

5) 구봉의 철학 사상 관련 학술 논문으로는 〈김창경, 「구봉 송익필의 성리학에 대한 철학적 검토」, 2010〉, 〈김창경, 「구봉 송익필의 도학적 수기론」, 2010〉, 〈김창경, 「구봉 송익필 직(直)사상의 기호유학에서의 전승연구」, 2015〉, 〈곽신환, 「『태극문(太極問)』 논변」, 2015〉, 〈진성수, 「구봉 송익필의 수양론 연구」, 2016〉, 〈이영자, 「구봉 송익필의 경세사상」, 2018〉, 〈김창경, 「구봉 송익필의 율곡학설 비판에 대한 연구」, 2018〉 등이 있고, 학위 논문으로는 최영성의 『龜峰 宋翼弼의 思想研究: 性理學과 禮學의 關聯性을 中心으로』 (1992), 김창경의 『龜峰 宋翼弼의 道學思想 研究』(2011) 정도이며, 단행본은 구봉 관련 연구 성과를 모아 펴낸 것들과 학위 논문을 보완하여 펴낸 것 몇 건이 있다.

6) 진성수의 「龜峯 宋翼弼의 修養論 연구」(2016)는 선비의 본질과 선비의 길을 제시하고 구봉의 불우한 가계과 삶을 살핀 후 현실 극복 노력과 직(直) 사상, 구용(九容)·구사(九思)를 토대로 구봉의 수양론을 시론적으로 제시하였다. 그러나 수양론의 이론적 토대와 실천론을 체계적으로 분석·제시하지 않은 한계가 있다. 김창경은 구봉을 가장 전문적으로 연

이들 연구도 일반론의 관점에서 수양론의 대강을 제시한 시론적 성격의 연구이다. 이처럼 구봉의 수양론 관련 연구가 적은 것도 수양과 관련한 구봉의 체계적인 저술이나 언급이 부족하기 때문이다. 본고 또한 이러한 제약에서 자유로울 수 없다. 따라서 본고에서는 기존의 수양론 관련 연구 성과를 참고하고 『구봉집』의 「태극문(太極問)」, 「현승편(玄繩編)」 등을 통해 유추할 수 있는 수양 관련 내용을 추가로 검토하면서 수양과 관련한 구봉의 이론을 구체화해보고자 한다.

2. 구봉 수양론의 이론적 기반

1) 수양론의 본체론적 토대

성리학에서 수양론은 심성론에 이론적 기반을 두고 있고, 심성론은 본체론에 이론적 기반을 두고 있다. 따라서 구봉의 수양론을 살피려면 우선 본체에 관한 구봉의 인식을 살펴야 할 것이다. 구봉은 성리설과 관련하여 체계적인 저술을 남기지는 않았으나 본체론과 관련해서는 자신의 견해를 자문자답의 형식으로 제시한 81문항의 「태극문(太極問)」을 남겼다. 여기서 수양론과 연관 지을 수 있는 내용을 토대로 구봉 수양론의 본체론적 기반을 살펴보고자 한다. 우선 구봉은 현실적으로 기(氣)가 리(理)보다 강한데 왜 리를 따라야 하는가를 다음과 같이 자문자답 하고

구해온 연구자라 할 수 있다. 그는 「龜峯 宋翼弼의 道學的 修己論」(2010)에서 욕망에 대한 구봉의 관점과 성의(誠意)의 수기론, 직(直) 사상 분석을 통해 구봉 성리설을 폭넓게 연구하였다.

있다.

> [문] 기(氣)는 항상 리(理)를 이긴다. 인의예지(仁義禮智)의 리는 미약
> 하고, 수화금목토(水火金木土)의 기는 왕성하여 끝내 미약한 것으로
> 왕성한 것을 제어할 수 없다. 그런데 성현의 가르침이 매번 리로써 기
> 를 이기고자 하는 것은 어째서인가?

> [답] 리가 미약하지 않고 기가 왕성하지 않다면 성현이 어째서 가르치
> 려 했겠는가? 리는 비록 미약하지만 더욱 드러낼 수 있고, 기는 비록
> 왕성하지만 변화시킬 수 있다. 이것이 성현이 하지 못할 때가 없고 교
> 화하지 못할 사람이 없는 이유이다. 천지가 서고 만물이 길러짐에 이
> 르러서도 기가 항상 리로부터 명령을 듣게 되는 것이다.[7]

만물은 리와 기의 묘합체이고 현실에서 리와 기는 절대로 분리될 수
없으나, 운동·변화의 주체인 기의 왕성함과는 달리 원리로써의 리는 작
용할 수 없으므로 느끼기 어렵고 따르기 어렵다. 때문에 현상적 관점에
서 기는 항상 리를 이기는 듯 보이고, 리는 기에 이끌리거나 기에 가려
드러나지 않는 것처럼 보인다. 때문에 리로써 기를 제어한다는 것은 불
가능할 것임에도 왜 성리학에서는 리로 기를 제어하도록 하는 것인가?
  구봉은 현실적 작용성의 차이 또는 유무로 인해 우리가 리를 따른다
는 것이 불가능한 것은 아닐까 하는 의문을 제기한다. 이러한 구봉의 의

---

7) 『龜峯集』 권3, 雜著, 「太極問」 70조목: "問, … 氣常勝理. 仁義禮智之理微, 水火金木土之
  氣盛, 終不可以微制盛, 而聖賢之教, 每欲以理勝氣, 何也? 答, 理不微氣不盛, 則聖賢又何爲
  教? 理雖微而益著, 氣雖盛而可變. 此聖賢之所以無不可爲之時, 無不可化之人. 而至於天地
  位萬物育, 氣常聽命於理者也."

문은 작용성이 없는 리의 속성을 고려할 때 일반적인 사람들이 가질 수 있는 기초적이고 합당한 의문이다.

그러나 이 의문과 같다면 인간은 수양이 필요 없는 그저 욕구대로 행동하는 동물적 존재에 머물게 된다. 수양의 당위성과 필요성을 담보할 수 없게 되는 것이다. 이에 구봉은 리는 미약하지만 드러낼 수 있고, 기는 왕성하지만 변화시킬 수 있기 때문에 성현들이 기를 변화시키고 리의 명령을 기가 따르도록 한 것이라고 말한다.

위에서 구봉이 리를 드러낼 수 있다고 한 것은 기의 간섭을 제거하면 리를 가리지 않아 기(마음)가 리를 온전히 지각할 수 있다는 의미이다. 리는 형이상의 원리이므로 변화시킬 수 있는 것이 아니다. 따라서 수양은 기를 변화시켜 리를 가리지 않도록 하는 방향으로 설정되어야 한다. 때문에 구봉은 기는 왕성하지만 변화시킬 수 있으므로 성현은 교화를 통해 기를 변화시켜 미약한 리가 드러날 수 있도록 하였다고 말한 것이다.

이로써 볼 때 구봉의 수양론은 기의 변화를 핵심으로 함을 알 수 있다. 기(기질)를 변화시키는 것을 수양의 방향으로 설정하는 것은 리의 함양과 기질의 변화를 동시에 추구하는 퇴계의 수양론과 다른 것이고, 기호학의 특징이기도 하다. 이로써 보면 구봉은 율곡과 마찬가지로 기질의 변화를 통한 수양을 추구한다고 볼 수 있다. 기질의 변화를 목적으로 하는 구봉 수양론의 특징은 「태극문」의 다음 언급을 통해서도 드러난다.

[문] … 이미 예쁘고 미우며 귀하고 천함의 차이가 없을 수 없으니, 이것이 사물의 실정이다. 그런데 성인이 반드시 어리석고 불초한 자도

모두 함께 마음을 바르게 하고 뜻을 성실히 하는 경지에 이르게 하여 그 덕을 한결같이 하고자 한 것은 또한 무슨 뜻인가?

[답] 그 모습이 천 가지 백 가지로 서로 다른 것은 기(氣)이고, 하나로 꿰뚫는 것은 리(理)이다. 치우치고 막힌 기를 타고난 것은 사물이고, 바르고 통한 기를 타고난 것은 사람이다. 그 통하고 바른 중에도 또 맑고 탁한 차이가 없을 수 없으나, 인의예지의 리를 모두 함께 타고났다. 그러므로 성인이 가르침을 베풀어 그 리를 돌아오게 하고자 한 것이다.[8]

구봉은 사물의 모양과 성질이 다양하듯, 사람도 어리석고 불초한 사람이 있고 탁한 기를 타고난 사람이 있는데, 성인이 모든 사람들로 하여금 마음을 바르게 하고 뜻을 성실히 하도록 하여 그 덕을 성인과 동일하게 하고자하는 이유는 무엇인지 의문을 제기한다. 그리고 구봉은 이유를 인의예지의 리 곧 성(性)은 성인뿐만 아니라 사람이면 누구나 타고나는 것이기 때문이라고 설명한다. 성인과 범인(凡人)의 본성이 같으므로 마땅히 가르침을 통해 본성을 회복하도록 해야 한다는 것이다.

이것은 우리가 수양을 해야 하는 당위적 이유를 말한 것이다. 인의예지와 같은 성은 하늘이 모든 인간에게 보편적으로 부여한 것이고, 그 성을 받음으로써 우리는 그것을 회복해야 하는 도덕적 의무 또한 가지고 태어난다. 이에 성인은 교화와 수양을 통해 범인(凡人)이 본성을 회복하

8) 『龜峯集』 권3, 雜著, 「太極問」 20조목: "問, … 旣不能無妍媸貴賤之殊, 則是乃物之情也. 聖人之必欲使愚不肖, 同歸於正心誠意之域而一其德者, 亦何義也? 答, 千百其狀者, 氣也, 貫乎一者, 理也. 稟得氣之偏且塞者, 物也, 正且通者, 人也. 於通正之中, 又不能無淸濁之殊, 而同得仁義禮智之理. 故聖人設敎, 欲返其理."

도록 하는 것이다.

그러나 당위성만으로 리의 본연을 회복할 수 있는 것은 아니다. 전술하였듯이 탁하고 잡박한 기질을 변화시켜 맑고 순수한 기질로 되돌려야만 리의 본연이 드러나는 것이다. 그런데 이미 탁하고 잡박하여 치우쳐 있는 범인(凡人)의 기질을 어떻게 회복할 수 있다는 것인가? 성인의 교화를 수용하여 능동적으로 자신을 변화시킬 수 있는 가능성이나 능력이 우리에게 있는 것인가?

구봉에 의하면 우리 마음의 '허령함'이 바로 기질을 변화시킬 수 있는 가능성이자 내적 동력이다. 허(虛)는 기질의 변화를 위해 필요한 무한한 내적 공간을, 령(靈)은 기질을 바꿀 수 있는 지각·인식·학습·실천 능력의 무한한 원천을 의미한다. 언제나 마음을 허령하게 유지하기는 어렵지만 수양을 통해 마음의 허령함을 회복할 수 있고, 허령한 마음은 혼탁해지고 물들고 막힌 기질의 작용을 순수하게 환원시킨다. 따라서 구봉은 다음과 같이 자문자답한다.

[문] 사람은 천지의 바른 기(氣)를 받았고 사물은 치우치고 막힌 것을 타고났다. 그런데도 닭은 새벽을 알릴 수가 있고, 개는 손님에게 짖을 줄 알며 소는 무거운 짐을 질 수 있고 말은 먼 길을 갈 수 있어서 각각 자신의 일을 능히 한다. 그런데 사람은 도리어 사물에도 미치지 못해서 능히 자신의 생김새대로 행하지 못하여 자식은 효자가 드물고 신하는 충신이 적으니, 왜 그러한가?

[답] 사물이 꽉 막혀 있어서 천성대로 하는 것은 마음이 허령(虛靈)하지 못하기 때문이다. 사람이 능히 기질(氣質)을 변화시켜 불초(不肖)한

자가 성현이 되는 것도 통하기 때문이고, 남의 등창을 빨고 치질도 핥던 자가 나중에는 아버지와 임금을 죽여서 짐승도 하지 않는 짓을 하는 것도 통하기 때문이다. 그러니 두렵지 아니한가?[9]

구봉은 가축들은 저마다 타고난 바에 따라 역할을 충실히 하는데 사람은 사람의 도리를 못하는 경우가 많음을 예로 들며 사람이 사물만 못한 것인가 하는 의문을 제기한다. 그런데 구봉은 이 질문에 스스로 답하며 사물이 저마다의 역할에 충실한 것처럼 보이는 것은 사물의 마음이 허령하지 못하기 때문이라고 하고 있다. 사물은 마음이 허령하지 못하여 타고난 천성대로 움직이는데, 이는 곧 마음이 허령하지 못하여 타고난 기질을 변화시키지 못하고 기질대로 하기 때문이라는 것이다. 반면 사람은 마음이 허령하므로 기질을 변화시킬 수 있고 불초한 자가 성인이 될 수 있다고 하였다. 기는 강하고 리는 미약하여 타고난 기질을 변화시키기 어렵지만, 텅 비고 신령스러운 마음이 기질을 변화시킬 수 있는 공간과 동력을 제공하므로 기질의 변화가 가능하다는 것이다.

그런데 특이한 것은 마음의 허령함은 기질을 변화시킬 수 있는 공간과 동력을 제공하지만 그 기질의 변화가 반드시 선한 방향으로 이루어진다고 할 수는 없다는 언급이다. 위에서 구봉은 "아버지와 임금을 죽여서 짐승도 하지 않는 짓을 하는 것도 통하기 때문이다. 그러니 두렵지 아니한가?"라고 하고 있다. 사람의 마음이 허령하므로 타고난 기질을 변화시켜 범인이 성인이 될 수도 있지만 반대의 경우도 가능하다는 것이

---

9) 『龜峯集』 권3, 雜著, 「太極問」 52조목: "問, 人受天地之正氣, 物稟其偏塞. 然而鷄能司晨, 犬能吠客, 牛能負重, 馬能致遠, 各能其事. 人反不及於物, 而不能踐形, 子鮮孝臣寡忠, 何也? … 答, 物以塞而能天, 以心不虛靈也. … 人能變化氣質, 以不肖爲聖賢, 亦以通也, 人之舐痔吮癰, 終至於殺父與君, 行禽獸不爲之事, 亦以通也. 可不畏哉!"

다. 성리학자라면 보통 텅 비고 신령스런 마음의 속성, 특히 신령스러운 속성이 기질을 선한 쪽으로 이끈다고 생각하기 쉽다. 그러나 구봉은 마음의 '신령스러움[靈]'이 항상 반드시 선을 지향하는 것은 아니라고 보았다. 구봉의 언급에 따라 보면, 마음의 허령함은 기질의 변화를 가능하게 하지만 그 변화의 방향은 전적으로 개인의 의지에 달린 것이다. 여기서 수양의 필요성이 부각된다. 수양은 기질변화를 도덕적 방향으로 이끄는 동력이 된다.

앞서 고찰한 바에 따르면, 구봉에게 수양은 리의 함양이 아닌 기의 변화를 의미한다. 그리고 인간은 사물과 달리 기(기질)를 변화시킬 수 있는 공간과 동력, 곧 허령한 마음을 가지고 있다. 그러나 심(心)의 허령함이 기질을 순수하고 선한 방향으로 변화시키는 것은 아니다. 따라서 기질을 순선한 방향으로 변화시키기 위해서는 기가 움직이기 시작할 때 '도덕적 의지'를 투영해야 한다. 구봉에게 그 '도덕적 의지'는 직(直)이고 성의(誠意)이다.

2) 수양론의 심성론적 토대

구봉은 리무위(理無爲), 기유위(氣有爲)의 전제에 따라 기(기질)를 순선하게 변화시키는 것을 수양의 목적으로 설정하였다. 기질을 변화시키는 주체는 앞서 고찰한 바와 같이 허령한 심(心)이다. 그러나 허령한 심이 반드시 선을 지향하는 것은 아니다. 때문에 우리는 마음의 작용 양상을 잘 이해하고 마음이 순선한 것을 지각하고 지향할 수 있도록 해야 한다. 이에 구봉은 수양의 실천에 앞서 인심과 도심에 입각하여 '마음'에 대한 이해를 시도한다.

구봉은 "리(理)는 작용성이 없어 인식할 수 없으므로 은미하다."는 율곡의 말과 "도심은 그 일어남이 작아 은미하므로 인심이 항상 도심의 명을 따르게 하여 은미함을 또렷하게 해야 하니, 이것을 확충[擴而充之]이라 한다."[10]는 제자 사계의 말에 다음과 같이 자신의 견해를 밝힌다.

리(理)는 본래 은미하지 않은데 기(氣) 가운데에 있기 때문에 은미하여 보기가 어려운 것이네. … 기질의 자품(資品)은 모든 사람이 같지 않아, 성인 이하의 사람은 도심이 은미한 자가 있고, … 은미한데 또다시 은미한 자가 있네. 그러나 아무리 지극히 은미한 자일지라도 끝내 민멸되지 않는다네. 그러니 진실로 이를 잘 확충해 나간다면, 도리어 상성(上聖)과 더불어 그 또렷함을 함께할 수 있네. … 성인은 그 또렷한 것을 온전히 한 분이네. 학자는 또렷하기를 구하는 사람이네. 은미함으로부터 또렷이 나타남에 이르기까지 내가 가감하는 것이 없네. 그런즉 이것이 과연 본래 은미한 것이겠는가. 이보다 더 또렷한 것이 없으나, 기 가운데에 있기 때문에 은미하게 된 것이네.

숙헌(叔獻)은 리가 소리도 없고 냄새도 없다는 이유로 리는 본디 은미하다고 말하였고, 그대 또한 발한 것이 은미하고 작음만 말했을 뿐 은미하고 작은 까닭은 말하지 않았으니, 모두가 잘못되었네. 그리고 도심이 은미한가 또렷한가는 인심이 편안한가 위태로운가와 더불어 서로 줄기도 하고 늘기도 하는 것이네. 인심이 위태로운 자는 도심이 은

---

10) 『龜峯集』 권4, 玄繩編 上 「答希元心經問目書」: "道心惟微, … 栗谷先生云, 惟理無聲臭可言, 微而難見, 故曰微, 譬如此遠山, 本微而難見, 目暗人見之, 則微者愈微, 明者見之, 則微者著. 愚見則不然. 道心之發, 如火始然, 如泉始達, 所發者小, 故微而難見. 不知所以治之, 則微者愈微, 使人心常聽命於道心, 則微者著, 所謂擴而充之也."

미하고 도심이 또렷한 자는 인심이 편안하네.11)

위에서 구봉은 리는 본래 은미하지 않으나 기 가운데 있으므로 은미한 것처럼 보일 뿐이라고 말하고 있다. 이것은 리는 운동성이 없으므로 그 자체로 은미하다고 단정한 율곡의 견해를 반박한 것이다. 그러면서 구봉은 리가 비록 운동성이 없지만 사물의 본질이므로 그 무엇보다 또렷한 존재이며, 리가 은미한 것처럼 보이는 것은 단지 그 리가 탁하고 잡박한 기 속에 타재해 있기 때문이라고 주장한다.

또한 구봉은 리를 담지한 도심도 그 자체로는 은미하지 않으나 기질의 자품(資品)이 서로 같지 않아 성인은 도심이 또렷한 반면 성인 이하의 사람들은 또렷하지 않은 것이라고 사계의 견해를 반박하면서, 도심은 절대로 없어지지 않으므로 누구라도 도심을 확충하면 범인도 성인과 마찬가지로 도심이 또렷해진다고 주장하였다.

아울러 도심의 은미함과 또렷함은 인심의 편안함과 위태로움과 함께 상호 늘어나기도 하고 줄어들기도 하는 관계이다. 즉 인심이 위태로워지면 도심이 은미해지고 도심이 또렷해지면 인심이 편안해지듯 한 쪽의 늘어남과 줄어듦이 다른 한쪽에 영향을 미치는 관계로 보았다.

앞서 구봉은 리(理)와 도심이 그 자체로 은미하지 않다고 하였다. 그렇다면 구봉이 인심과 도심을 어떻게 규정하고 있는가도 함께 살펴야

11) 『龜峯集』 권4, 玄繩編 上 「答希元心經問目書」: "理本不微, 在氣中故微而難見. … 氣質之品, 千萬不同, 自聖以下之道心有微者, … 有又微而又微者. 雖或至微, 而終無泯滅之理. 苟能充之, 還與上聖同其著. … 聖人全其著者也, 學者求其著者也. 自微至著, 我無加損, 則是果本微者乎? 莫著乎理, 而以在氣中故微. 叔獻以理無聲臭, 而云理本微, 公亦只言所發之微少, 而不言所以微小之故, 皆有所失. 且道心之微著與人心之安危, 相爲消長. 人心之危者, 道心微, 道心之著者, 人心安."

할 것이다. 구봉은 소리, 색, 냄새, 맛 등 우리 몸의 감각적 본능으로부터 나온 마음을 인심으로 정의하고, 인의예지에서 나온 마음을 도심이라고 정의하면서, 인심을 잘 제어하면 공리(公理)가 사욕(私慾)을 이겨 도심이 주가 되고, 제어하지 못하면 사욕이 공리를 이겨 인심이 주가 되는데 여기서 점차 변하여 인욕이 되는 것이라고 인심과 도심, 그리고 인욕을 정의한다.12) 인심과 도심의 관계에 대해서 구봉은 인심과 도심이 상호 전환될 수 있다는 율곡의 견해를 다음과 같이 부정한다.

'인심에서 발하였다가 도심이 되는 경우도 있다.'는 숙헌의 말을 그대는 옳다고 하였는데, 이 또한 옳지 않네. 인심도 성현에게 본래 있는 마음인데 어떻게 반드시 도심으로 변할 수 있겠는가. 그렇다면 성인에게는 인심이 없단 말인가?13)

구봉은 율곡의 〈인심도심상위종시설(人心道心相爲終始說)〉에 대해 인심이 도심이 되는 것은 옳으나, 도심이 인심이 되는 것은 옳지 않은 것 같다고 한 제자 사계의 말에 위와 같이 대답하였다. 구봉에 의하면 인심과 도심은 상호 줄어들기도 늘어나기도 하지만 서로 전환되는 것은 아니다. 왜 그러한가? 율곡의 〈인심도심상위종시설〉에 따르면 형기(形氣)에서 비롯한 인심이 절도에 맞으면 도심이 된다. 도심으로 시작했더라도 그 도심을 유지하지 못하고 사욕의 추구로 방향이 바뀌면 인심으로 전환된다. 그러나 구봉이 보기에 율곡의 논리대로 인심이 잘 절제되고

---

12)『龜峯集』권4, 玄繩編 上「答希元心經問目書」: "聲色臭味之爲, 謂之人心, 仁義禮智之出, 謂之道心. 能治則公勝私而道心爲主, 不能治則私勝公而人心爲主, 轉爲人慾而莫之禁焉."

13)『龜峯集』권4, 玄繩編 上「答希元心經問目書」: "且賢以叔獻之發於人心而爲道心之說爲可云, 亦不可. 人心, 亦聖賢合有底心, 何必變爲道心也. 然則聖人無人心耶?"

도심이 잘 유지된다면 인간에게 인심은 없게 될 수도 있다. 성인(聖人)이 이러한 경우인데, 성인은 인심이 발하여도 항상 절도에 맞아 도심이 되고 도심이 발하면 항상 그 도심이 유지된다. 때문에 결국 성인에게 인심은 없는 것이 된다. 하지만 구봉은 성인도 형기의 사사로움이 없지 않으므로 인심이 없다는 것은 논리적으로 성립될 수 없다고 보았다. 결국 구봉은 서로 늘어나거나 줄어들 수 있을 뿐 인심은 인심이고 도심은 도심이라고 주장한다.

이처럼 율곡과 구봉은 인심과 도심의 개념을 달리 정의하는데, 율곡은 '정(情)'과 '의(意)'를 결부시켜 인심과 도심을 정의하고 있으나14) 구봉은 의(意)를 '치심(治心)'의 단계에서 작용하는 것으로 보고, 치심(治心) 여하에 따라 마음에서 인심이 주(主)가 되는가 도심이 주가 되는가가 결정된다고 본 것이다.15) 종합하여 보면, 구봉은 인심과 도심을 상대적인 소장(消長) 관계로 파악하였고, 인심과 도심이 한 마음에서 나오는 것이므로 치심(治心) 여부에 따라 달라지는 것으로 보았으며, 율곡과 달리 인심과 도심의 상호 전환을 부정하였다. 구봉은 인심이 인욕으로 흐르기 쉽다는 점을 기본적으로 상정하면서도 인심을 범인(凡人)과 성인이 모두 가지고 있는 인간의 보편적 마음으로 보았다는 점에서 율곡 보다 인심에 긍정적인 견해를 드러내고 있다고 볼 수 있다.16)

인심과 도심을 면밀히 정의하는 것은 인심이 인욕으로 흐르지 않게 하고 도심을 끝까지 유지하기 위한 기초적인 작업이다. 인심과 도심의

---

14) 『栗谷全書』 권9, 書, 「答成浩原, 壬申」: "蓋人心道心, 兼情意而言也, 不但指情也."

15) 최영성, 『한국유학통사』 中, 심산, 2006, 123쪽 참조.

16) 김창경, 「龜峯 宋翼弼의 性理學에 대한 철학적 검토」, 『韓國思想과 文化』 第54輯, 한국사상문화학회, 2010, 420쪽 참조.

속성을 파악하여 상호 특징을 정의하였으면, 성리학 수양의 핵심인 '경(敬)'에 대한 구봉의 관점을 살펴보아야 할 것이다. 『구봉집』에서는 경에 대하여 자세한 논의가 보이지 않으나 아래의 짧은 언급을 통해 구봉의 거경론을 살필 수 있다.

정(靜)은 한쪽에 치우치고, 경(敬)은 동(動)과 정(靜)을 관통한다. 그러나 반드시 정을 근본으로 삼아야 한다. 그리하여 평소 가만히 있을 때에는 담연(湛然)하고 허정(虛靜)하게 하기를 마치 가을과 겨울이 만물을 갈무리하듯이 하고, 일에 응할 때에는 어긋나지 않게 하기를 마치 봄과 여름이 제때에 맞추어 만물을 자라나게 하는 것처럼 해야 한다. 이렇게 하면 사물마다 제자리를 얻게 된다.[17]

수양은 경(敬)으로 동시(動時)와 정시(靜時)를 아울러 이루어져야 한다. 수양은 단순히 마음을 고요하게 하는 것에 그치지 않고, 정(靜)에 기반을 두고 정(靜)을 추구하면서도 동시(動時)의 복잡다단한 일들이 모두 절도에 맞도록 해야 한다. 따라서 구봉은 경(敬)으로 마음의 담연허정(湛然虛靜)을 추구하면서 일에 응함에는 일마다 어긋남이 없고 최적의 상태로 추구해야 한다는 거경(居敬)의 수양론을 제시하고 있다.

3) 직 사상과 수양론

구봉의 수양론에서 특기할 만한 사항이 있는데 그것은 그가 조선 유

---

17) 『龜峯集』 권3, 雜著, 「太極問」 37조목: "靜則偏, 而敬乃通貫動靜. 然必以靜爲本. 平居湛然虛靜, 如秋冬之祕藏, 應事方不差錯, 如春夏之發生, 物物得所."

학사에서 처음으로 제시했다고 평가되는 '직(直)' 사상이다. '직(直)'은 『주역』의 '경이직내(敬以直內)'와 공자의 "사람의 삶은 직(直)"[18]이라는 언급 이후 맹자와 주자 등이 언급한 유학사상의 핵심 개념 중 하나라고 할 수 있다. 조선에서도 여러 유학자들이 '직(直)'을 언급하였으나, 대부분 주역의 '경이직내(敬以直內)'를 해석하는 과정에서 언급된 것이고, '직'을 중심에 놓고 그 사상적 의의를 풀어낸 경우는 없었다.

그러나 구봉은 처음으로 직의 의의와 삶에서의 효용 등을 자신의 사상으로 개진하여 조선 유학에서 본격적으로 '직 사상의 확립과 전승'을 촉발하였다.[19] 구봉에게서 촉발된 직 사상은 그의 제자 사계 김장생에게 전수되었고 사계에서 우암, 우암에서 수암 권상하를 거쳐 구한말까지 이어진 기호학파의 '상전지결(相傳旨訣)'이 되었다.

구봉의 직(直) 사상은 제자인 사계의 장남 김은(金檃)의 자(字)를 '직백(直伯)'으로 지어주면서 쓴 글에 잘 나타나있다. 글 첫머리에서 구봉은 사람이 사는 이치는 직(直)인데, 직은 하늘이 부여한 것으로 천지 사이에 정정당당하고 상하로 곧은 이치라고 하면서, 물욕에 의해 하늘로부터 받은 직이 가려질 수 있다고 하고 있다.[20] 이어서 구봉은 도(道)를 드러내는 수양의 핵심으로써 직(直) 사상을 다음과 같이 말하고 있다.

곧지 않으면 도(道)가 드러나지 않는다. … 바르게 하려면 어떻게 하면 되겠는가. 구용(九容)으로 그 용모를 곧게 하고, 구사(九思)로 그 생각

---

18) 『論語』「雍也」: "人之生也直, 罔之生也 幸而免."

19) 김창경, 「구봉 송익필의 직(直)사상의 기호유학에서의 전승연구」, 『동서철학연구』 제78호, 한국동서철학회, 2015, 280-286쪽 참조.

20) 『龜峯集』 卷3, 雜著, 「金檃字直伯說」: "民之生也直. 直者, 天所賦, 物所受者也. 此所謂天地之間, 亭亭堂堂直上直下之正理也. 有或不直者, 氣稟物欲之使然也."

을 곧게 해야 한다. 경(敬)으로 마음을 곧게 하면 마음이 바르게 되고, 의(義)로 행동을 바르게 하면 그 행동이 곧게 된다. 쇄소응대(灑掃應對)로부터 진심지성(盡心知性)에 이르기까지 어느 한 가지 일도 곧음이 아닌 것이 없다. 어린아이에게 항상 거짓되지 않음을 보여 주는 것은 처음을 곧게 하는 것이며, 70세가 되어서 법도에 넘침이 없게 하는 것은 끝을 곧게 하는 것이다. 일원지기(一元之氣)의 기운은 곧지 않으면 끊어지고, 호연지기(浩然之氣)의 기운은 곧지 않으면 줄어든다. 그러니 곧음은 군자의 도에서 큰 것이다.[21]

위에서 보면 구봉에게 '직(直)'은 도(道)를 드러내는 핵심이다. 도를 드러내는 것이 수양의 궁극적 목적이라고 할 때, 직은 도를 드러내기 위한 도구이며, 그 도구는 하늘이 이미 모든 사람에게 부여하였다. 그럼에도 사람들이 직으로써 도(道)를 드러내지 못하는 것은 형기와 사욕의 가림 때문이다. 따라서 타고난 '직'으로 도(道)를 드러내기 위해서는 구용(九容)과 구사(九思)의 자세를 유지하여 생각, 곧 의지를 곧게 해야 하고, 경(敬)으로 내면을 곧게 해야 함을[敬以直內] 역설한다. 구봉이 강조한 '직(直)'은 도를 드러내기 위한 도구이면서 동시에 인간이 하늘로부터 받은 본성의 순수함을 의미한다. 외물이나 형기(形氣)의 간섭이 없다면 사람은 '직(直)'한 본성에 따라 움직일 것이다. 그러나 사람들은 대개 그러지 못하므로 구봉은 구용(九容), 구사(九思), 경이직내(敬以直內) 등으로써 직의 본성을 발현해야 한다고 한 것이다.

---

21) 『龜峯集』卷3, 雜著,「金鏜字直伯說」: "不直則道不見. … 鏜之如何? 九容, 直其容也, 九思, 直其思也. 敬以直內, 直其內也, 義以方外, 直其外也. 自灑掃應對, 以至盡心知性, 無一事非直也. 幼子常視母誑, 直於始也, 七十不踰矩, 直於終也. 一元之氣, 不直則絶, 浩然之氣, 不直則餒, 直之於君子之道, 大矣哉!"

이로써 볼 때, 직의 실상은 구용(九容), 구사(九思), 경이직내(敬以直內)의 수양이다. 구봉이 「김은자직백설」 외에 직에 관하여 특별히 다시 언급하지 않았음을 볼 때 구봉이 직을 내세워 강조하고자 한 것은 어쩌면 직 그 자체보다는 직을 실현하기 위한 구용(九容), 구사(九思), 경이직내(敬以直內)와 같은 수양 방법일 것이다.[22] 위에서 구봉은 일원지기(一元之氣)와 호연지기(浩然之氣)의 유지를 위해 직을 강조하고 있는데, 여기서 직의 실천은 곧 구용(九容), 구사(九思), 경이직내(敬以直內)를 기반으로 하는 일상적 실천에 다름 아니다. 아울러 구봉은 "직(直)을 구체화하는 과정[功程]은, 작은 것은 『소학』에 갖추어져 있고 큰 것은 『대학』에서 모두 말해 놓았다."[23]고 하여 직의 구현을 위해 『소학』과 『대학』에 입각한 실천을 강조하고 있다. 따라서 구봉의 직 사상은 본성에 입각하여 일상에서의 실천을 통해 자신을 바로잡는 수양을 총체적으로 지칭하기 위해 제시된 것으로 보인다.

'직(直)'을 도학의 상전지결로 삼고 구체적인 사상 체계로 발전시킨 것은 구봉보다는 그의 제자 사계와 사계를 이은 우암이었다. 특히 우암은 직 사상을 주자로부터 자신으로 이어지는 사상적 맥(脈)이자 핵심으로 설정하였고, 이후 수암 권상하 등 우암 계열의 유학자들은 이 직(直)을 학맥의 상전지결로 삼아 전승 관계를 이어갔다.

---

22) 진성수, 「龜峯 宋翼弼의 修養論 연구」, 『東洋哲學硏究』 第87輯, 동양철학연구회, 2016, 54쪽 참조.

23) 『龜峯集』 卷3, 雜著, 「金隱字直伯說」: "直之功程, 小而小學書備矣, 大而大學書盡之."

3. 구봉 수양론의 실천적 토대

이 장에서는 이상의 본체론·심성론적 토대 위에서 구봉이 인간의 욕망을 어떻게 규정하고 통제하고자 하였는지, 어떻게 구체적인 수양 방법을 제시하였는지, 그리고 구봉 자신이 실제로 어떻게 수양하였는지 등을 살펴 구봉 수양론의 현실 구현 양상을 제시하고자 한다. 『구봉집』에서 파악할 수 있는 실제 수양 관련 서술이 제한적이므로 수양과 관련된 구봉의 언급들을 바탕으로 구봉 수양론의 실천적 토대를 구성하고자 하였다.

1) 인욕(人欲)의 제어

구봉은 기질을 변화시키는 것을 수양의 목적으로 설정하였는데, 일상적 수양에서 기질의 변화는 인욕을 적절히 제어할 수 있는가, 그리고 그러한 인욕의 제어를 꾸준히 지속할 수 있는가가 관건이 된다. 구봉은 도피와 유배로 20대 중반 이후 거의 일생 동안 매우 불안하고 곤궁한 삶을 살았음에도 마음을 살펴 인욕(人欲)을 물리치고 천리(天理)를 보존하기 위해 끊임없이 노력하였다. 그 과정에서 구봉은 인욕의 제어에 매우 어려움을 겪었고, 오랜 수양 끝에 인욕을 완전히 제거하는 것은 현실적으로 불가능하다는 결론에 도달하였다. 구봉은 몸의 보존과 물욕의 제거를 동시에 추구하라는 율곡의 조언을 받고 그 답신에 다음과 같이 자신의 수양 상황을 전하고 있다.

저는 매번 이치의 자연스러움을 따르면서 인위적인 것을 용납하지 말아야 한다고 경계를 하고 있습니다만, 인욕이 항상 이기는 것을 면치 못하고 있으니 매우 한탄스럽습니다. … 스스로의 행동을 돌아보면, 천리(天理)와 인욕의 경계선이 매우 분명합니다. 그런데도 한결같이 천리에 맡기지 못하니, 그저 두려울 뿐입니다. 또한 영원히 끊는 것은 역시 이교(異敎)의 술법이지 우리 유가(儒家)의 이치에는 합당하지 않습니다. 이미 천리에 의해 움직이지 못하였을 때에는 형기(形氣)에서 나오는 욕구는 따르고, 가슴속에서 생겨나는 생각은 능히 제거한다면 거의 이치에 합당할 것입니다. 식욕은 색욕과 같으니 음식 역시 굳이 더 먹을 필요가 없으며 적당하게 먹으면 될 뿐이니, 부족함이 아닌 지나침에 문제가 있습니다. 옛사람이 음식을 더 먹으라고 한 말은 아마도 이치에 맞지 않는 것 같습니다.[24]

위에서 구봉은 인욕의 제어와 관련하여 여러 가지로 자신의 경험과 의견을 제시하고 있다. 구봉은 우선 자연스런 본성을 따르고 인위를 개입시키지 않으려고 노력하였고, 인욕과 천리의 경계를 분명히 인식하였으나 항상 인욕을 적절히 제어하지 못하였다고 고백하고 있다. 물론 이 말은 율곡의 조언에 대해 겸손히 자신의 부족함을 말한 것이므로 구봉이 항상 인욕에 이끌렸다고 해석하기보다는 그만큼 인욕을 제어하기가 어려웠다는 뜻으로 받아들여야 할 것이다. 특히 구봉은 천리와 인욕은 확실히 구분할 수 있음에도 항상 천리를 따르게 되는 것은 아니라고 하

---

24) 『龜峯集』 권4, 玄繩編 上「答浩原書」: "此一節, 僕每戒以循理之自然, 不容人爲, 而未免人慾之勝, 可歎可歎. … 自家衽席之上, 天理人慾分界, 亦甚分明, 而未能一任天理, 可畏也已. 且永斷, 亦異術也, 非吾儒合理事也. 旣不能動以天理, 則慾之出於形氣者從之, 慾之生於胸臆者克去, 庶乎合理. 食亦同色, 食亦不須勉加, 任其適宜而已, 患不在不足而在於多. 古人加粲飯之語, 恐未合理也."

였는데, 이는 자신만의 문제를 말한 것이 아니라 일반적인 경우를 말한 것이다. 사람들은 인의예지와 같은 순선한 본성과 마음의 허령한 지각 능력에 의거하여 자신의 마음에서 발생하는 감정이 천리에 의한 것인지 인욕에 의한 것인지 그리고 그 감정이 어떻게 흐르고 있는지 판단할 수 있음에도 기질의 치우침으로 인해 인욕에 이끌림을 제어하기 어렵다는 것이다.

이러한 결론에 기초하여 구봉은 인욕을 제어하는 현실적인 대안을 두 가지로 제시한다. 첫째는 인욕은 완전히 끊을 수 있는 것이 아님을 인정한 상태에서 수양을 해 나가야 한다는 것이다. 구봉은 인욕을 끊는 것은 이교(異教)의 술법이지 유가(儒家)가 추구하는 방향은 아니라고 하면서, 욕망과 번뇌를 끊고 생각을 끊어 무념무상의 청정한 자아 회복을 추구하는 불교의 수양 방법을 불가능한 것으로 보았다.

둘째는 형기(形氣)의 욕구는 따르되 가슴 속 의념에 의한 욕구는 제거 해야 한다는 것이다. 여기서 형기(形氣)의 욕구란 식욕, 색욕 등과 같이 인간이 자신과 종족의 보존을 위해 반드시 추구해야 할 기본적인 욕구 를 뜻하는 것이고, 가슴 속 의념에 의한 욕구란 부귀영화나 필요 이상의 욕구, 부당한 욕구와 같이 개인적 의지와 사유작용에 의해 발생하는 욕 구를 뜻한다. 사사로움[私]은 형기(形氣)를 가진 인간의 필연적 자기 보 존 욕구이고 그 자체로는 악이 아니며, 오히려 적절히 추구하는 것이 선 이다. 위 인용문에서도 구봉은 음식을 더 먹을 필요가 없다고 하면서, 형기의 욕구는 추구하되 꼭 필요한 만큼만 추구해야 한다는 점을 분명 히 제시하고 있다.[25]

---

25) 절도 있는 형기의 욕구 추구는 구봉이 송강 정철에게 조언한 다음과 같은 언급에서도 잘
드러난다. "술과 여색 두 가지 일은 온갖 행실을 해치는 적입니다. 술은 선왕(先王)이 종

이로써 보면 구봉은 인간의 욕구 중 형기에 의한 욕구는 필수불가결한 것으로 인정하고 적절히 추구해야 한다는 입장에 있음을 알 수 있다. 이러한 입장에 따라 기질을 변화시키기 위한 구봉의 수양론은 인욕의 '제거'가 아닌 '제어'에 초점을 맞추게 된다. 인욕의 제어에 대한 구봉의 입장은 인간의 욕구에 관한 유학의 전통적 입장을 충실히 반영한 것이다. 주자는 "사람이 배고파 먹고 마시는 것은 천리(天理)이고 더 맛있는 것을 구하는 것은 인욕(人欲)이다."26)라고 하였고, 율곡은 "형색(形色)은 천성(天性)이니 인심(人心)이 어찌 불선하겠는가?", "성인(聖人)의 혈기는 일반 사람과 같을 뿐이니, 배고프면 먹고자 하고 목마르면 마시고자 하므로 성인도 인심이 없을 수 없다."27)고 하였으며,28) 구봉 자신도 이러한 유학의 입장에서 성인도 범인과 마찬가지로 인심이 있다고 한 것이다.

따라서 구봉은 천리(天理)대로 따를 수 없다면 형기에 의한 기본적 욕구는 따르고 그것을 넘어서는 욕구는 제어하는 것이 합리적인 수양의 실천이라고 주장한다. 억지로 욕구를 절제하기보다는 인간의 자연스러운 감정과 욕구를 인정하면서 이를 적절히 조절하는 것을 중시한 구봉의 수양론은 매우 현실적 입장에서 욕구의 문제에 접근한 것으로, 반드시 천리를 보존해야 한다고 주장하는 리존적(理尊的) 수양론과는 결을

일토록 마셔도 취하지 않게 한 것을 절도로 삼고, 여색은 선정(先正)이 금수(禽獸)도 그와 같이 하지 않는다고 한 것을 경계로 삼으십시오."(『龜峯集』 권5, 玄繩編 下「答李仲擧別紙」: "酒色二事, 百行之賊. 酒以先王之終日不醉爲度, 色以先正之禽獸不若爲戒.")

26) 『朱子語類』 권13: "曰飮食者天理, 要求美味人欲也."

27) 『栗谷全書』 권10, 書,「答成浩原」: "夫形色天性也, 人心亦豈不善乎?", "聖人之血氣, 與人同耳. 飢欲食, 渴欲飮 … 故聖人不能無人心."

28) 김창경,「龜峯 宋翼弼의 道學的 修己論」, 『儒學硏究』 第24輯, 충남대학교 유학연구소, 2011, 301쪽.

달리 하는 것이다.

2) 정좌(靜坐)와 독서

주자가 거경을 기반으로 미발시 함양과 이발시 성찰을 수양 방법의 큰 틀로 제시한 이후 주자학에서 정좌(靜坐)는 미발시(未發時)·정시(靜時)의 수양법으로 독서는 이발시(已發時)·동시(動時)의 수양법으로 중시되었다. 구봉도 수양 방법으로써의 정좌와 독서에 매우 익숙하였던 것으로 보인다. 정좌를 통한 수양의 경험을 구봉은 다음과 같이 말하고 있다.

> 팔짱을 끼고 묵묵히 앉아 있으면 가끔씩 수렴(收斂)될 때가 있지만, 한 사물이 와서 부딪치면 곧 흩어지는 것을 깨닫게 됩니다. 동(動)한 중에 정(靜)으로 가는 경지는 끝내 터득할 수 없을 것 같습니다. 그 이른바 수렴이라는 것은 도리어 선학(禪學)과 같아 리(理)가 기(氣)를 이기지 못합니다. 저는 노쇠함이 계속 밀려오는데, 산속에 오래 머물러 있어서 정성(定性)이 더욱 빛을 발하고, 약질(弱質)을 극복하여 더 건강해지는 존형께 몹시 부끄럽습니다.29)

구봉은 묵묵히 앉아 고요히 하면 종종 심신이 수렴되기도 하지만 외물의 자극이 있게 되면 곧 수렴된 상태가 깨지게 된다고 고백한다. 이에

---

29) 『龜峯集』 권4, 玄繩編 上 「與浩原書」: "控手默坐, 有時收聚, 一物來觸, 便覺散渙, 動上之靜, 竟不可得. 其所謂收斂, 反同禪學, 理不勝氣, 衰老又迫, 多愧尊兄山中住久, 定性愈光, 弱質還健也."

구봉은 수렴은 외물의 자극에 쉽게 깨지는데 그것은 작용성이 없는 리가 작용성을 가진 기를 이기지 못하기 때문이라고 보았다. 또한 수렴은 선불교에서 추구하는 것이지 유학에서 추구하는 것이 아니라고 말한다. 유학의 정좌(靜坐)는 참선과 달리 무념무상의 경지를 추구하지 않는다. 유학에서는 생각 등 마음의 작용 자체를 없애는 것은 불가능하다고 보고, 생각을 없앨 수 없다면 생각을 줄이고 좋은 생각을 하며 집중하여 생각하는 것을 추구한다. 구봉은 수렴의 상태를 유지하는 것도 비현실적이거니와 동(動) 속에서 정(靜)을 유지하는 것은 더욱 어려운 과제로 보고 정좌를 통한 수양은 이상적 경지를 추구하는 것이 아닌 심신의 안정과 집중이라는 현실적 방향으로 추구하는 것이 좋음을 주장한다.

위 인용문에서 구봉은 또한 일상에서의 수양이 매우 어려운 과제임을 솔직히 밝힌다. 리(理)가 기(氣)를 이기지 못한다는 말은 일상에서 자신의 욕구를 통제하기가 매우 어렵다는 자기 고백이며, 거기에 노쇠함이 더해져 더욱 수양에 집중하기 어려움을 고백하고 있다. 미천한 신분으로 떨어져 일생 도피하며 어려운 생활을 이어갔던 구봉에게 현실과 타협하지 않는 꾸준한 수양은 참으로 어려운 과제였을 것이다. 구봉이 욕구나 욕망에 대하여 퇴계 등 다른 유학자들에 비하여 관대하였던 것도 그가 처한 현실에 기인한 면이 컸을 것이다.

정좌와 달리 독서는 이발시의 대표적인 수양법 중 하나이다. 이발시의 수양은 거경(居敬)에 의한 쇄소응대(灑掃應對), 일용평상(日用平常)의 일상적 수양을 시작으로 독서궁리와 궁극에 가서는 경세까지 그 범위로 한다. 일상에서 쇄소응대 시에 심신을 검속하는 것이 이발시 수양의 시작이라면 독서는 이발시 수양의 중심이라고 할 수 있다. 구봉은 이러한 독서를 동시(動時) 수양의 독립적 영역이 아닌 일상 수양의 하나로 보고 있다.

　　글을 읽고 일에 응하는 것이 두 가지 일임을 말하는 것이 아니네. 또한
　　사람들로 하여금 글을 읽지 말라고 가르치고자 하는 것도 아니네. 오
　　늘날 세상에서 어떤 사람은 혹 앉아서 능히 글을 읽으면서도 나가서는
　　일에 응하는 법이 깜깜한 경우가 있는데, 이것은 비록 글을 읽었더라
　　도 역시 취하여 쓸 바가 무에 있겠는가. 글을 읽으면서 이치를 궁구하
　　는 것은 본디 일에 응하고 상대를 접할 때 각각 그 이치에 마땅하게 하
　　고자 해서이네.30)

　　구봉에게 독서는 일상적 수양을 더 정밀하게 하기 위한 방편이다. 독
서를 하는 이유는 일상에서 사물을 접하고 처리할 때에 더 적합하게 하
기 위함이니, 독서를 하고서도 사물에 적용하지 못하면 독서가 무의미
하다는 것이다. 독서의 종류에 있어서 구봉은『근사록』을 중시하였는데,
송강 정철이 아들을 구봉 문하에 보내면서 하였던 '구봉의 교육은 근사
록을 기본으로 한다'는 언급이나,31) 사서(四書)와『근사록』을 중심으로
사계 김장생을 교육한 사실에서도 이를 확인할 수 있다.
　　구봉은『근사록』뿐만 아니라『소학』과『가례』를 초학자가 익혀야 할
기본 텍스트로 중시하였다. 구봉이『소학』과『가례』를 중시한 것 또한

---

30)『龜峯集』권4, 玄繩編 上「答公澤問」: "非曰讀書應事爲兩件事也. 亦非欲敎人不讀書也.
　　如今世一樣人, 或坐能讀書而出昧應事者, 是雖讀書, 而亦何所取用. 讀書窮理, 本欲應事接
　　物之各當其理也."

31) 이영자,「구봉 송익필의 경세사상」,『한국철학논집』제59집, 한국철학사연구회, 2018,
　　315-316쪽 참조 및『松江原集』권2, 雜著,「戒子帖」.

제자인 사계 김장생이 제시한 독서 순서를 통해 확인된다.[32] 초학자에게는 『소학』과 『가례』를, 단계가 높아지면 『근사록』을 제시한 구봉의 독서는 사계와 우암으로 이어져 기호학파의 독서궁리 및 수양에 많은 영향을 주게 된다.

4. 맺음말

구봉은 리무위(理無爲), 기유위(氣有爲)의 전제에 따라 기(기질)를 순선하게 변화시키는 것을 수양의 목적으로 설정하였다. 그리고 기질을 변화시키는 주체는 허령한 심(心)이다. 이에 따라 구봉은 마음의 '허령함'을 기질을 변화시킬 수 있는 가능성이자 내적 동력으로 판단하였다. 그런데 구봉은 마음의 허령함이 기질을 변화시킬 수 있는 내적 공간과 동력이 되지만 허령함에 의한 기질의 변화가 반드시 선한 방향으로 이루어진다고 할 수 없다고 하였다. 그에 의하면 마음의 허령함은 기질의 변화를 가능하게 하지만 그 변화의 방향은 전적으로 개인의 의지에 달린 것이다. 이 때문에 구봉은 기질변화를 도덕적 방향으로 이끄는 수양을 중시한 것이다.

순선한 방향으로의 기질 변화를 위해 구봉은 리(理)와 기(氣), 인심과 도심에 대한 명확한 이해를 시도한다. 구봉은 먼저 리는 은미하지 않으나 기 가운데 있으므로 은미한 것처럼 보일 뿐이므로 치우친 기질을 바로잡으면 누구라도 순선한 리를 따를 수 있다고 전제한다. 아울러 도심

---

32) 김문준, 「돈암서원의 강학 활동」, 『한국철학논집』 제58집, 한국철학사연구회, 2018, 178쪽 참조.

또한 없어질 수 없으므로 누구라도 도심을 확충하면 범인도 성인과 마찬가지로 도심이 또렷해진다고 주장하였다. 그리고 구봉은 인심과 도심을 상대적인 소장(消長) 관계로 파악하였고, 인심과 도심이 한 마음에서 나오는 것이므로 치심(治心) 여부에 따라 달라지는 것으로 보았으며, 율곡과 달리 인심과 도심의 상호 전환을 부정하였다. 구봉은 인심이 인욕으로 흐르기 쉽다는 점을 기본적으로 상정하면서도 인심을 범인(凡人)과 성인이 모두 가지고 있는 인간의 보편적 마음으로 보았다는 점에서 다른 유학자들에 비해 긍정적 관점으로 인심에 접근하고 있다.

아울러 직(直) 사상은 구봉의 수양론에서 처음 드러나는 특징적인 것으로, 그는 직의 의의와 삶에서의 효용 등을 자신의 사상으로 개진하여 조선 유학에서 본격적으로 '직 사상의 확립과 전승'을 촉발하였다. 구봉에게 '직(直)'은 도(道)를 드러내는 핵심인데, 도를 드러내는 것을 수양의 목적이라고 할 때, 직은 그 목적을 달성하기 위한 도구이며, 그 도구는 하늘이 이미 모든 사람에게 부여한 것이다. 그리고 직의 실상은 구용(九容), 구사(九思), 경이직내(敬以直內)의 수양이다. 구봉이 직을 내세워 강조하고자 한 것은 어쩌면 직 그 자체보다는 직을 실현하기 위한 구용(九容), 구사(九思), 경이직내(敬以直內)와 같은 수양 방법일 것이다. 따라서 구봉의 직 사상은 본성의 순선함에 입각하여 일상에서의 실천을 통해 자신을 바로잡는 수양을 총체적으로 지칭하기 위해 제시된 것으로 보인다.

구봉은 기질의 변화를 수양의 1차적 목적으로 설정하였는데, 기질의 변화는 인욕을 적절히 제어할 수 있는가, 그리고 그러한 인욕의 제어를 꾸준히 지속할 수 있는가가 관건이다. 따라서 구봉은 인욕을 제어하는 현실적인 방안을 두 가지로 제시한다.

첫째, 인욕은 완전히 끊을 수 있는 것이 아님을 인정한 상태에서 수양을 해 나가야 한다는 것이며,

둘째 형기(形氣)의 욕구는 따르되 가슴 속 의념에 의한 욕구는 제거해야 한다는 것이다. 구봉은 형기에 의한 욕구는 생존에 필수불가결한 것이므로 적절히 추구해야 하며, 의념에 의한 인위적이고 과도한 욕구는 제거해야 한다는 입장에 있다. 따라서 기질의 변화를 위한 구봉의 수양론은 인욕의 '제거'가 아닌 '제어'에 초점을 맞추게 된다.

인욕의 '제거'가 아닌 '제어'의 추구는 정좌와 같은 일상의 수양에도 적용된다. 구봉은 정좌를 통한 수렴은 현실적으로 어렵고 선불교에서 추구하는 것이지 유학에서 추구하는 것이 아니라고 하면서, 의념을 없애는 것과 같은 비현실적 경지의 추구보다는 심신의 안정과 집중이라는 현실적으로 가능한 방향으로 정시(靜時)의 수양을 추구하는 것이 좋음을 주장한다. 또한 동시(動時)의 수양에 있어서 독서는 별도의 수양 방법이나 궁리의 일환이 아닌, 일상적 수양을 더 정밀하게 하기 위한 방편으로 보고, 독서와 응사(應事)의 긴밀한 관계를 추구하였다.

미천한 신분으로 전락해 일생을 도피하며 어려운 삶을 살았던 구봉에게 현실과 타협하지 않는 꾸준한 수양은 참으로 어려운 과제였을 것이다. 구봉이 욕구나 욕망에 대하여 다른 유학자들에 비해 관대하였던 것도 그가 처한 현실에 기인한 면이 컸을 것이다. 그럼에도 구봉은 학문과 덕성을 닦아 16세기 당대의 대표적 유현으로 칭송받았고, 율곡, 우계와 일생을 도우(道友)로 함께 하였으며, 이후 여러 제자를 길러 기호학파의 형성과 발전에 결정적 역할을 하였다. 이는 구봉이 성리학에 조예가 깊었을 뿐만 아니라 오랜 수양을 통해 높은 수준의 인품에 도달하였음을 반증하는 것이기도 하다. 그럼에도 남겨진 자료의 부족 등으로 그

동안 학계의 구봉 관련 연구는 미진한 편이었다. 특히 수양론 관련 연구는 넓게 보아도 몇 건에 그치고 있어서 향후 추가적인 연구가 요청되는 바, 이는 기호학파의 성립과 발전, 학문적 특성을 분명히 해 줄 중요한 토대가 될 것이기 때문이다.

【참고문헌】

『論語』
『龜峯集』
『栗谷全書』
『朱子語類』

최영성, 『한국유학통사』中, 심산, 2006.

곽신환, 「『태극문』논변」, 『儒學研究』第33輯, 충남대학교 유학연구소, 2015.

김문준, 「돈암서원의 강학 활동」, 『한국철학논집』제58집, 한국철학사연구회, 2018.

김창경, 「龜峯 宋翼弼의 性理學에 대한 철학적 검토」, 『韓國思想과 文化』第54輯, 한국사상문화학회, 2010.

김창경, 「龜峯 宋翼弼의 道學的 修己論」, 『儒學研究』第24輯, 충남대학교 유학연구소, 2011.

김창경, 「구봉 송익필의 직(直)사상의 기호유학에서의 전승연구」, 『동서철학연구』제78호, 한국동서철학회, 2015.

박학래, 「구봉(龜峯) 송익필(宋翼弼)에 관한 연구 현황 및 과제」, 『儒學研究』第36輯, 충남대학교 유학연구소, 2016.

이영자, 「구봉 송익필의 경세사상」, 『한국철학논집』제59집, 한국철학사연구회, 2018.

진성수, 「구봉 송익필의 수양론 연구」, 『東洋哲學研究』第87輯, 동양철학연구회, 2016.

조선유학에서의 직(直)사상 전승관계 및 문제점 연구[1]

김창경[2]

1. 들어가는 말

유가(儒家)의『주역』에서는 기품물욕(氣稟物欲)에 따른 인간의 사사로운 마음에 대해, '경이직내(敬以直內)'[3]를 통한 존심양성(存心養性)의 수양론을 제시하고 있다. 이와 관련하여 요·순(堯舜, 약 BC2,300년 경)의 삼대(三代)시대 백성들은 직도(直道)를 행하였다[4]고 전하고 있고, 공자

---

1) 이 글은 구봉문화학술원 정기학술대회(2018년 9월 7일, 충남대 인문대학 문원강당)에서 발표하고,『유학연구』제57집(2021)에 게재되었음을 밝힌다.

2) 충남대학교 교수

3)『周易』,「坤卦」,〈六二爻〉: "直其正也 方其義也 君子敬以直內 義以方外 敬義立而德不孤 直方大不習無不利 則不疑其所行也"

4)『論語』,『衛靈公』: "斯民也 三代之所以直道而行也"

는 인간의 삶은 직(直)이라 하였으며,5) 맹자는 호연지기를 직으로 기른다하였고,6) 정명도는 직상직하(直上直下)의 정정당당함이라 하였다.7) 주희는 직(直)이 유교학문의 요결이라 하고, 천지가 만물을 생(生)하고 성인이 만사(萬事)에 응하는 이치로써, 성인이 상전(相傳)한 심법(心法)도 또한 직(直) 한 글자라고 유언으로 남겼다.8)

조선유학에서는 이러한 직설(直說)에 대해 최초로 구봉(龜峯) 송익필(宋翼弼)이 필두(筆頭)가 되어 제자인 김장생에게 「김은자직백설(金隱字直伯說)」9)을 통해 직사상을 전승하고 있다. 이로부터 이름과 호, 자, 서재명 등에 직을 넣은 글을 통해, 기호유학에서는 김장생과 송시열, 권상하 등으로부터 한국 근현대 유학자들에게까지 학문적 수수(授受) 형식을 지닌 채 근 4,500여 년 동안 전승되어 내려오고 있다. 또한 영남유학에서는 이진상과 곽종석 등이 직설을 논의하고 있다.

이와 같은 직설의 계승은, 동양 유교학문에서뿐만 아니라 한국유학사상적 업적으로서도 크나큰 의의를 지니기에, 학문적 전승형식으로서의 정당성을 지닌다고 평가할 수 있다. 이에 본 연구는 필자의 기존에 연구 발표한 기호유학에서의 직사상 전승에 대한 연구10)를 보완하고 기호유학과 영남유학에서의 직설을 새롭게 고찰하여, 조선유학에서 직설의

---

5) 『論語』, 「雍也」: "人之生也 直 罔之生也 幸而免"

6) 『孟子』, 「公孫丑章句」上: "浩然之氣……其爲氣也. 至大至剛 以直養而無害 則塞于天地之間"

7) 『近思錄』 권1, 「道體類」: "中者 天下之大本 天地之間 亭亭當當 直上直下之正理"

8) 『朱子大全』, 附錄, 권4, 年譜, 「寧宗慶元6年 庚申條」: "爲學之要 惟事事審求其是 決去其非 積集 久之 心與理一 自然所發 皆無私曲 聖人應萬事 天地生萬物 直而已矣"

9) 『龜峯集』, 권3, 「金隱字直伯說」: "民之生也直 直者 天所賦 物所受者也 此所謂天地之間 亭亭堂堂直上直下之正理也 有或不直者 氣稟物欲之使然也……"

10) 김창경, 「구봉 송익필 직(直)사상의 기호유학에서의 전승연구」, 『동서철학연구』78호, 한국동서철학회, 2015.

전승 관계를 구명(究明)하고자 한다.

먼저 직(直)은 중국철학에서 요·순과 공·맹·정·주를 통해 성인이 상전한 심법이며 유교학문의 요결로써 전해지고 있다. 이에 대한 조선유학에서의 본격적인 계승은 조선유학자들 가운데 구봉 송익필이 필두가 됨을 살필 수 있다. 물론 조선성리학이 본격적으로 성립되기 이전, 고려 말의 유학자와 조선초 유학자들에게서 직(直)에 대한 언급을 찾아볼 수 있다. 그러나 이들은 대부분『주역』의 "경이직내 의이방외(敬以直內 義以方外)"에 관한 설명과, 송나라 진덕수(眞德秀)의 『심경(心經)』을 설명하는 정도이고, 직(直)에 대한 자신의 학술적 견해를 논한 자료는 찾아보기 드물다고 할 수 있다.[11]

송익필을 조선시대 직(直)사상의 필두로 삼는 근거는, 송익필은 김장생에게 지어 준 「김은자직백설」을 통해 요·순과 공·맹·정·주의 직설(直說)을 그 내용으로 계승하면서도 자신의 직(直)에 대한 견해를 학술적으로 피력하며, 하나의 문장 형식인 '자설(字說)'로 자료를 남기고 있으며, 조선유학자들 가운데 시간적으로 가장 우선한다.

이러한 송익필의 직(直)설은 김장생에게 전해져서 송시열에게 전승되었고, 송시열은 권상하와 이기홍을 비롯한 제자들에게 남기고 있으며, 전우, 송병선, 김평묵, 유인석, 기우만 등, 근현대의 한국유학자들에게까지 이름(名)과 자(字)나 호(號), 또는 서재명(書齋名)에 직(直)자를 넣은 문장을 통해, 학문전승의 수수(授受)형식의 특성을 지니고 전승되

---

11) 고려말엽 안축(安軸), 이곡(李穀), 이색(李穡), 정도전(鄭道傳)과, 조선초기의 조광조(趙光祖), 이언적(李彦迪), 이이(李珥), 이황(李滉), 정구(鄭逑), 이현일(李玄逸) 등에게서도 직(直)에 대한 상세한 언급은 찾아보기 드물고, 경이직내(敬以直內)에 대한 설명에서 벗어나지 않는다.(김창경, 「구봉 송익필 직(直)사상의 기호유학에서의 전승연구」, 『동서철학연구』78호, 한국동서철학회, 2015. 285~286쪽 참조)

어 졌음이 나타나고 있다.

그리고 송익필에게서 김장생으로 전승된 기호유학의 후학들에게서
보여 지는 자설(字說)을 비롯한 직(直)에 대한 글들이, 송익필의 직(直)
에 대한 문장 구성과 설명내용이 거의 흡사하다는 점이다.[12]

이상으로 살펴 볼 때, 직(直)에 관한 논설은 여러 가지 학문적인 특수
성과 객관성을 지니면서 시대별로 근현대까지 여러 유학자들의 자료로
드러나고 있음에서, 기호유학의 심법으로 전승되어졌으며, 송익필의 직
(直)설이 그 전승의 시발점이 되었다고 볼 수 있다. 더불어 조선유학에
서 직(直)을 통한 학문적 전승 맥은 송익필이 필두가 된다고 하겠다.

송익필의 직(直)설이 기호유학의 심법으로 전승되었다는 학계의 선
행 연구결과들은, 배상현,[13] 도민재,[14] 김문준,[15] 최영성,[16] 등에서 살
필 수 있다.

이에 본론에서는 조선유학에서 근현대 한국유학자들에게까지 이어
지고 있는 기호유학의 직설을 고찰하고, 영남유학에서의 직설 전승관계

---

12) 김창경, 「구봉 송익필 직(直)사상의 기호유학에서의 전승연구」, 『동서철학연구』78호, 한
국동서철학회, 2015. 295쪽.

13) 배상현, 「구봉 송익필과 그 사상에 대한 연구」, 『논문집』제1집, 동국대 경주대학, 1982,
20~21쪽. 배상현은 "송익필사상의 요체는 직(直)의 체현에 있다"고 밝히고 있다.

14) 도민재, 「기호학파의 『주희가례』 수용양상」, 『국학연구』제16집, 2010, 510쪽. 도민재
는 "직(直)의 이념은 송익필에게서 연원하여 김장생, 송시열을 거쳐 이후 기호학파의 심
법으로 자리 잡게 되었다"고 밝히고 있다.

15) 김문준, 「기호유학에서의 우암송시열의 위상」, 『유학연구』제16집, 충남대 유학연구소,
2007, 203쪽. 김문준은 "공·맹과 주희를 이어 직(直)의 철학을 수립한 송익필의 사상은
김장생에게 전수되었고, 직(直)을 이어받은 김장생은 마음을 세우는 요체로 삼았으며,
이러한 직(直)의 정신은 송시열에게 전수되었다"고 밝히고 있다.

16) 최영성, 「구봉송익필의 학문과 기호학파에서의 위상」, 『우계학보』23호, 우계문화재단,
2004, 172쪽. 최영성은 "송익필 철학사상의 기저(基底)를 이루는 직(直)사상이 김장생
·송시열에게로 계승되어, 그들의 사상적 핵심을 이루었다"고 밝히고 있다.

를 고찰하여 분석 정리하여 도표로 제시할 것이다. 그런 다음 직을 통한 심법 서통 계승에 대한 철학적 가치와 현대적 의의를 살피고, 아울러 조선유학에서의 직설(直說) 계승에 관한 문제점과 과제를 살피고자 한다.

2. 직(直)을 통한 기호유학의 전승 관계 고찰

1) 구봉(龜峰) 송익필(宋翼弼, 1534~1599)의 직설(直說);

송익필의 직설은 그의 제자 김장생의 장남이었지만 조졸(早卒)한 김은(金㶏)[17]의 자(字)를 '직백(直伯)'으로 지어준 「김은자직백설(金㶏字直伯說)」에 잘 나타나 있다. 그 전문(全文)을 살펴보겠다.

> 백성(民)의 生은 직(直)이다. 直이란 하늘이 부여하고 물(人·物)이 받은 바이다. 이것은 이른바 天과 地의 사이에 정정당당하며, 상하좌우로 올곧아서 통하는 바른 이치이다.[18] ……장차 그 아들의 관례를 하면서 이름을 은(㶏)이라 하고, 나에게 자(字)를 지어달라고 부탁하였다. 나는 直伯이라 字를 지어 말하기를, 直이 아니면 道가 드러나지 않으니, 진실로 바르고자 한다면 그 올바르게 하고자 하는 도는 도지개[㶏]에 있지 않겠는가. 直은 어떠한 것인가. 九容에서의 그 용모를 바르게 함이요, 九思에서의 그 생각을 바르게 함이다.[19] 경에서의 그 내

---

17) 『愼獨齋遺稿』 권11, 「行狀」, 〈皇考沙溪先生行狀〉: "先妣生不與榮 卒後四十年乙丑 追封 貞夫人 生三男三女 男長㶏早夭 次集持平 次槃典翰"

18) 『近思錄』권1, 「道體類」: "中者 天下之大本 天地之間 亭亭當當 直上直下之正理"

19) 구사(九思)와 구용(九容):
『論語』, 「季氏」: 孔子曰 "君子有九思 視思明 聽思聰 色思溫 貌思恭 言思忠 事思敬 疑思問

면을 바르게 하는 것이요, 밖을 단정하게 하는 의에서의 그 밖을 바르게 하는 것이다. 물 뿌리고 청소하고 대답하는 것으로부터 마음을 다하고, 性을 아는 것에 이르기까지 한 가지 일도 直 아님이 없다. 어린아이에게 항상 속이지 않음을 보이는 것이 바름의 시작이요, 칠십에 마음이 욕심에 따르더라도 거리낌이 없는 것이 바름의 끝이다. 일원지기가 바르지 않으면 곧 끊어지고, 호연지기도 바르지 않으면 곧 주리게 된다. 바르게 함이 君子의 道에 크도다. 바름의 공정은 작게는『소학』의 글에 구비되어 있고, 크게는『대학』의 글에 다하여 있다. 희원이 『대학』과『소학』의 두 가지로써 날마다 그 아들을 가르치니, 隲으로 이름하고 直伯으로써 字를 함이 또한 마땅하지 않겠는가. ……부모를 모심에 직(直)으로써 하고, 임금을 섬김에 直으로써 하고, 붕우를 접함에 直으로써 하고, 처자를 直으로써 대하여서, 直으로 살고 直으로 죽는다. 直으로써 天地를 세우고, 직(直)으로써 고금을 관통한다면 다행일 것이다.[20]

송익필은『논어』에서 공자가 한 말을 인용하여 백성의 태어남이 직

念思難 見得思義"
『禮記』,「玉藻」: "君子之容舒遲 見所尊者齊遬 足容重 手容恭 目容端 口容止 聲容靜 頭容直 氣容肅 立容德 色容莊 坐如尸 燕居告溫溫"
20)『龜峰集』권3,「雜著」,〈金隲字直伯說〉: "民之生也直 直者 天所賦 物所受者也 此所謂天地之間 亭亭堂堂直上直下之正理也 有或不直者 氣稟物欲之使然也 物之不直 揉而直之者 其名爲隲 吾友金君希元 惡曲喜直者也 將冠其子而名之以隲 囑余字之 余以直伯爲字曰 不直則道不見 苟欲直之 直之之道 其不在隲乎 隲之如何 九容 直其容也 九思 直其思也 敬以直內 直其內也 義以方外 直其外也 自灑掃應對 以至盡心知性 無一事非直也 幼子常視母誑 直於始也 七十不踰矩 直於終也 一元之氣 不直則絶 浩然之氣 不直則餒 直之於君子之道大矣哉 直之功程 小而小學書備矣 大而大學書盡之 希元以大小二學 日敎其子 則名以隲而字以直伯 不亦宜乎 爰字孔嘉 顧所以字之之義 事親以直 事君以直 接朋友以直 待妻子以直 以直而生 以直而死 立天地以直 貫古今以直 不勝幸甚"

(直)[21]이라고 하였다. 또 직(直)은 하늘이 준 바요 물이 받은 것이라 함은, 『중용』의 '천명지위성'에 대한 해석에서 정이천이 "천이 준 것이 명이요, 사람과 물이 받은 바가 성이다"[22]라고 한 말과 같은 맥락이다. 또 구봉은 "직(直)이란 천지간에 정정당당하고 위아래가 곧고 바른 정리"라고 하여 정명도의 직(直)에 대한 이해[23]를 이어받고 있음을 알 수 있다.

그리고 송익필은 직(直)의 방법으로 『예기』와 『논어』에서 출처하는 '구용(九容)'[24]과 '구사(九思)'[25]를 설명하고, 청소하고 응대하는 것으로부터 진심지성(盡心知性)에 이르기까지 한 가지 일도 직(直)아닌 것이 없다고 하였다. 또 송익필의 직은 공자의 가르침을 좇아 어린아이 때부터 속임이 없는 바른 직(直)에서 시작하여, 종심소욕(從心所慾)[26]에 이르기까지 천리(天理)에 어긋남이 없는 인간본연의 자연한 성품을 드러냄에서 끝맺는 직(直)을 말하고 있는 것을 알 수 있다. 또한 송익필은 일원지기(一元之氣)와 맹자의 호연지기(浩然之氣)[27]를 설명하여, 직(直)이 의(義)와 도(道)에 짝하여, 도의를 바르게 하는 것이라고 하였다.

무엇보다도 송익필의 직설(直說)은 직이 아니면 도(道)가 드러나지 않고 실현되지 않는 것이고, 직은 도(道)가 실현될 수 있는 근저(根柢)가

---

21) 『論語』,「雍也」: "人之生也直 罔之生也 幸而免"

22) 『中庸』: "天命之謂性"에 대한 주석, "命猶令也 性卽理也 天以陰陽五行 化生萬物 氣以成形而理 亦賦焉 猶命令也 於是 人物之生 因各得其所賦之理 以爲健順五常之德 所謂性也"

23) 『近思錄』, 권1,「道體類」: "中者 天下之大本 天地之間 亭亭當當 直上直下之正理"

24) 『禮記』,「玉藻篇」: "足容重, 手容恭, 目容端, 口容止, 聲容靜, 頭容直, 氣容肅, 立容德, 色容莊"

25) 『論語』,「季氏篇」: "視思明, 聽思聰, 色思溫, 貌思恭, 言思忠, 事思敬, 疑思問, 忿思難, 見得思義"

26) 『論語』,「爲政」: "七十而從心所欲 不踰矩"

27) 『孟子』,「公孫丑上」: "其爲氣也 至大至剛 以直養而無害 則塞于天地之間 其爲氣也 配義與道 無是餒也"

된다.

> 直하지 아니하면 道가 드러나지 않는다.……부모를 모심에 直으로써
> 하고, 임금을 섬김에 直으로써 하고, 붕우를 접함에 直으로써 하고, 처
> 자를 대함에 直으로써 하여서, 直으로 살고 直으로 죽는다.28)

이는 『중용』의 '불성무물(不誠無物)'의 내용을 말한 것으로, 성(誠)이 아니면 세상의 존재사물이 생겨나지 않는다29)는 내용이다. 여기서 참됨의 성(誠)을 직(直)으로 본 것이라 할 수 있다. 참됨의 "성(誠)은 천도(天道)요 참되고자 하는 성지(誠之)는 인도(人道)"30)라고 하는 『중용』에 의거하면, 구봉의 직(直)은 곧 천도인 성(誠)과 같은 것이라 할 수 있다.31) 또 직(直)은 충효우애의 인륜을 실천하는 도리가 되며, 직(直)으로써 삶과 죽음의 벼리로 삼고 있는 것을 알 수 있다.

이렇게 볼 때, 송익필사상의 요체는 직(直)의 체현에 있다. 송익필이 자신의 신명(身命)뿐만 아니라 일족의 생사를 감내하면서 고수한 것이 바로 직(直)의 실천32)이라고 할 수 있다. 이와 같은 송익필의 직도(直道)에 대한 이해는 당대 시(詩)의 산림삼걸(山林三傑)33)로 일컬어졌던, 그

---

28) 『龜峯集』, 권3, 「金礥字直伯說」: "不直則道不見……事親以直 事君以直 接朋友以直 待妻子以直 以直而生 以直而死 立天地以直 貫古今以直"

29) 『中庸』: "誠者 物之始終也 不誠 無物"

30) 『中庸』: "誠者天之道也 誠之者 人之道也"

31) 김창경, 「구봉 송익필의 도학사상연구」, 충남대학교대학원 박사학위논문, 2011, 123쪽.

32) 배상현, 「龜峯 宋翼弼과 그 사상에 대한 연구」, 『논문집』 제1집, 동국대 경주대학, 1982, 20-21쪽.

33) 南龍翼, 『壺谷詩話』: "金梅月 南秋江 宋龜峰 山林三傑"

의 시34)35)와 중봉 조헌에게 주는 편지 글36) 등에서도 잘 나타나고 있
으며, 다음 시가 대표적이다.

직도(直道)는 용납이 어려우니 유하혜(柳下惠)에 부끄럽고,
팔베개 베고 즐거워하며 늦게나마 안회(顔回)를 희구하네.37)

송익필은 직도로써 사사로운 정(情)과 굽은 것을 가르고, 안빈낙도를
즐거워하는 안회의 도를 지향하고 있다고 할 수 있다.38) 안회가 공자에
게 물어본 인(仁)은 사사로운 욕심을 제거해 예(禮)로 돌아가는 극기복
례가 곧 인(仁)을 실천하는 것이라고 하였다.39) 이때 제일 관건은 사욕
을 제거하고, 천리의 본성을 회복하고자 하는40) 직도(直道)가 필요한 것
이라 할 수 있다.

공자는 "인(仁)이란 마음의 덕이며 그 마음이 인을 떠나지 않는 것은
사사로운 욕심이 없는 유덕(有德)함"41) 때문이라고 하였다. 여기서 인은
사사로운 마음이 없는 유덕함을 의미하고 사사로움이 없는 마음은 곧

---

34) 『龜峰集』, 권2, 「詩」, 〈偶題〉: "道直恩先貸 情深枉易分 功將天鎭物 事以靜持喧"
35) 위의 책, 〈聞趙憲倡義兵勤王〉: "直道曾囚楚 先吾已着鞭 堂中辭鶴髮 腰下撫龍泉 七縱卑
   黃白 三驅慕聖賢 棄城誰畏首 無位奮空拳"
36) 『龜峯集』, 권5, 「玄繩編下」, 〈答趙汝式書〉: "寧忘吾身而不負吾學 犯諱孤言 猥及無狀 此皆
   爲國忠憤 大公至正 無一毫有所私念於微物者也 深慮鄙文字一到兄邊 有浼淸明直截之氣
   像 而亦欲自處得叔向無私謝之意也"
37) 『龜峯集』, 권2, 「詩」, 〈春畫睡起〉: "春隨逐客度千山 花似長安帶笑看 直道難容曾愧柳 曲
   肱爲樂晩希顏 魂迷芳草香生夢 岸挾桃花錦作灘 午醉欲醒雲漏日 不知微雨過林間"
38) 『論語』, 「雍也」: "一簞食一瓢飮 在陋巷 人不堪其憂 回也不改其樂 賢哉 回也"
39) 『論語』, 「顏淵」: "顏淵 問仁 子曰 克己復禮爲仁"
40) 위의 글 주자의 주석 "日日克之 不以爲難 則私欲淨盡 天理流行 而仁不可勝用矣"
41) 『論語』, 「雍也」: "仁者心之德 心不違仁者 無私欲而其有德也"

직(直)을 의미한다고 할 수 있다. 이는 주희(朱熹)가 '직(直)이란 지극히 공정하여 사사로움이 없는 것'[42]을 말한다고 하는 점에서도 살필 수 있다.

이상에서 송익필의 직(直)은 「김은자직백설」과 그의 시와 편지글 등을 통해 드러나는데, 공자, 맹자, 정명도, 주희의 가르침을 함축하고 있으며, 『소학』으로부터 『대학』까지 배움의 시종과 충효의 도리, 인간의 태어남부터 성인의 만물응사와 천지가 만물을 생하는 도리가 모두 직(直)으로부터 시작하여 직(直)으로써 마친다고 밝히고 있다. 곧 유가 선현들의 직설에 대해 통괄 함축하여 간략하면서도 명철히 밝히고 있는 것이라 하겠다. 이런 점에서 송익필의 직(直)이 '삶 속에서의 도학적 실천'이라는 유가철학 요지를 계승하고 있으면서도,[43] 독자적인 학술적 견해를 지니고 있다고 할 수 있다.

2)사계(沙溪) 김장생(金長生, 1548~1631)의 직설(直說); [44]

김장생은 『근사록』에 대한 해석에서 '경이직내'에 대하여, 주희의 해석을 풀이하고 있다.[45] 김장생이 송시열에게 직(直)을 전승해준 것은, 다음 글에 잘 나타나고 있다.

---

42) 『論語』,「憲問」: "子曰何以報德 以直報怨 以德報德"의 글 주석에서, "於其所怨者 愛憎取 舍 一以至公而無私 所謂直也"

43) 김경호,「구봉 송익필의 리기심성 이해와 "수파"은유」,『유학연구』제50집, 충남대학교유 학연구소, 2020. 20쪽.

44) 이하 기호유학자들과 영남유학자들의 직설에 대한 내용은 본 연구목적에 맞추어 특징적 인 것만을 제시하고, 지면 관계상 간략히 정리하도록 하겠다.

45) 『沙溪全書』, 권18,「近思錄釋疑」,〈학문하는 大要에 대한 總論〉, (敬以直內): "朱子曰 敬立 而內自直 義形而外自方 若欲以敬要去直內 以義要去方外 則非矣"

문원공 김선생이 어린 제자들을 가르치기를, "……너(우암)는 모름지기 이 마음을 체득하여라. 이 직(直) 한 글자는 주희가 실로 받은 바가 있느니라……주희가 공자와 맹자의 서통(緖統)을 이은 것은 오직 직(直) 한 글자뿐이다."하였다.46)

무엇보다 이 글에서 중요한 것은 김장생이 송시열에게 "직(直)이 공·맹의 서통을 이은 것"이라고 언급하면서 가르침을 주고 있는 점이다. 이는 조선유학자 가운데 처음으로 언급한 것으로서, 조선유학사상사(朝鮮儒學思想史)에서의 학술적 큰 의의를 지닌다고 할 수 있다. 이렇게 전승된 직(直)은 송익필에게서 비롯하여, 이후 김장생과 송시열을 거쳐 기호학파의 심법(心法)으로 자리 잡게 되었다.47) 또 송익필의 예학적 바탕이 되는 직도(直道)는 김장생과 송시열에게 전승되어 기호예학의 근본정신으로 전개되었던 것48)이라고 할 수 있다.

3) 동춘당(同春堂) 송준길(宋浚吉, 1606~1672)의 직설(直說);

송준길은 「경연일기」에서, "이 직(直) 자는 바로 정명도가 말한 '정정당당하여 직상직하 한다.'는 직(直)"49)이라 언급하고 있다. 이는 정명도가 천지사이의 정정당당50)하다고 말한 직을, 송익필이 '직상직하 정정

---

46) 『宋子大全』, 권136, 「贈李景和說」: "我文元公先生每誦此以敎小子曰……汝須體此心 此一直字 朱子實有所受……朱子之實承孔孟之統者 唯直一字而已 愚之所聞者如此"

47) 도민재, 「기호학파의 『주희가례』 수용양상」, 『국학연구』 제16집, 2010, 510쪽.

48) 박학래, 「구봉 송익필에 관한 연구현황 및 과제」, 『유학연구』 제36집, 충남대학교유학연구소, 2016, 161쪽.

49) 『同春堂集』別集, 권2, 「經筵日記」, (효종 9년(1658) 1월 16일)

50) 『近思錄』, 권1, 「道體類」: "中者 天下之大本 天地之間 亭亭當當 直上直下之正理"

당당'이라고 한 내용과 같은 것임을 알 수 있다.

4) 우암(尤庵) 송시열(宋時烈, 1607~1689)의 직설(直說);

송시열은 김장생에게서 직(直)에 관해 가르침을 받은 것을 다음과 같이 말하고 있다.

> 사계 선생의 학문은 오로지 확(確)자 하나에서 나왔는데, 매양 직(直)
> 자 하나를 마음 세우는 요점으로 삼았다.……주희가 '하늘과 땅이 만
> 물(萬物)을 생(生)하는 것과 성인이 만사(萬事)에 응(應)하는 것은 직
> (直)뿐이다.' 하였다.51)

이와 같이 김장생으로부터 가르침 받은 송시열은 직(直)에 대하여, 임
종 말년에 제자 권상하(權尙夏)에게 다음과 같이 유언을 남기고 있다.

> 천지가 만물을 생육하는 것과 성인(聖人)이 만사(萬事)에 응하는 것은
> 오직 직(直)일 뿐이다. 공자·맹자이래로 상전(相傳)은 오직 이 직(直)
> 한 글자뿐이며, 주희도 세상을 떠날 때 문인들에게 말한 것도 이를 벗
> 어나지 아니 하였다.52)

---

51) 『宋子大全』 권131, 「雜著」, 〈看書雜錄〉: "沙溪先生之學 專出於確之一字 而每以直之一字
爲立心之要……其言曰天地之所以生萬物 聖人之所以應萬事 直而已矣 其說蓋本於孔子人
之生也直 孟子養浩然以直之義也"

52) 『宋子大全』, 부록 권11, 「年譜10, 숭정62年, 己巳」, 〈先生83歲條〉: "天地之所以生萬物
聖人之所以應萬事 直而已 孔孟以來相傳 惟是一直字 而朱子臨終 所以告門人者 亦不外此
矣"

그리고 송시열은 자손들에게 직의 중요성을 강조하며 "공·맹과 주희의 직설은 동일한 법칙이며……우리 사문의 교훈은 이러할 뿐"[53]이라 훈교를 남기고 있다.

이상에서 송시열의 직(直)에 대한 글은, '공·맹과 주희의 직설을 동일한 법칙'이라 하고, '사문의 교훈'이라고 언급한 것이 가장 큰 특징이다. 그리고 특이한 것은 공자와 맹자와 함께 주희를 '삼성(三聖)'이라고 지칭하고 있는 점이다.

5) 후재(厚齋) 김간(金幹, 1646~1732)의 직설(直說);[54]

김간은 송시열과 박세채의 문인으로, 자(字)를 "직경(直卿)"으로 하였다. 김간은 제자인 신경에게, 서재의 이름을 "직재(直齋)"로 지어주면서 직(直)의 의미를 말하고 있다. 이 글에서 김간은 "천지가 만물을 내는 것과 성인이 만사에 대응하는 것은 직뿐이라는 것은, 천지만물이 낳고 낳는 도리의 본래 직[天地生生之理本直]이며, 그런 까닭에 사람이 이 이치를 품수 받아서 태어난 것도 또한 직(直)이다."[55]라고 하였다.

---

53) 『宋子大全』 권134, 「雜著」, 〈示諸子孫姪孫等〉: "天地之所以生萬物 聖人之所以應萬事 直而已……是孔孟朱三聖同一揆也 然不能讀書明理 則以不直爲直者亦有之矣 吾師門之敎如此而已"

54) 김간의 증손자 운계(雲溪) 김종정(金鍾正, 1722~1787)도 가훈으로서 "마음을 사곡(私曲)함이 없게 하는 것이 직(直)이라 언급하고 있다.(『雲溪漫稿』 권31, 「家範2」, 〈心術〉: "朱子疾革 語學者曰 爲學之要 惟事事審求其是 決去其非 積集久之 心與理一 自然所發 皆無私曲 聖人應萬事 天地生萬物 直而已矣")

55) 『厚齋集』 권40, 「記」, 〈直齋記〉: "東陽申友明允甫……吾有小齋 扁以直字 其意蓋取夫子所謂人之生也直 孟子所謂以直養而無害 朱子所謂天地之生萬物 聖人之應萬事 直而已……是言天地生生之理本直 故人之稟是理而生者亦直也 孟子之說 是言天地之正氣 人得以生 苟養之以直而無害 則本體無虧欠也 朱子之說是言天地之化生萬物 各正性命 聖人之酬酢萬事 泛應曲當者皆直也 大哉 直之義 其盡於是矣"

이는 직을『주역』에서 천지만물의 낳고 또 낳는 도(道)'56)와 같고, 천리를 천명으로 품수 받은 인간의 성(性)57)과 같은 것으로 보는 견해라할 수 있다.

6) 직암(直菴) 신경(申暻, 1696~1766)의 직설(直說);

신경은 박세채의 외손이며, 김간과 이희조의 문인으로, 호를 "직암(直菴)"이라 하였다. 신경은 이에 그치지 않고 김종직이 관례를 올릴 때, 그의 자(字)를 '숙방(叔方)'으로 지어주는 「김종직자설(金鍾直字說)」을 문집에 남기고 있다.58) 더불어 신경이 지은 글은, 송익필의 「김은자직백설」과 그 문장구성이 거의 흡사하며, 직(直)에 대해서 상전하는 전승방식도 동일하다는 점을 살필 수 있다.

7) 장엄(丈巖) 정호(鄭澔, 1648~1736)의 직설(直說);

정호는 송강 정철의 현손이며 송시열의 문인으로, 이기홍의 서재명을 '직재(直齋)'라 짓고, 설명하고 있다.

정대하여 굽어지지 않음을 직(直)이라 이르고, 진실하여 거짓 없음을 직이라 이른다. 천지의 도와 성인의 일이 직이 아니면 참[誠]되지 않고, 참되지 않으면 만물의 생겨남도 없다.……주희가 배움의 긴요처로

---

56)『周易』,「繫辭傳, 上」: "一陰一陽之謂道 繼之者善也 成之者性也……生生之謂易"

57)『中庸』: "天命之謂性 率性之謂道 修道之謂敎"

58)『直菴集』, 권11,「雜著」,〈金鍾直字說〉: "易曰 敬以直內 義以方外……至著於名堂室記 蓋戒懼則敬有以立 格致則義有以形 敬立則心無私邪之累而內可以直……方故見是處 決定做去 見不是 決定不做 無毫髮枉曲之雜矣 夾持交修 德乃不孤 工夫至到 則可以保直方大之本體矣 淸風金鍾直之冠也 余爲之字曰叔方"

꼽아 배우는 이에게 보여 준 것은, 요·순이 상전한 정일(精一)의 의미
와 같은 것이니 과연 직(直)의 이치는 크도다.59)

　　여기서 정호가 말한 성(誠)의 진실무위(眞實無僞)함은, 진실무망(眞實
無妄)의 의미와 동일하다. 『중용』에서 성(誠)은 하늘의 도(道)를 말한
다.60) 이러한 참됨의 성이 사사로움이 없는 직(直)이 아니면 참되지 않
다고 하였다. 그리고 『중용』에서 성은 사물의 시작과 마침으로서, 불성
(不誠)이면 무물(無物)61)이라고 하였다. 정호가 말한 성(誠)인 천지의 도
가 직(直)에 달려 있다고 함은, 성(誠)과 직(直)을 천도(天道)로서의 보편
적 원리로 동일하게 보고 있는 것이라고 할 수 있다. 성(誠)은 모든 존재
가 그것으로 존립할 수 있고 드러날 수 있는 근본이다. 참되지 않으면
그 어떤 존재도 존재로서 성립할 수 없다. 마찬가지로 사사로움 없는 직
(直)은 진실무위하여, 모든 존재가 그것으로 드러날 수 있는 도(道)가 실
현 되는 기반이요 조건이다. 여기서 직(直)은 성(誠)과 상통한다. 정직
(正直)은 지극히 사사로움 없는 바른 것이요 진실한 것이며 거짓됨 없이
참된 것이기 때문이다.62)

　　또한 정호는 직이, 요·순이 상전한 정일(精一)과 같은 의미라 밝히고

59)『丈巖集』권24, 「記」, 〈直齋記〉: "吾友完山李公汝九(直齋 李箕洪)……傁一小屋 以爲講學
　　之所 名以直齋 要余作記曰 吾嘗受敎於先生矣 昔朱子屬纘時 招門人誨之曰 天地之所以生
　　萬物 聖人之所以應萬事 直而已……直之義大矣 正大不枉之謂直 眞實無僞之謂直 天地之
　　道 聖人之事 非直則不誠 不誠則無物 欲學聖人達天道者 舍此直 奚以哉……故朱子拈出其
　　爲學喫緊處 開示學者 如堯舜闡精一之義 嗚呼 直之義果不大矣乎"
60)『中庸』: "誠者天之道也 誠之者人之道也"
61)『中庸』: "誠者物之終始 不誠無物"
62) 김창경, 「구봉 송익필의 도학사상연구」, 충남대학교대학원 박사학위논문, 2011, 100쪽.

있다. 이는 유가 심법63)으로서 정일과 직(直)을 동등한 의미로 보는 것이라 할 수 있다.

8) 직재(直齋) 이기홍(李箕洪, 1641~1708)의 직설(直說);

이기홍은 송시열의 문인으로 그의 호는 "직재(直齋)"이다. 이기홍은 서재 이름을 '직재(直齋)'라 지은 글에서, 송시열이 유언으로 직(直)을 말한 것과, 공자의 직설과, 심(心)과 행(行)과 만사(萬事)에 직(直)으로 한다는 내용을 말하고 있다.64)

9) 서당(西堂) 이덕수(李德壽, 1673~1744)의 직설(直說);

이덕수는 기호학파 소론계열 박세당의 문인이다. 이덕수는 학남(鶴南) 정우량(鄭羽良, 1692~1754)에게 서재에 "직양헌(直養軒)"이라는 이름을 지어준 다음 글을 남기고 있다.

천지의 변화는 직(直)이며 사람이 살아가는 이치도 또한 직일뿐이다. 하늘을 의미하는 건(乾)의 상은 건(健)이라하고 불식(不息)이라하는데, 이는 직(直)의 다른 이름이다.……공자가 이르기를 인간의 삶은 직이며, 또 이 백성들은 삼대(三代) 시절에 직도(直道)를 행하였다고 하였다. 이로 말미암아 볼 때 사람이 직(直)으로 성(性)을 삼지 않는다면 불가하다.65)

---

63) 『書經』, 「大禹謨」: "人心惟危 道心惟微 惟精惟一 允執厥中"
64) 『直齋集』, 권8, 「銘」, 〈直齋銘〉: "余於丁卯冬 往拜老先生于興農之書室 一日先生呼余字而敎之曰 朱夫子屬纊時 招門人誨之曰 天地之所以生萬物 聖人之所以應萬事 直而已 …… 名其所居室曰直齋 逐爲之銘 心也直行以直 行也直事以直 行不行行不直 事不事事不直 斯直也一字符 人於直勉矣夫 諟有受而永懷 懼或墜名吾齋"

이 글에서 이덕수의 직에 대한 특징은, 하늘인 건을 직의 다른 이름이라 하고, 공자가 인간의 삶이 직(直)이라 하였듯이, 사람이 직(直)으로서 성(性)을 삼지 않으면 불가하다고 언급하고 있는 점이다.

이런 점을 근거로 할 때, 『중용』에서의 성을 본받고 따른다는 "솔성(率性)"66)은 정직(正直)함을 본받고 따른다는 "솔직(率直)"과 같은 뜻이라고 할 수 있다.

10) 덕촌(德村) 양득중(梁得中, 1665~1742)의 직설(直說);

양득중은 박태초(朴泰初)와 윤증(尹拯)의 문인67)이다. 양득중은 주희가 언급한 직에 대한 가르침이 곧, 실사구시(實事求是)의 '구시(求是)'에 해당된다고 다음과 같이 말하고 있다.

이른바 구시(求是)란 주희가 오직 일마다 옳은 도리를 살펴 구하고 그른 것은 결단코 버려서, 이것을 오래 쌓아 가면 마음과 이치가 하나가 되어 몸에서 발현되는 것이 자연히 사곡(私曲)함이 없게 되는 것이다. 성인이 만사에 응하는 것과 천지가 만물을 생하는 것이 직(直)일 뿐이라고 이른 것은, 이 요지를 이른 것이다.68)

---

65) 『西堂私載』권4, 「記」, 〈直養軒記〉: "天地之化 直而已矣 生人之理 亦直而已矣 乾之象曰健曰不息 是直之異名也……三代之所以直道而行 由是觀之 謂人不以直爲性 亦不可也‧"

66) 『중용』: "天命之謂性 率性之謂道 修道之謂敎"

67) 소론계열 월암(月巖) 이광려(李匡呂, 1720~1783)는 기존의 기호유학자들처럼 주희의 직설을 인용하지 않고, 노자(老子)의 말과, 공자의 "인간의 삶은 직(直)"이라는 말을 인용하여 자신의 견해를 밝히고 있다.(『李參奉集』권4, 「文」, 〈讀老子 五則〉: "故曰微生高之不直 猶甚於罔之爲也 夫罔民之棄也 不直之甚者也 以罔而視微生 其賢不肖 豈不懸矣 雖然一日捨其罔則直矣……善乎老子之言曰 天下皆知善之爲善 斯不善已")

68) 『德村集』권2, 「疏」, 〈辭召旨疏 辛亥〉: "朱子所謂惟事事 審求其是 決去其非 積習久之 自然心與理一 所發皆無私曲 聖人應萬事 天地生萬物 直而已矣云者 可謂曲盡其旨矣"

이로 볼 때 양득중은 '실사구시'의 근본을 직(直)에 두고 있음을 알 수 있다.

11) 수암(遂庵) 권상하(權尙夏, 1641~1721)의 직설(直說);

권상하는 서재(書齋)의 이름을 "직암(直菴)"이라 명명하면서 직을 전하고 있다.

> 성인이 만사에 응하는 것과 천지가 만물을 생하는 것이 직(直)일 뿐이다.' 하였는데, 대체로 우리 선사의 학문은 일체 주 선생에게서 나왔기 때문에 그 말씀이 이와 같았던 것이네.……여러 설들을 의거한다면 직(直)자는 실로 공·맹 이후 서로 전해 온 지결(旨訣)로서 사람으로 하루도 이것을 떠나서는 안 되는 것이다.69)

권상하는 이 글에서 직이 공·맹 이후 서로 상전해 온 "지결(旨訣)"이라 언급한 것은, 유가학문의 핵심 요결 내지는 심법(心法)이라는 의미와 같은 것으로써 주목할 만한 특징이라 할 수 있다. 또 송시열의 학문이 일체 주희로부터 나왔다고 하는 점도 특이하다고 하겠다.

또한 권상하는 공맹의 직이 "성의(誠意)·정심(正心)·정일(精一)과 같은 뜻이며, 성인 상전의 심법 요결(要訣)이 직(直)"70)이라고 말하고 있는

---

69) 『寒水齋集』, 권22, 「記」, 〈以直菴記〉: "聖人之應萬事 天地之生萬物 直而已矣 蓋先師之學 一出於朱先生 故其言也如是矣 且夫坤之文言曰 敬以直內 義以方外 魯論曰人之生也直 罔之生也幸以免 又鄒書曰其爲氣也 至大至剛 以直養而無害則塞乎天地之間 又曰自反而縮 雖千萬人 吾往矣 據此諸說則夫所謂直字者 實孔孟以來相傳旨訣 而人所不可一日離者也"

70) 『寒水齋集』, 「부록」, 〈행장〉: "然則誠正之學 自是 殿下家法 而後王之可當繼述者豈不在此 哉……天地之所以生萬物 聖人之所以應萬事 直而已矣……孔子曰人之生也直 孟子曰以直 養而無害 大學之誠正 中庸之精一 皆此意也 千古聖賢相傳心法 不外此一直字矣"

점이 특징이다.

12) 추담(秋潭) 성만징(成晩徵, 1659~1711)의 직설(直說):

성만징은 권상하의 문인으로, "근래에 이 직을 깨달았는데, 오로지 경이직내(敬以直內)에서 출처하여 과연 심학(心學)을 전수하는 것이다."[71] 라고 직(直)에 대하여 살피고 있다.

13) 남당(南塘) 한원진(韓元震, 1682~1751)의 직설(直說);

한원진은 권상하의 문인으로 상소문에서 공자, 증자, 맹자, 주희, 송시열, 권상하의 직자설(直字說)을 거론하며, "경으로 존심하고 직(直)으로 도체를 삼으면 학문의 지극한 공정과 성인의 도통을 전하는 것이 여기에 있다"[72]고 말하고 있다. 한원진의 직(直)에 대한 언급 가운데 "직(直)으로 도체(道體)를 삼는 것이 도통(道統)을 전하는 것"이라고 언급하고 있는 것이 특징이라고 할 수 있다.

14) 성담(性潭) 송환기(宋煥箕, 1728~1807)의 직설(直說);

송환기는 송시열의[73] 5대손으로, 농강(農岡) 남상직(南尙直, 고성 남씨, 충북 영동군 상촌면)의 묘지명을 적고 있는데, 남상직은 일찍이 윤봉

---

71) 『秋潭集』권6, 「題跋」: "近來覺得此直字 專出於敬以直內之直 果然心學傳授者也"
72) 『南塘集』권3, 「疏」, 〈사승일(辭乘馹), 잉진계소(仍陳戒疏), 丙午〉: "先正臣宋時烈臨沒時 又以是授其門人先正臣權尙夏曰 孔孟以來相傳 惟是一直字矣……盖孔子以來所論天人之道 皆以此一直字爲言 則可見其道體之直 亦無外於此一字矣 嗚呼 明以燭理 謙以受善 敬以存心 直以體道 則學問之極工 聖人之能事可畢 而道統之傳 在是矣"
73) 송시열의 현손(玄孫)운평(雲坪) 송능상(宋能相, 1710~1758)은 한원진의 문인으로, '直'이 공·맹 이래 상전하는 旨訣이라 전하고 있다.(『雲坪集』권8, 「記」, 〈宗晦祠事實記〉: "卽我先祖尤菴先生初年卜居之地……盖皆據夫子語也 夫直之一字 卽孔孟以來相傳之旨訣")

구에게 배워서 '직양(直養)'의 두 글자와, '16자[天地之生萬物 聖人之應 萬事 惟直而已]'에 대한 가르침을 받았다고 전하고 있다. 더불어서 남상 직은 처음 이름인 '상관(尙寬)'을 "상직(尙直)"으로, 처음 자(字)인 '율여 (栗汝)'를 '양이(養以)'로 바꾸었다.74) 이는 박윤원이 제자인 홍직필의 자(字)와 이름을, 직도(直道)에 의거하여 개명(改名)해 준 사례와 동일함 을 알 수 있다.

15) 병계(屛溪) 윤봉구(尹鳳九, 1683~1767)의 직설(直說);

윤봉구는 권상하의 제자로서 「직암명병서(直菴銘幷序)」에서 친구인 신경의 서재를 "직암(直巖)"이라 명명하고, 공맹 등의 성인이 만사에 응 하는 것은 오직 직(直)뿐이라는 가르침을 새기고자 한다고 적고 있다.75) 윤봉구의 글도 직(直)에 대한 공·맹·정·주의 설을 본받아 친구에게 상 전하는 전승방식이, 송익필의 글과 같음을 살필 수 있다.

16) 존재(存齋) 위백규(魏伯珪, 1727~1798)의 직설(直說);

위백규는 윤봉구의 문인으로 직(直)이 '천지만물을 낳는 태식(胎息)' 이라 보았고, '하늘의 직(直)'과 '땅의 직(直)'으로 나누어 직의 도(道)가

---

74) 『性潭集』권23, 「墓誌」, 〈農岡南公墓誌銘 幷序〉: "黃溪之壽山幽深窈廓 爲南氏累世所居 而公考槃於其一壑之中 自號以農岡居士 其諱尙直 其字養以 初諱尙寬而字栗汝 早遊久菴 尹先生之門 先生大加獎詡 贈以詩曰宜養浩然做 先從直字尋 手寫直養二字以授之 又嘗以 天地之生萬物 聖人之應萬事 惟直而已十六字書與 公體承先生惓惓之意 遂改其名與字 而 於以直養之義 顧名致思 終身服訓 其篤行邃學 甚爲士友所推重 而不負賢師所期勉 噫其賢 矣哉"

75) 『屛溪集』, 권44, 「銘」, 〈直菴銘幷序 甲辰〉: "吾友平山申明允名其居曰直菴 蓋取孔子所謂 人生直 孟子所謂以直養之義 而亦嘗敬服於晦翁夫子天地之生萬物 聖人之應萬事 直而已 之訓矣 嗚呼 天地無私 其生之也能直 聖人循天理 其養之也能直 故其應之也……明允甫要 余敷其義 於是作直菴銘"

크다는 뜻을 다음에서 설명하고 있다.

> 직(直)하지 않으면 천지인(天地人)이 모두 바르지 않게 된다. 직은 천
> 지만물을 생장시키는 핵심이다.……해와 달이 반듯함[直]을 잃으면
> 그 빛이 가려져서 어두워진다. 사시(四時)가 반듯함을 잃으면 추위와
> 더위의 순서가 어지러워진다. 온갖 사물이 직을 잃으면 재앙이 일어나
> 생장하지 못한다. 이 '직(直)'의 도(道)가 크다.76)

17) 나산(蘿山) 조유선(趙有善, 1731~1809)의 직설(直說);

조유선은 스승인 김원행77)의 학문 자취를 논하는 글에서 "천지가 만
물을 낳고 성인이 만사에 응하는 것은 직(直)일뿐이다. 이는 천고성현
(千古聖賢)이 상전한 지결(旨訣)"이라고 언급하고 있다. 또 이는 송시열
이 죽을 때 학자들을 계도한 것으로써, 송시열이 주희의 심법을 진실로
얻은 것78)이라고 언급하고 있다.

---

76) 『存齋集』권9, 「讀書箚義」, 〈孟子, 公孫丑〉: "直者生天地萬物之胎息也 要直須是敬 敬則一
一則直 直則生 不敬則二三 二三則曲 曲則亡 天之直 運而不墜也 如轉丸子直立 故疾轉而
不欹傾 曲則傾矣 地之直 平而常靜也 如置物不平則不能靜 不能靜則不能久矣 兩曜失其直
則薄食晦冥 四時失其直則寒暑亂序 庶物失其直則夭擊而不遂 直之道大矣哉"

77) 김원행의 스승 임성주(任聖周, 1711~1788)는 직(直)을 마음의 지론(持論)으로 세웠다
고 설명하고 있고(『鹿門集』권25, 「行狀, 遺事」, 〈伯父明陵參奉府君行狀 辛酉〉: "天地之
生萬物 聖人之應萬事 直而已 公敬受而佩服焉 故其立心持論"), 임성주의 스승 이재(李縡,
1680~1746)는 마음 다스리는 방법으로써 직(直)을 언급하고 있다.(『陶菴集』권6, 「疏
2」, 〈入城後陳所懷疏〉: "是以朱子曰天地之生萬物 聖人之應萬事 直而已矣")

78) 『蘿山集』, 권8, 「雜著」, 〈渼湖先生遺事〉: "立心行己 當當亭亭 無纖毫委曲 每誦夫子天地
生萬物 聖人應萬事 直而已之語曰 此實千古聖賢相傳旨訣 而尤翁臨命 猶誦此以戒學者 此
尤翁所以眞得夫子心法者也 常以夫子以後義理大明 學者只當遵守遺訓 不失其指而已"

18) 박윤원과 홍직필의 직설(直說);

근재(近齋) 박윤원(朴胤源, 1734~1799)은 김원행의 문인이다. 박윤원은 그의 제자 매산(梅山) 홍직필(洪直弼, 1776~1852)의 이름과 자(字)를 개명(改名)하여 주면서, 「홍백임개명설」을 지어주었다. 홍직필의 처음 이름과 자는 각각 '긍필(兢弼)'과 '백임(伯臨)'이었는데, "직필(直弼)"과 '백응(伯應)'이라 바꿔주었던 것이다.

> 성인이 만사(萬事)에 응하는 도리는 직(直)일 따름이다. 이외에 다른
> 말은 없다.……반드시 먼저 궁리에 있어서는 곡직(曲直)을 변별하여야
> 하고, 역행에 있어서는 굽은 것을 버리고 곧은 것을 취해야 하며, 거경
> 에 있어서는 직(直)을 이루는 것을 시종으로 삼아야 한다. 이 세 가지
> 를 잘해야지만 직도(直道)를 다하는 것이다. 천지의 이치는 진실하여
> 속임이 없는 것이다. 속임이 없다는 것은 바로 직(直)이다. 요순임금이
> 상전한 정일집중(精一執中)의 중(中)은 바로 직(直)이다.[79]

박윤원은 위의 글에서 학문의 시종을 직으로써 한다는 점과, 속임이 없는 것이 직이라 언급한 점에서 송익필의 직설과 동일하다. 무엇보다도 유가의 심법인 '정일집중의 중(中)'이 '직(直)'이라[80] 밝히고 있는 점이 가장 특징적이라 할 수 있다. 또 '직도(直道)'라 언급한 점에서도 학문적 특수성을 지닌다고 할 수 있다.

---

79) 『近齋集』, 권22, 「說」, 〈洪伯臨改名說〉: "洪君伯臨 初名兢弼 後欲改之 問於余 余遂引尙書
益稷其弼直惟動丕應徯志之文而曰 名以直弼 字以伯應……朱子曰 天地之生萬物 聖人之
應萬事 直而已矣……必先窮理以辨別曲直 力行以棄曲取直 居敬以成直之始終 能斯三者
則直道盡矣 天地之理 眞實無妄 無妄便是直也 堯舜精一執中 中便是直也"
80) 김창경, 『구봉 송익필의 도학사상』, 책미래, 2014, 120쪽.

19) 숙재(肅齋) 조병덕(趙秉悳, 1800~1870)의 직설(直說);

조병덕은 홍직필과 오희상의 문인으로 그의 아들 장희(章熙)에게, "직(直)은 공자·맹자·주희 세 성인의 동일한 법도이다. 그런즉 천고의 학문 종지(宗旨)는 다만 이것이니, 혹여 이에서 어긋남이 있으면 이는 곧 이단의 사설이어서 장차 오랑캐와 금수로 돌아가게 될 것"[81]이라고 훈계하고 있다. 조병덕의 직설에서, 학문의 종지가 직(直)이 아니면 이단사설(異端邪說)이라고 함이 특징이라고 할 수 있다.

20) 고산(鼓山) 임헌회(任憲晦, 1811~1876)의 직설(直說);

임헌회는 홍직필의 문인으로 그의 스승 홍직필의 행장 글에서, 홍직필의 스승인 박윤원이 이름과 자(字)를 직(直) 글자를 넣어 개명해준 의미를 밝히면서 직(直)을 논하고 있다.[82]

21) 간재(艮齋) 전우(田愚, 1841~1922)의 직설(直說);

전우는 제자 이종만에게 "직경(直卿)"이라는 자(字)를 설명하면서, 공·맹·정·주의 직설과 더불어 '품성의 직', '존심의 직', '양기의 직', '위곡의 직', '본연의 직'[83]을 논하고 있다.

---

81) 『肅齋集』권19, 「雜著」, 〈書示章熙〉: "渼湖曰 尤翁之學 專出於孟朱……宋子臨命 誦傳朱門旨訣者 卽此一直字 盖孔子曰 人之生也直 罔之生也 幸而免 孟子所以養浩然之氣者 亦惟此一字而已 是孔, 孟, 朱三聖同一揆也 然不能讀書明理 則以不直爲直者 亦有之矣 然則千古爲學宗旨 只是如此 或有違於此 則便是異端也邪說也 將歸於夷狄禽獸矣 可不畏哉"

82) 『鼓山集』권16, 「行狀」, 〈梅山洪先生行狀〉: "本貫京畿道南陽府……先生諱直弼 字伯應 姓洪氏 初諱兢弼 字伯臨 近齋朴文獻公 改以今諱與字 引尙書其弼直丕應徯志之文 朱子天地生萬物 聖人應萬事 直而已之語 作字說"

83) 『艮齋集』前編, 권3, 「書」, 〈答李直卿(鍾萬,乙未)〉: "如云人之生也直 以稟性之直言也 敬以直內 以存心之直言也 自反而直 以養氣之直言也……此皆委曲之直也 若乃葉公之以證父爲直 司敗之以隱君爲黨 則又皆似直之直 而非本然之直"

22) 노백재(老柏齋) 최명희(崔命喜, 1851~1921)의 직설(直說);

전우는 제자 최명희에게 직(直)사상을 전해주었는데,[84] 최명희는 '13
글자[聖人應萬事 天地生萬物 直而已]'의 가르침을 받아서, 모든 일에 직
(直)을 요결로 삼고 생과 사를 직(直)에 따르고자 한다[85]고 하였다. 이
는 송익필이 "직(直)으로 살고 직(直)으로 죽는다"[86]고 설파한 것과 동
일한 내용이다.

23) 화서(華西) 이항로(李恒老, 1792~1868)의 직설(直說);

이항로는 이정관에게, 공자의 직설과 천지만물의 이치와 성인이 만사
에 응하는 직(直)에 대하여 설명하고 있다.[87] 이항로는 존화양이(尊華攘
夷) 이론을 체계화하여, 위정척사의 이념을 구축하였는데, 그의 제자 유
중교가 을미사변 후, 의병이 일어날 수 있는 기반이 되었다. 또한 최익
현, 유진하,[88] 윤석봉 등을 비롯한 화서학파의 항일운동과 위정척사 이
념의 바탕에는, 직도(直道)가 불의와 부정(不正)에 항거하는 의리실천의
시대정신으로 드러난 것이라고 할 수 있다.

---

84) 『老柏齋遺稿』권1, 「上艮齋先生」: "下敎'聖人應萬事 天地生萬物 直而已'十三字覽畢 不覺
泰山之魏壓"

85) 『老柏齋遺稿』권4, 「행록」: "事事要直 無少苟且 嘗曰 願生死於直字"

86) 『龜峯集』, 권3, 「金肇字直伯說」: "不直則道不見……事親以直 事君以直 接朋友以直 待妻
子以直 以直而生 以直而死 立天地以直 貫古今以直"

87) 『華西集』권4, 「書」, 〈與李盥汝(正觀)〉: "吾輩明年 便是加齊之卿相 不動心時節也……子曰
人之生也直 罔之生也 幸而免 天地之所以生萬物 聖人之所以應萬事 只是直而已矣"

88) 존재 유진하(1846~1906)는 1906년 충남 당진의 도호의숙(桃湖義塾)에 초빙되어 강학
하였고, 유진하의 제자 직암(直菴) 이철승(李喆承, 1879~1951)은 호를 "직암(直菴)"으
로 하였으며, 도호의숙과 보은의 관선정(觀善亭)에서 제자를 양성한 근현대 충청유학자
이다.

24) 중암(重菴) 김평묵(金平默, 1819~1891)의 직설(直說);

김평묵은 이항로, 홍직필의 문인으로, 이근수에게 보내는 편지글에서, "도(道)를 구하는 방법에는 다른 설이 없고, "모든 일에 옳은 도리를 구하고 그른 것은 버려서, 이것을 오래오래 쌓아 가면 마음과 이치가 서로 하나가 되어 몸에서 발현되는 것이 자연히 조금의 사곡(私曲)함도 없게 되는 것이다. 성인이 만사에 응하는 것과 천지가 만물을 생하는 것이 직(直)일 뿐이다."[89]라고 설명하고 있다.

그리고 그의 제자 성재(省齋) 유중교(柳重敎, 1832~1893)는 최찬겸에게 주는 편지에서 '수신(守身)하는 방법으로써, 천지가 만물을 생하고 성인이 만사에 응하는 것이 직(直)일 뿐'[90]이라는 말을 설명하고 있다.

25) 직당(直堂) 신현국(申鉉國)의 직설(直說):

홍직필의 제자인 이사현(李思峴)에게 수학한 근대 기호학자로 의당(毅堂) 박세화(朴世和, 1834~1910)가 있다. 그리고 박세화의 제자에는 직당(直堂) 신현국(申鉉國, 1869~1949)이 있다. 신현국의 호(號)는 "직당(直堂)"이다. 그는 스승 박세화가 을사늑약에 분개하여 거의(擧義)하였다가 투옥되자, 의분의 글을 써서 옥고를 치렀다. 이러한 박세화와 신현국의 외세에 대한 항거정신은, 직도(直道)를 바탕으로 드러난 시대정신이라

---

89) 『重菴集』권16, 「書」, 〈答李元甫 (根壽, 丙子元月七日)〉: "求道之切 然愚意此無他說 只就日用之間 凡事求是去非 積累久久 自然心與理一無少邪曲 天地生萬物 聖人應萬物 直而已矣 朱先生臨簀 以此說與門人 明白切至 此正孔子人生直 孟子以直養之傳 而近世尤翁先生徹始徹終 一以貫之者 只此道理"

90) 『省齋集』권11, 「往復雜稿」, 〈答崔贊謙(乙亥夏)〉: "聞於棘中得宋子書一部讀之 此殆天所以啓吾兄之衷也 此翁平生事君 其進退語默 隨機萬變 而至自言其大旨 則乃曰人臣事君 守身爲上 報恩次之 能守其身 卽是報恩 其論守身大法 則又曰天地生萬物 聖人應萬事 直而已 吾兄能於此二言者 有所警悟而兢兢持守 不敢以一毫外誘累其中焉 則可謂善讀宋子書 而於面前道理 庶幾不中不遠矣"

할 수 있다.

26) 의암(毅菴) 유인석(柳麟錫, 1842~1915)의 직설(直說);

유인석은 김평묵과 유중교의 문인이며, 최익현, 박세화 등과 교유한 조선말의 유학자로서 일제에 항거한 유림 의병장이다. 유인석은 "천지의 도는 직(直)일뿐이어서, 천지가 만물을 생하고 성인이 만사에 응하는 것이 직상직하에 바른 이치이다. 성현이 그 천지의 도를 잘 사용하여 천하고금의 직(直)이 되도록 하였고, 천지의 달통한 직(直)으로 사람과 사물을 마름질한 것이 성인의 능사(能事)"[91]라고, 직에 대한 자신의 견해를 설명하고 있다. 유인석은 화서학파로서, 그의 스승과 문인들과 같이 불의에 항거하는 항일의병 정신에는 직(直)이 자리한다고 할 수 있다.

27) 연재(淵齋) 송병선(宋秉璿, 1836~1905)의 직설(直說);

송병선은 송시열의 9세손으로 일제의 을사조약에 항거하여 순국한 유학자이다. 그는 정순만[92]에게 "공직(公直)"이라는 자(字)를 지어준 〈정공직자설(鄭公直字說)〉[93]을 남겼다.

송병선과 그의 선조인 송시열은 각각 일제침략과 병자호란의 민족자주의 위기에 처한 시대상황에서 유교적 의리가 요청되는 시기였는데,

---

91) 『毅菴集』권32,「雜著」, 〈散言〉:"天地之道直而已 聖賢其直也 用天地之直而直之 直之天下 直之古今 孔子直而天下古今直焉 朱子直而天下古今直焉 聖賢一生 而天地達其直 人物裁其直 天地達其直 人物裁其直 聖賢之能事也"

92) 정순만(鄭淳萬, 1876~1911)은 충북 청주 옥산면 덕촌리에서 출생한 독립운동가. 국내와 북간도, 연해주에서 민족운동에 중요 역할을 수행, 1986년 건국훈장 독립장에 추서되었다.

93) 『淵齋集』권18,「雜著」, 〈鄭公直字說〉:"河東鄭君 更名淳萬 其尊公所命 而字公直者 余所告也 公直請余曰……夫直之義大也 天地所以生萬物 聖人所以應萬事 惟直而已 此一字 爲聖賢傳道之要訣"

두 사람이 이에 맞게 의리를 실천한 점에서 의의를 지닌다.[94] 또한 송병선과 그의 제자 공직(公直) 정순만의 의리실천에도 직(直)의 정신이 자리한다고 할 수 있다.

28) 송사(松沙) 기우만(奇宇萬, 1846~1916)의 직설(直說);

기우만은 기정진의 손자로서, 일제에 항거한 의병장이다. 기우만은 임동식에게, "사직(士直)"이라는 자(字)를 지어준〈임사직자설任士直字說)〉"의 글을 지어주고, "선현들이 천지가 만물을 생육하는 것과 성인이 만사에 응하는 것은 오직 직(直)일 따름이라 말한 것을 전수심결로 삼아서 자를 짓는다[95]고 설명하고 있다. 기우만의 항일 의병정신 바탕에도, 그의 글처럼 직(直)의 정신이 자리한다고 할 수 있다.

3. 영남유학에서의 직설(直說) 고찰

영남유학자들 가운데, 아래 네 명의 영남유학자들로부터 기호유학자와 동일한 공·맹·정·주의 직설(直說)에 대한 논의를 찾을 수 있다. 이는 퇴계 이황 이후 근 200여년만의 직(直)에 대한 영남유학자의 첫 논설이다. 조선유학자 가운데 처음으로 직설을 남긴 송익필(1534~1599)과 살펴보아도 근 200여년 차이가 난다.

---

94) 황의동, 『기호유학연구』, 서광사, 2009, 311쪽.

95) 『松沙集』권12, 「雜著」, 〈任士直字說〉; "任生東埴從海上來 過余沙村病廬 年尙少而不見流注想 其將有就乎 余字以士直 而告之曰先賢以天地之生萬物 聖人之應萬事 直而已者 爲傳授心訣……況君肇錫以埴 直在其中 顧名思義 亦在於是 士直乎"

1) 약재(約齋) 권병(權炳, 1723~1772)의 직설(直說);

권병은 이상정(李象靖, 1710~1781)의 문인이다. 권병은 영남유학자로는 처음으로 공자가 설파한 직설과, 주희가 말한 "천지가 만물을 생하고 성인이 만사에 응하는 것은 오직 직(直)일뿐이다"[96]라는 말을 언급하면서, 자신의 견해를 말하고 있다.

2) 한주(寒洲) 이진상(李震相, 1818~1886)의 직설(直說);

이진상은 『직자심결(直字心訣)』상·하편 1책을 저술하였으며, 그의 문집에서 「직자심결서」[97]를 남기고 있다. 이진상은 그 서문에서 직(直)이 공·맹·정·주의 심법이며 주희가 공부하는 요결로 유언으로 남긴 지결임을 설명하며, "이제삼왕의 융성한 다스림은 직을 행한 것이고, 오성육현이 전한 도는 직이며, 걸과 주가 폭군이었던 것은 직을 망각한 것이며, 양묵노불의 이단은 직도에 위배된 것"[98]이라고 설명하고 있다.

이와 같은 이진상의 직설은 "심을 리로 보는 '심즉리(心卽理)'의 바탕에, '심(心)의 직(直)'을 두고 있는 입장이라고 할 수 있다. 이는 심과 리의 일치는 내면적 직심(直心)을 통해 외면적 직도가 발현되기 때문[99]이라고 보는 입장이며, 심이 리를 구비하였다는 것은 인간의 존재성을 언

---

96) 『約齋集』 권6, 「雜著」, 〈思問錄〉: "人之生也直 人之生也 莫不有五性四端 所謂直也 只順這箇行將去 便是直 才一毫屈曲拂戾他 便不直矣 天地生萬物 聖人應萬事 直而已矣 不直便有死之道 其不死者 特幸而免耳"

97) 『寒洲集』 권29, 「序」, 〈直字心訣序〉:

98) 위의 글: "朱子書年譜 至易簀前三日 擧平生爲學之要 而其言曰聖人應萬事 天地生萬物 直而已………二帝三王之隆治 行此直也 五聖六賢之傳道 明此直也 夏桀商受之爲暴君 亡此直也 楊墨佛老之爲異端 倍此直也 始恍然覺曰本然之直 我於聖與天一也 而我之直 習得來直之 偏處養得來直之 粗底有意於直而終歸於不直 聖人之直"

99) 이형성, 「寒洲李震相의 直字心訣에 보인 直思想의 理學的특색 연구」, 『동양문화연구』21집, 영산대학교 동양문화연구원, 2015, 70쪽.

표 한 것"[100]이라고 이해 할 수 있다.

3) 면우(俛宇) 곽종석(郭鍾錫, 1846~1919)의 직설(直說);

곽종석은 이진상의 문인으로 서재의 이름을 '고우당(古愚堂)'이라 지었다. 그 글에서, "직(直)은 천지의 정리(正理)이고, 사람이 직(直)하지 않으면 천지로부터 스스로 끊어지는 것이다. 그러므로 천지가 만물을 생하고 성인이 만사에 응하는 것은 오직 직(直)일뿐"[101]이라고 직(直)에 대해 설명하고 있다.

이와 같은 곽종석의 직도(直道)의 정신은, 1919년 3·1운동 뒤 영남과 호서 유생들의 연서를 받아 한국의 독립을 호소하는 '파리장서 호소문'을 작성하여, 김창숙(金昌淑)을 통해 발송케 한 독립운동의 정신적 바탕이 되었다고 할 수 있다.

4) 심재(深齋) 조긍섭(曺兢燮, 1873~1933)은 영남학자로서,

그의 문집에서 직(直)에 대한 견해를 피력하고 있다.[102]

---

100) 위의 글 59쪽.

101) 『俛宇集』권139, 「記」, 〈古愚堂記 庚戌〉: "於是扁其堂曰古愚 盖深懲於今人之挾詐用智而致今之世也 稺玉愚乎哉 不愚也 其有見於斯民之三代所以直道而行者乎 直也者 天地之正理也 乾之直專 坤之直方 皆是物也 人稟之以生 其理未嘗有異 人而不直 是自絶于天地也 故曰天地之生萬物 聖人之應萬事 直而已矣 斯理也無古無今 居今而欲作古者 捨是何以哉 然則稺玉之於古也"

102) 『巖棲集』권7, 「書」, 〈上李晚求先生(己亥)〉: "直是自反爲示 未審遭何許人言 作如何自反 若孟子所謂不仁無禮等 則門下豈有是哉………天地之生萬物 聖人之應萬事 直而已矣 此朱夫子臨沒 呼諸生之言 是時也 非士君子重足時哉 而其於門人知舊書問也 直斥時諱 公言衆過 戒以孫言則仰天大笑"

4. 조선유학에서의 직설(直說) 계승 도표(圖表)[103]

이상에서 직(直)에 관해 언급한 연대별로 정리한 유학자들을 하나의
도표로 작성하면 다음과 같다. 다만 연구자의 노력이 미치지 못하여 직
(直)을 논설한 유학자들 가운데 누락된 이들이 있을 것이며, 또한 직(直)
을 자(字), 호(號), 이름(名), 또는 서재명(書齋名) 등으로 남기지 않은 유
학자들도 많을 것으로 사려 된다.

〈표1: 문집의 글 속에 "天地之生萬物 聖人之應萬事 直而已矣"라는 직설(直說)을
언표하거나, 이름(名), 자(字), 호(號), 서재명(書齋名)에 직(直)자를 넣어 전승한
기호유학자〉

◆ 구봉(龜峯) 송익필(宋翼弼, 1534~1599)〈김은자직백설〉
 │
 사계(沙溪) 김장생(金長生, 1548~1631)〈직자 심법 서통론〉
 │
 우암(尤庵) 송시열(宋時烈, 1607~1689)〈유 언〉
                송능상(宋能相) – 송환기(宋煥箕)– 송병선(宋秉璿)
                (1710~1758)   (1728~1807)   1836~1905)
                        〈남상직개명설〉〈정공자직설〉

 –(명재 윤증)   덕촌(德村) 양득중(梁得中) – 서당(西堂) 이덕수(李德壽)
                      (1665~1742)   (1673~1744)〈직양헌기〉
                    – 월암(月巖) 이광려(李匡呂, 1720~1783)

 –직재(直齋) 이기홍(李箕洪, 1641~1708)〈직재명(直齋銘)〉

---

103) 본 연구 자료의 출처는 인터넷 〈한국고전종합DB〉의 〈한국문집총간〉 자료를 중심으로
    조사한 것임을 밝히는 바이다.

−후재(厚齋) 김간(金榦, 1646~1732) − 직암(直菴) 신경(申暻, 1696~1766)

　자: 직경, 〈직재기〉 └→ 증손자 운계(雲溪) 김종정(金鍾正, 1722~1787)

−장엄(丈巖) 정호(鄭澔, 1648~1736)〈직재기〉

−수암(遂庵) 권상하(權尙夏, 1641~1721) −추담(秋潭) 성만징(成晩徵)

　　　　　　　　　　　　　　　　　　　　　(1659~1711)

　〈이직암기〉　　　　　　　　　−남당(南塘) 한원진(韓元震, 1682~1751)

　　　　　　　−병계(屛溪) 윤봉구(尹鳳九, 1683~1767)〈직암명병서〉
　　　　　　　　　　　　　　　　　　│
　　　　　　　　　　존재(存齋) 위백규(魏伯珪, 1727~1798)

−(농암 김창협) ─────────── 도암(陶菴) 이재(李縡, 1680~1746)
　　　　　　　　　　　　　　　　│
　　　　　녹문(鹿門) 임성주(任聖周) − 미호(渼湖) 김원행(金元行)
　　　　　(1711~1788)　　　│　　(1702~1772)
　　　　　　　　　　　　〈구용구사직설〉

　　　　　−나산(蘿山) 조유선(趙有善, 1731~1809)

　　　　　−근재(近齋) 박윤원(朴胤源, 1734~1799)
　　　　　　　　　　　　　　　│〈홍백임개명설〉
　　　　　매산(梅山) 홍직필(洪直弼, 1776~1852)
　　　　　　　　　　　　│
　　　　　−봉서(鳳棲) 유신환(兪莘煥, 1801~1859)

　　　　　−숙재(肅齋) 조병덕(趙秉悳, 1800~1870)
　　　　　　　　　　　　│
　　−고산(鼓山) 임헌회(任憲晦) −간재(艮齋) 전우(田愚)
　　　(1811~1876) (1841~1922)〈이직경자설〉

　　　　　노백재(老柏齋) 최명희(崔命喜, 1851~1921)

└→ (홍직필) −의당(毅堂) 박세화(朴世和) − 직당(直堂) 신현국(申鉉國)
　　　　　　　　　(1834~1910) (1869~1949)

```
 ─(삼연 김창흡)      화서(華西) 이항로(李恒老) ─중암(重菴) 김평묵(金平默)
                      (1792~1868)              (1819~1891)
                          │
                 성재(省齋) 유중교(柳重教) ─의암(毅菴) 유인석(柳麟錫)
                      (1832~1893)              (1842~1915)
                          │
                 존재(存齋) 유진하(俞鎭河) ─직암(直菴) 이철승(李喆承)
                      (1846~1906)              (1879~1951)
 ─(노사 기정진)      송사(松沙) 기우만
                 (奇宇萬, 1846년~1916) 〈임사직자설〉
```

〈표2: 위의 표1과 같은 방식으로 직(直)자를 넣어 글을 남긴 영남유학자〉

약재(約齋) 권병(權炳, 1723~1772)

한주(寒洲) 이진상(李震相, 1818~1886)
│
면우(俛宇) 곽종석(郭鍾錫, 1846~1919)

심재(深齋) 조긍섭(曺兢燮, 1873~1933)

5. 조선유학에서 직(直)의 전승 가치와 문제점

1) 직(直)의 조선유학 전승에 관한 가치와 현대적 의의

앞에서 살펴본 것을 종합해 볼 때, 직(直)은 유가학문의 요결내지는 심법(心法)으로서, 삼대(三代)시대의 요·순과 공·맹·정·주로부터 전승되어 조선유학의 서통(緖統)으로 이어졌으며, 근현대의 한국유학자들에게까지 근 4,500여 년 동안 끊이지 않고 계승 되어왔음을 살필 수 있다.

직(直)사상은 이처럼 시대와 공간을 달리하지만, 인간의 생리(生理)로서의 직도(直道)이면서, 인간존엄을 지키기 위해 실천해야 하는 마땅하고 바른 도리로서의 정직(正直)을 말한다. 그러므로 직(直)은 인간존재의 본질이며 삶의 정신적 근간으로서 인문정신의 중핵적 가치를 지니는 것이라 할 수 있다.

이러한 직도(直道)의 가치를 본고에서 살펴본 것을 정리해보면,

첫째로, 『주역』에서 마음을 다스려 안을 바르게 하고, 밖으로 드러나는 몸가짐과 태도를 바르게 하는 경이직내를 통해 존심양성의 수양방법으로 내려왔다.

『서경』에서는 인간의 현실사회에서 인간존엄을 실천하는 평등사상으로 제시되었다. 인간이 자유로우며 평화롭게 행복한 삶을 영위하려면, 어느 한편으로 편벽되어 치우치게 되면, 기울어지고 평평하지 못하여 불평등하고 불균형하여 부정(不正)한 사회현실이 되기에, 공정하고 공평하여 사사로움 없는 '정직(正直)함으로써 평평하고 탕탕한 평등의 실천을 통해 인간존엄을 지키며 행복한 삶을 영위하라는 왕도(王道)'104)의 목표로써 제시되고 있는 것이라 하겠다.

공·맹의 춘추전국시대에는 혼란한 사회 속에서 올바른 인간존재의 본질인 생리(生理)와, 인간 삶의 정신적 바탕으로 '우리 당(黨)의 직도(直道)'105)로서 계몽 되었고, 스스로를 반성해서 올바르고 속임이 없다면, 수천만의 외부사물을 접하더라도 정정당당하게 나아간다106)는 존엄한 인간정체성의 본질로 구현되어졌다. 또 마음과 본성을 기르는 호연지기

---

104) 『書經』,「周書」: "無偏無黨 王道蕩蕩 無黨無偏 王道平平 無反無側 王道正直"
105) 『論語』,「子路」: "吾黨之直者異於是 父爲子隱 子爲父隱 直在其中矣"
106) 『孟子』,「公孫丑章句」: "曾子謂子襄曰 子好勇乎.......自反而縮 雖千萬人 吾往矣"

의 직양(直養)으로 드러내졌다고 하겠다.

송명시대 정명도에게는 전후좌우가 공평하고 편벽되지 않으면 천지(天地)의 상하(上下)로 곧게 설 수 있는 천도이자 천리인 직상직하의 정정당당한 직도(直道)가 되었다. 또 주희에게는 올바름을 구하고 그릇됨을 결단코 제거하여 마침내 사곡(私曲)됨이 없는 마음과 천리가 하나가 되는 직(直)으로써 학문의 요결로 삼아서, 유가학문의 체계적 집대성을 마련하는 유교인문정신의 근간이 되었다.

그리고 조선유학에서 공맹정주의 직(直)설을 최초로 계승한 유학자는 구봉 송익필을 필두로 한다. 송익필은 학문적 전승의 수수(授受)형식을 지닌 「김은자직백설」의 자설(字說)을 지어 김장생에게 전승하였다. 이러한 송익필에게 직도(直道)는 유교 본래의 실천학문을 올바르게 진작시키기 위해, 내성외왕(內聖外王)의 진면목을 드러내 펼치는 직(直)의 예학(禮學)을 정립하는 근간이 되었다.107) 이를 본받은 김장생은 직(直)을 통해 공·맹의 서통을 잇는 심법으로 송시열에게 전했고,108) 이를 전해 받은 송시열에게는 춘추의리정신의 바탕이 되었다.109) 또 송시열로부터 본받은 권상하와 윤증의 학문적 바탕이 되어 그 제자들에게 전해졌고, 한원진의 인물성동이론과 위정척사(衛正斥邪)의 실천사상으로 이어졌다.

이는 또 근현대의 간재 전우의 학문적 근간이 되었으며, 송병선과 기

---

107) 김문준, 「기호유학에서의 우암송시열의 위상」, 『유학연구』제16집, 충남대유학연구소, 2007, 203쪽.

108) 『宋子大全』권136, 「贈李景和說」: "子之實承孔孟之統者 唯直一字而已 愚之所聞者如此"

109) 『蘆山集』, 권8, 「雜著」, 〈漢湖先生遺事〉: "聖人應萬事 直而已之語曰 此實千古聖賢相傳旨訣 而尤翁臨命 猶誦此以戒學者 此尤翁所以眞得夫子心法者也 常以夫子以後義理大明"

우만, 그리고 박세화와 이항로의 제자들, 그리고 이진상과 곽종석 등에게는 불의(不義)함과 사곡 되어진 외세에 항거하는 의병과 독립운동의 정신적 근간이 되어서, 당면한 현실사회에 직도의 시대정신 내지는 선비의 의리실천으로 구현되어졌다.

두 번째로, 앞장에서 살펴본 공·맹·정·주와 조선유학자들의 직(直)에 대한 의미와 이해를 통해 그 가치를 살펴보면, 직은 지극히 공정하여 사사로움 없는 것이고, 진실무망하여 속임이 없는 것으로서, 좌우로 편당되거나 기울지 않는 바르고 큰 이치로서 왕도의 궁극적 목표[110]를 의미하는 것이라고 할 수 있다. 좌우로 편당되지 않아야 천도(天道)와 지도(地道)와 인도(人道)가 뒤집어지지 않고 바르고 안정된다. 그러므로 직(直)은 요순이 서로에게 상전하여 오직 유정유일(惟精惟一)하여 진실로 그 중(中)을 잡아야 한다고 한 종지(宗旨)와 동일한 이치라고 할 수 있다.

천지가 만물을 낳고 낳는 이치와 성인이 만사에 응대한 이치는 사사로움 없고 속임 없으며 공정하고 공평하여 밝고 바르며 큰 중(中)이자 직(直)[111]이라고 할 수 있다. 이것이 천지 순환 운행의 이치인 천리(天理)이자 천고 성인의 심법이요 유가학문의 종지(宗旨)가 된다. 그리고 직(直)은 인간의 본성에 품수된 밝은 덕(德)[112]을 의미한다고 할 수 있다. '덕(德, 悳)'은 글자 그대로 '직심(直心)'을 의미한다. 이를 근거로 직

---

110) 『書經』,「周書」: 無偏無黨 王道蕩蕩 無黨無偏 王道平平 無反無側 王道正直"

111) 『寒水齋集』,「부록」, 〈행장〉: "大學之誠正 中庸之精一 皆此意也 千古聖賢相傳心法 不外此一直字矣"
    『近齋集』, 권22, 「說」, 〈洪伯臨改名說〉: "天地之理 眞實無妄 無妄便是直也 堯舜精一執中 中便是直也"

112) 『大學』: "大學之道在明明德"

의 성격을 함축하여 간결하게 표현하면 "공명정대(公明正大)"함이라고 할 수 있다.

이를 뒷받침하는 조선유학자들의 이해를 살펴보면, 김간에 의하면 직(直)은 천지가 만물을 낳고 낳는 도리로서의 본래 직이며, 사람이 이러한 이치를 품수 받아서 태어난 이치도 또한 직(直)"[113]이라 하였다. 이는 곧 천도(天道)와 인도(人道)가 곧 직을 의미한다고 할 수 있다. 정호도 또한 진실하여 속임이 없는 것이 직이라 하여, 직을 천도와 성인의 일과 같은 참된 성(誠)에 비유[114]하고 있다. 성(誠)은 천도(天道)이다.[115] 박윤원도 천리(天理)가 속임 없는 직이라고 하였다.

이로 볼 때 직(直)은 성(誠)과 같은 하늘의 이치인 참되어 밝고 공정하고 일정하며 크고 바른 천도로 볼 수 있다. 또한 이러한 천지자연의 이치를 천명으로 품수 받은 인간의 성품이 곧 공명정대(公明正大)한 직이라고 할 수 있다. 곧 직은 '보편적 존재의 법칙인 천도이자 당위의 법칙인 인도가 된다'[116]고 하겠다. 인간이 품수 받은 성품이 직이라고 보는 입장은, 김간[117]과 이덕수가 "사람이 직(直)으로 성(性)을 삼지 않는다면 불가하다."[118]는 말에서 찾을 수 있다.

『중용』 첫머리에서는 천명으로 받은 것이 인간의 성(性)이라 하고 이

---

113) 『厚齋集』권40, 「記」, 〈直齋記〉: "天地生生之理本直 故人之稟是理而生者亦直也"

114) 『丈巖集』권24, 「記」, 〈直齋記〉: "眞實無僞之謂直 天地之道 聖人之事 非直則不誠 不誠則無物……如堯舜闡精一之義"

115) 『中庸』: "誠者 天之道也 誠之者 人道也"

116) 곽신환, 「송우암의 철학사상 연구-直을 중심으로」, 성균관대학교대학원 석사학위논문, 1979, 17~18쪽.

117) 『厚齋集』권40, 「記」, 〈直齋記〉: "天地生生之理本直 故人之稟是理而生者亦直也"

118) 『西堂私載』권4, 「記」, 〈直養軒記〉: "乾之象曰健曰不息 是直之異名也···謂人不以直爲性 亦不可也"

를 본받고 따르는 것이 도119)라고 하였다. 이로 볼 때, 공명정대한 직(直)의 천지이치가 천명으로 인간에게 주어지고, 인간이 받은 성품은 곧 공명정대한 직의 성품이 된다. 이를 본받고 따르는 것[率]이 곧 현실 세상에 드러내 펼쳐야 하는 도(道)이다. 여기서 품수된 성품을 본받고 따르는 것은 '솔성(率性)'이자 '솔직(率直)'이라고 할 수 있다. 이를 닦아나가는 것이 교육이며, 그 핵심은 곧 인도이자 윤리로서 "정직함"과 "솔직함"을 실천하고 행하는 것을 말한다고 하겠다.

유가의 수기치인지도에 따르면, 천리의 '직(直)'을 궁구하여 현실 세상에 '정직함'으로 드러내야 한다. 공자는 인(仁)을 마음의 덕이라 하고, 마음에서 인이 멀어지지 않는 것은 그 마음에 사사로움이 없는 것으로 이를 유덕(有德)함120)이라고 하였다. 여기서 인이란 인간의 순선한 존재본질이자 도덕성을 의미하는 사덕(四德)의 대표적 덕성이다. 사사로움 없는 마음의 덕은 곧 직이라고 할 수 있다. 그러므로 인과 같은 사사로움 없는 유덕함은 직을 근본으로 하는 인간의 덕성이며, 현실에서 '정직함'으로 드러나 구현되어야 하는 인간본성이라 할 수 있다.

이에 한국 인성(도덕윤리)교육에서 목표로 하는 '유덕한 인격자'는 곧 정직함을 실천하는 사람을 말하며, 자신의 본성을 온전히 구현하라는 교육의 목적은 직으로 품수된 인간본성을 현실에 '정직함'으로 드러내 펼치는 것을 뜻한다고 하겠다. 세 번째, 이와 같은 직도(直道)는 요(堯, 약 BC 2,356~BC 2,255 경)임금과 순(舜)임금으로부터 시작되어, 공자(BC 551~BC 479 경), 맹자(BC 371~BC 289 경)와 정명도(1032~1085), 주희(1130~1200)로 이어졌으며, 조선에서는 송익필(1534~1599)을 필두로

---

119)『中庸』: "天命之謂性 率性之謂道 修道之謂教"
120)『論語』,「雍也」: "仁者心之德 心不違仁者 無私欲而其有德也"

학문적 전승의 수수(授受) 형식인「김은자직백설」의 자설(字說)로 전승되어서, 근현대 유학자들을 통해 오늘날까지 계승되어 오고 있다. 이를 살펴볼 때, 직도(直道)는 근 4,500여 년 동안 계승되어 오고 있는 활활발발한 한국유학의 전통철학사상이 된다고 하겠다.

또한 수기치인지도를 바탕으로 하는 유가의 직도(直道)는 시공을 초월해 조선과 구한말의 당면 현실에서 시대정신으로 구현되어 나타났듯이, 학문과 사상의 차원뿐만 아니라 모든 사람들의 일상에서 "정직(正直)하게 살아라", "솔직(率直)해야 한다"는 말로써, 현재 한국인들의 정신문화적 근본바탕에 자리하고 있다. 그러므로 '직도(直道)', '직(直)철학', '직(直)사상'의 '정직함'과 '솔직함'은 수 천 년 계승되어온 한국전통문화의 근본으로서, 정통 유가학문의 올곧은 계승이 되며, 한국유학사상사에서의 크나큰 업적이자, 자긍심 높은 우리의 한국문화유산이 된다.

곧 직(直)은 시공을 초월하여 시대정신으로 구현되어진, "한국인문정신문화(韓國人文精神文化)의 정수(精髓)"가 된다고 하겠다.

네 번째, Covid-19의 팬데믹 추세의 현대 글로벌 세계는, 백신여권과 같은 안전(安全)을 최우선으로 요구하는 있는 것이 현실이다. 여기서 안전은 신뢰를 담보로 하고, 신뢰의 근본 바탕에는 사사로운 욕심과 속임이 없어 공정하며 공평하고 투명하여 공명정대한 정직(正直)이 필수적이다. 이는 2020년 5월 18일 세계보건총회(WHA) 기조연설에서 우리나라의 대통령이 k-방역 정책원칙으로 '개방성', '투명성', '민주화'의 3가지 역량을 꼽고 있는 점에서도 잘 부합된다.

그러므로 직도(直道)는 오늘날 한국 미래세대 젊은이들의 바른 가치관의 서통(緖統)으로 이어져서, 자기정체성을 정립시키는 자아역량으로 함양되어지고, Covid-19이후 세계의 21세기 미래비전을 선도할 리더십

역량 등의 인성교육 핵심덕목으로서 함양되어져야 하는, 한국정신문화 콘텐츠의 으뜸 종지(宗旨)가 된다고 할 수 있다.

이상과 같이 직(直)은 천도의 원리이자 인간존재에게 품수된 본성이고, 시공을 초월해 인간존재의 당면한 현실 삶에서 각각 드러내 펼쳐진 [具顯된] 인도(人道)로서의 정직(正直)함이 된다. 이것이 직도(直道)의 핵심 정수(精髓)이며, 본래적 근본 가치라고 할 수 있다.

2) 조선유학에서 직(直)의 계승에 관한 문제점과 과제

(1) 직(直)을 통한 유가(儒家) 심법 서통(緖統) 계승의 정당성 고찰

삼대(三代)의 요·순으로부터 시작되어 공·맹·정·주의 유학사상 종지(宗旨)로 전해졌고, 조선유학자들에게 심법(心法)으로 내려와 근현대의 한국유학자들에게까지 전승되고 있는 직도(直道)는, 학술적으로 간과할 수 없는 중요한 철학사상의 근본 바탕이다. 중국사상사에서의 직도(直道)에 대한 논의는 접어두고라도, 조선유학사에서 송익필의 「김은 자직백설」로부터 오늘날까지 근 500년 동안 이름이나 호(號), 자(字)와 서재명(書齋名) 등을 통해 학술적 전승의 수수(授受)형식으로 계승되어 온 직도(直道)의 학풍은, 오늘날 한국철학사상계에서 결코 부정되거나 간과될 수 없는 학문적 업적사실이 된다.

이에 따라서 조선유학에서의 직(直)을 통한 유가의 심법 서통 계승은, 그 타당성이 있다고 할 수 있다. 위에서 언급한 학문적인 여러 가지 사실, 곧 요·순과 공·맹·정·주로 이어지는 직도(直道)의 철학사상적 논리와, 이를 이어서 본받고 따르고 있는 조선유학자들의 일관된 학문전승의 수수(授受) 형식, 그리고 500여 년 동안 끊이지 않고 수 십여 명의 유학자들이 현대까지 계승하고 있는 점 등에서 그 학문적 객관성과 타당성을 지닌다. 그러므로 "조선유학에서의 직(直)을 통한 유가의 심법 서통(緒統) 계승"은 한국유학사상사에서의 철학사상적 타당성이 있다고 할 수 있다. 물론 이에 대한 보다 깊은 연구가 필요하다고 하겠다.

(2)기호유학에서 직(直)의 계승에 대한 문제

앞에서 살펴본 조선 기호유학에서 직설이 전승되어 내려간 학문적 성향이 편협 되게 경도(傾倒)되어 가고 있다는 문제점이 발견된다.

송익필로부터 직(直)에 대한 가르침을 받은 김장생은, 직(直)이 주희가 공자와 맹자의 서통을 이은 것[121]이라고 송시열에게 가르침을 주고 있다. 여기서 김장생이 조선유학자 가운데 "직(直)이 공·맹의 서통을 이은 것"이라는 말을 처음으로 하였는데, 이는 학술적 의의가 크다.

그런데 김장생에게 학문을 배운 송시열은, 직(直)과 관련해서 송익필에 대한 언급도 없으며, 김장생에 대한 언급은 짧고 소략(疏略)하다. 그러면서 주희를 공·맹과 함께 동일한 성인이라 하여 '공·맹·주, 삼성(三聖)'이라는 명칭을 언표하면서, 제자들과 후손들에게 사문(師門)의 교훈[122]이라고 훈교하고 있다.

권상하는 자신의 스승인 송시열의 직(直)에 대한 학문이, "일체 주[朱熹]선생에게서 나온 것"[123]이라고 밝히고 있다. 또 한원진은, 주희가 임종시 유언으로 남긴 것과 같이, 송시열이 죽을 때 권상하에게 전하였다고 직(直)을 거론하며, 이것이 "도통(道統)을 전하는 것"[124]이라고 말하

---

121)『宋子大全』권136,「贈李景和說」:"子之實承孔孟之統者 唯直一字而已 愚之所聞者如此"

122)『宋子大全』권134,「雜著」,〈示諸子孫姪孫等〉:"是孔孟朱三聖同一揆也······吾師門之敎如此而已"

123)『寒水齋集』, 권22,「記」,〈以直菴記〉:"蓋先師之學 一出於朱先生"

124)『南塘集』권3,「疏」,〈辭乘馹, 仍陳戒疏, 丙午〉:"朱子易簀前二日 告其門人曰 天地之所以生萬物 聖人之所以應萬事 惟直而已 先正臣宋時烈臨沒時 又以是授其門人先正臣權尙夏曰 孔孟以來相傳 惟是一直字矣……而道統之傳 在是矣"

고 있다. 윤병구도 공·맹의 직설(直說)을 말하고, 송시열이 주희에게 배운 직(直)이라 하며, 공·맹·주를 "삼성현(三聖賢)"[125]이라 지칭하고 있다. 조병덕은 송시열의 학문은 "맹자와 주희에게서 나온 것"이라 하고, 송시열이 임종할 때 전한 주희 학문의 지결이며, 직은 '공자·맹자·주희' 세 성인[三聖]의 동일한 법도이고 "이에서 벗어나면 이단사설"[126]이라 말하고 있다. 송환기는 직에 대한 "16자"[127]를 말하고, 최명희도 "13글자"[128]의 가르침을 말하고 있다. 여기서 16자와 13자는 전통적 유가심법이라 전해지는 16글자[129] 수에 맞춘 것임과 다름 아니다.

이상에서 기호유학에서 전승되어 내려간 직설의 학문적 성향을 살펴보면, 송익필에서 김장생으로 전승되기 시작한 이후, 송시열과 권상하를 비롯한 노론계열 기호유학자들과 후손들에게 공·맹·주를 잇는 서통론으로써 체계화 되어가고 있으며, 16자 심법에 비유하면서 도통론으로 점점 심화되어 전승되고 있음이 나타나고 있다. 이러한 학문적 성향은 문제점을 지니고 있다고 할 수 있다.

첫 째, 송시열이 직을 통한 유가의 서통을 이야기하면서 직도(直道)를 가르쳐준 자신의 스승 김장생과 김장생의 스승인 송익필을 언급하지 않

---

125) 『屛溪集』, 권44, 「銘」, 〈直菴銘幷序 甲辰〉: "蓋取孔子所謂人生直 孟子所謂以直養之義 而亦嘗敬服於晦翁夫子天地之生萬物 聖人之應萬事 直而已之訓矣……不知明允之所以 取於三聖賢者"

126) 『肅齋集』권19, 「雜著」, 〈書示章熙〉: "渼湖曰 尤翁之學 專出於孟朱……此是金先生 以尤 翁年譜借人之書也 昔朱子疾革 訓門人曰 爲學之要……宋子臨命 誦傳朱門旨訣者 卽此 一直字……是孔 , 孟 , 朱三聖同一揆也 然不能讀書明理 則以不直爲直者 亦有之矣 然則 千古爲學宗旨 只是如此 或有違於此 則便是異端也邪說也"

127) 『性潭集』권23, 「墓誌」, 〈農岡南公墓誌銘 幷序〉: "天地之生萬物 聖人之應萬事 惟直而已 十六字書與"

128) 『老柏齋遺稿』권1, 「上艮齋先生」: "聖人應萬事 天地生萬物 直而已'十三字'覽畢"

129) 『書經』, 「大禹謨」: "人心惟危 道心惟微 惟精惟一 允執厥中"

고 있는 점과, 그의 제자들이 송시열의 학문이 일체 주희로부터 나왔다고 하는 점에서, 사승(師承)의 의리에 관한 문제를 살펴볼 필요가 있다고 할 수 있다.

두 번째, 후대의 기호유학자들에게 내려가면서, '공·맹·주', 또는 '맹·주'에 이어서 송시열이 직(直)의 도통을 전해 받은 것이라 언표하고, '사문(斯文)의 법도가 이에서 벗어나면 이단사설이다' 라고 하여, 자칫 학문의 자율성과 다양성을 획일화시켜 편협 된 학풍으로 경도(傾倒)되고 있는 문제점이 있다고 할 수 있다.

모든 학문은 개인이나 어느 학파만의 전유물이 될 수 없다. 학문의 진리와 도는 모든 배우는 사람들에게 공명정대하게 구현되어져야 한다. 그렇지 않다면 주희가 밝힌 "모든 일에서 옳은 것을 구하고 그릇된 것은 결단코 제거해, 마음과 이치가 하나가 되어 사곡(私曲)됨이 없는 직도(直道)"[130)에 어긋난 것이라 할 수 있다.

이에 직(直)에 대한 기호유학의 학풍적 편협성을 바로잡고, 한국유학 발전을 위한 긍정적 성찰의 차원에서 올바르게 연구 논의되어야 한다고 하겠다.

(3)영남유학자들의 직(直)에 대한 언표가 없는 문제점

이황(1501~1570)으로부터 시작되는 영남유학자들의 문집에서 직(直)에 대한 언급이, 이황을 비롯한 이후 200여 년간 보이지 않는다는 문제점이 있다.

이황은 리기(理氣)에 대하여 윤리적이며 가치론적인 관점에서 리(理)

---

130)『寒水齋集』권22,「記」,〈以直菴記〉: "朱先生於易簀前數日 語諸生曰爲學之要 唯事事審求其是 決去其非 積累久之 心與理一 自然所發皆無私曲"

를 지극히 높이고, 기(氣)는 천하고 낮은 것으로 보는 입장131)이다, 그리고 이황이 마음수양 방법으로 주희가 "주경함양(主敬涵養)"132)을 제시한 것을 따라서 경(敬)을 중시하였음133)을 이해 할 수 있다.

그러나 한편으로 '조선시대 성리학의 논쟁은 상호 인과관계 속에서 '주제'와 '시대정신'이 긴밀하게 관계성을 유지하였지만, 같은 주제라 하더라도 시대에 따라 이해의 변화를 보였고, 해석의 초점을 달리 하였다. 다만 철학적 입장과 당면한 현실문제인 정치를 별개의 것으로 보지 않았다는 점은 일관된 성격'134)이라는 점을 주목할 필요가 있다고 할 수 있다.

대표적으로 이항로·기정진·이진상 등의 논변은 현실 문제와 연계한 측면이 많다. 학파와 당파, 지역적 연고 등을 떠나 의기투합하였으며, 현실 대응에서 주체적이고 능동적으로 의병 활동하는 데 바탕이 되어,135) 의리실천의 시대정신으로 나타났다고 볼 수 있다. 또한 이진상과 곽종석은 학파의 보수적 입장에 구애받지 않고 이해와 해석을 달리하여서 '심즉리설(心卽理說)'136)을 주장하였으며, 직설을 제시하고 항일 의병활동의 사상적 바탕으로 삼은 것이 그 좋은 예라고 할 수 있다. 이는 유학의 수기(修己)와 치인(治人)이 하나이고, 내성(內聖)과 외왕(外王)를 하

---

131) 『退溪集』권12, 「書」, 〈與朴澤之〉: "理貴氣賤 然理無爲而氣有欲 故主於踐理者 養氣在其中"

132) 진래 지음, 안재호 옮김, 『송명성리학』, 예문서원, 1997, 258~259쪽.

133) 이황에게 있어 경(敬)은 그의 생애와 학문에서 가장 중요한 원리이며 이념으로 중시 되었다.(이종성, 『역사 속의 한국철학』, 충남대학교출판문화원, 2017, 183쪽 참조.)

134) 최영성, 「사상사의 맥락에서 본 19세기 심설논쟁(心說論爭) 사칠논쟁에서 심설논쟁까지-」, 『한국철학논집』제59호, 한국철학사연구회, 2018, 20쪽.

135) 위의 글, 30~31쪽.

136) 『寒洲集』권32, 「雜著」, 〈心卽理說〉: "論心莫善於心卽理 莫不善於心卽氣……"

나로 하는 실천정신의 근저이념을 따른 것이라고 할 수 있다.

그러나 이와는 달리 영남유학자들이 공·맹·정·주가 설파한 직도(直道)에 대하여, 언급조차 찾기 힘들다는 것은 학문적 측면에서 문제가 있다고 할 수 있다.

첫 째, 유가학문은 본래 요·순과 공·맹의 도(道)이다. 영남유학자들이 주희가 제시한 성즉리의 주리론(主理論)적 가치를 중시하여 공맹의 직도(直道)를 묵과했다는 것은, 본말(本末)이 뒤바뀐 것이라고 할 수 있다. 이는 자칫 학파의 입장에 구애되어서 유가학문의 종지(宗旨)인 요순과 공맹의 바른 가르침을 도외시하고, 경직된 학파적 인식에 사로잡힌 것이 아닌가라는 문제를 남긴다고 할 수 있다.

두 번째, 16세기 중엽부터 18세기 중엽사이 200여 년간 조선의 정치현실 상황에 대한 영남유학자들의 시대정신에 대한 의문점이 남는다고 할 수 있다.

더불어 21세기 한국유학 발전의 미래를 위한 긍정적 성찰의 차원에서, 이 문제에 대한 연구와 논의가 과제로 주어졌다고 할 수 있다.

6. 맺음말

본 연구에서 논구한 직도(直道)는 삼대(三代)시대 요·순으로부터 공·맹·정·주에서 조선유학으로 이어져, 근현대 한국유학자들에게까지 근 4,500여 년 동안 전승되어오고 있다는 점에서 큰 의의와 가치를 찾을 수 있다.

이러한 직(直)은 시공을 초월하여 인간존재의 본질로서 성(性)이며

인(仁)이고, 성(誠)과 동일한 천도(天道)로서 이해하였음을 살펴볼 수 있었다. 또한 직은 천명으로 품수된 직의 천리를 인간현실에 마땅히 구현해야 하는 정일집중의 중(中)이며, 왕도의 궁극적 목표이자 실사구시의 도체로서 인도(人道)의 정직(正直)함이요 솔직(率直)함이 된다고 할 수 있다.

이와 같은 직(直)은 오늘날까지 근 4,500여 년 동안 각각 당면한 현실에 따라 의리실천과 시대정신으로 구현하며 계승되고 있는 유학의 본래적 실천정신으로서, 한국유학사상사에서 뿐만이 아니라 동양유학사상사에서의 큰 업적이 된다고 하겠다. 더불어 이렇게 구현된 정직(正直)은 한국문화유산으로서의 가치를 지니며, 무엇보다도 한국인문정신문화(韓國人文精神文化)의 정수(精髓)가 된다는 점에서 그 가치가 지대하다고 할 수 있다.

또한 '정직(正直)함'은 Covid-19이후 세계의 21세기 미래비전을 선도할 한국 청소년들의 인성(도덕윤리)교육 핵심 덕목[137]과 역량으로서 함양되어져야 하는, 한국정신문화 콘텐츠의 으뜸 종지(宗旨)가 된다고 할 수 있다.

마지막으로 본 연구를 통해 요·순과 공·맹·정·주에서 조선유학으로 이어지는 직(直)을 통한 심법 서통 계승의 유교사상사적 흐름을 새롭게 인식하는 계기가 되고, 그 접근방법의 하나가 될 것을 기대해 본다. 또한 교육현장에서 정직(正直)에 대한 교육적 활용을 기대하고자 한다.

---

137) 인성교육진흥법, [시행 2015.7.21.] [법률 제13004호, 2015.1.20., 제정], 교육부(인성체육예술교육과)

【참고문헌】

〈경전류〉

『大學』,『中庸』,『論語』,『孟子』,『書經』,『周易』,『禮記』

〈문집류〉

『艮齋集』,『擊蒙要訣』,『鼓山集』,『龜峯集』,『近思錄』,『近齋集』,『蘆山集』,『南塘集』,『老柏齋遺稿』,『德村集』,『陶菴集』,『同春堂集』,『俛宇集』,『屛溪集』,『沙溪全書』,『西堂私載』,『性潭集』,『省齋集』,『肅齋集』,『松沙集』,『宋子大全』,『愼獨齋遺稿』,『巖棲集』,『約齋集』,『淵齋集』,『雲溪漫稿』,『雲坪集』,『毅菴集』,『李參奉集』,『丈巖集』,『存齋集』,『朱子大全』,『重菴集』,『直菴集, 신경』,『直齋集』,『秋潭集』,『退溪集』,『寒水齋集』,『寒洲集』,『華西集』,『厚齋集』

〈단행본〉

김창경,『구봉 송익필의 도학사상』, 책미래出, 2014.

이종성,『역사 속의 한국철학』, 충남대학교출판문화원, 2017,

진래 지음, 안재호 옮김,『송명성리학』, 예문서원, 1997.

황의동,『기호유학연구』, 서광사, 2009.

〈논문류〉

곽신환,「송우암의 철학사상 연구-直을 중심으로」, 성균관대학교대학원 석사학위논문, 1979.

김경호,「구봉 송익필의 리기심성 이해와 "수파"은유」,『유학연구』제50집, 충남대학교유학연구소, 2020.

김문준,「기호유학에서의 우암송시열의 위상」,『유학연구』제16집, 충남대 학교유학연구소, 2007.

김창경, 「구봉송익필의 도학사상 연구」, 충남대대학원 박사학위논문, 2011.

김창경, 「구봉송익필 직(直)사상의 기호유학에서의 전승연구」, 『동서철학연구』 78호, 한국동서철학회, 2015.

도민재, 「기호학파의 『주희가례』 수용양상」, 『국학연구』 제16집, 2010.

박학래, 「구봉 송익필에 관한 연구현황 및 과제」, 『유학연구』 제36집, 충남대학교유학연구소, 2016.

배상현, 「구봉 송익필과 그 사상에 대한 연구」, 『논문집』 제1집, 동국대 경주대학, 1982.

이형성, 「寒洲李震相의 直字心訣에 보인 直思想의 理學的특색 연구」, 『동양문화연구』 21집, 영산대학교 동양문화연구원, 2015.

최영성, 「구봉송익필의 학문과 기호학파에서의 위상」, 『우계학보』 23호, 우계문화재단, 2004.

최영성, 「사상사의 맥락에서 본 19세기 심설논쟁(心說論爭) 사칠논쟁에서 심설논쟁까지-」, 『한국철학논집』 제59호, 한국철학사연구회, 2018.

구봉 송익필 심론의 합리성(合理性)과 적의성(適宜性)에 대한 연구[1]

1. 들어가는 말
2. 이기심론(理氣心論)의 기본원칙(基本原則)
3. 사단칠정(四端七情)과 인심도심(人心道心)
4. 공공지리(公共之理)와 정리지직(正理之直)
5. 나가는 말

1. 들어가는 말

구봉(龜峰) 송익필(宋翼弼, 1534~1599)은, 천품은 물론 문장 또한 높은 경지를 이루었고 청의(淸義)를 가지고 있었으며, 화평하고 관후한 뜻을 지니고 있었고, 고난에 처해 있어도 우유(優遊)하고 함영(涵泳)하는 즐거움을 잃지 않는 넉넉한 인물이었다고 한다.[3] 또 학문이 깊고 경학

---

1) 이 글은 구봉문화학술원 정기학술대회(2022.12.03, 충남대 인문대학 문원강당)에서 발표한 논문을 수정 보완하여 『유학연구』 제62집(2023)에 게재한 글임을 밝혀둔다.

2) 안동대학교 교수

3) 『龜峰集』 권10, 附錄, 「行狀」: "謹按先輩之公評, 則曰天稟甚高, 文章亦高云者, 象村申文貞公之言也. 曰天資透悟, 剖析精微, 人所不及云者, 澤堂李公之言也. 而象村之又其論詩, 則以爲材取盛唐, 故其響淸, 義取擊壤, 故其辭理, 和平寬博之旨, 不失於羈窮流竄之際, 優遊涵泳之樂, 自適於風花雪月之間, 其庶乎安時處順, 哀樂不能入者矣."

130 구봉 송익필의 철학과 문학

이 뛰어났으며, 언행이 방정하여 우계(牛溪) 성혼(成渾, 1535~1598)과 율곡(栗谷) 이이(李珥, 1536~1584)도 외우(畏友)로 대우한 사람이었다.4)

구봉은 우계와 율곡이 먼저 세상을 떠나자 그들과의 서척(書尺) 및 사고(私稾)와 잡록(雜錄) 등을 수습하여 가문에 전하고자 1599년 「현승편(玄繩編)」을 만들었다.5) 이 글에는 우계와 율곡은 물론, 송강(松江) 정철(鄭澈, 1536~1593)과 사계(沙溪) 김장생(金長生, 1548~1631) 등과 주고받은 편지 61편이 실려 있으며, 주요 내용은 서로의 저작에 대한 비평 및 예설과 성리학 등의 학문적 견해 등에 이르기까지 다양하다.

구봉의 학문과 사상을 확인할 수 있는 자료는 『가례(家禮)』에 대한 해석, 『소학집주(小學輯註)』의 교정 문제, 「심경문목(心經問目)」에 대한 답변, 『격몽요결(擊蒙要訣)』에서 시비(是非)가 될 만한 부분 등이 실려 있는데, 그 가운데 가장 많은 부분을 차지하고 있는 부분은 성리설이라고 할 수 있다. 특히 우계 및 율곡과는 사단칠정과 인심도심의 이기(理氣) 배당 문제를 가지고 다양한 논의를 전개하고 있는 것을 확인할 수 있다.

조선시대 성리학자들에 대한 연구는 철학분야의 경우 지금까지도 이기론(理氣論), 심성론(心性論), 수양론(修養論)에 대한 분석을 기반으로 이루어져왔다. 이기론은 이른바 이발기발논쟁(理發氣發論爭)을 중심으로, 심성론은 사단칠정논쟁(四端七情論爭)과 인심도심논쟁(人心道心論

---

4) 『龜峰集』 권10, 附錄, 「行狀」: "到老勤書, 學邃經明, 行方言直. 牛·栗皆作畏友, 常如諸葛之於法正."
5) 『龜峰集』 권4, 玄繩編上, 「玄繩編序」: "吾與牛溪, 栗谷最相善. 今皆去世, 吾獨生, 能復幾日而隨死耶? 迷子就大, 曾於兵火散亡之餘, 收拾二友書尺及吾所報答私稾及雜錄略干紙以示余, 遂合以成帙, 爲未死前觀感之資, 且欲傳之一家云. 萬曆己亥仲春, 宋翼弼題."

爭)을 중심으로, 수양론은 이른바 마음에 대한 학문인 심학(心學)[6]의 입장에서 지경(持敬)과 성실(誠實)을 중심으로 진행되어왔다. 특히 이기론은 사단칠정 및 인심도심의 문제와 연동되어 있기에 이기론 자체의 문제라기보다는 심론을 중심으로 전개된다고 할 수 있다.

본 논문에서 다룰 구봉의 철학사상[7] 또한 이를 벗어나는 것은 아니다. 선행 연구[8]를 통해 확인할 수 있는 구봉 성리학의 주요 논쟁 지점은, 첫째 '이기지발(理氣之發)'[9]을 '이기공발설(理氣共發說)'로 이해할 것인가, '이기일발설(理氣一發說)'로 이해할 것인가 하는 것, 이와 관련하여 둘째 구봉의 사단칠정론과 인심도심론이 퇴계(退溪) 이황(李滉, 1501~1570), 고봉(高峯) 기대승(奇大升, 1527~1572), 그리고 율곡 이이 등과 어떻게 차별되는지에 대한 것, 셋째 구봉의 수양론을 '직(直)'사상을 중심으로 이해하는 것이 타당한 것인지에 대한 것[10] 등이다.

---

6) 이 글에서 다루고 있는 심학은 성리학과 구분되는 양명학의 또 다른 이름인 심학과 차별성을 지닌다. 이 글에서는 '마음의 본체와 작용에 관한 보통 명사로서의 심학'을 다룬다.

7) 김창경, 「龜峰 宋翼弼의 性理學에 대한 철학적 검토」『韓國思想과 文化』54, 2020년. 이 논문 역시 龜峰의 성리학에 대한 철학적 검토로 이기론, 심성론, 그리고 수양론을 다루고 있다.

8) 박학래, 「구봉(龜峰) 송익필(宋翼弼)에 관한 연구 현황 및 과제」『儒學研究』36, 2016, 157-161쪽 참조. 이 글에서는 성리학, 예학, 문학, 기타 분야에 대한 연구 현황과 과제를 다루고 있다. 또 이 글에서는 구봉의『太極問』이란 저작물의 진위 및 구봉 관련 텍스트 전체에 대한 재검토 작업을 요청하고 있다.

9)『龜峰集』권4, 玄繩編上, 「答公澤問」: "來示四端發於理七情發於氣之說, 甚未穩. 四端七情, 何莫非理氣之發? 但偏言則四端, 全言則七情. 四端, 重向理一邊而偏言者也. 七情, 兼擧理氣而全言者也. 來說似有病, 更詳之."

10) 김현수, 「畿湖禮學의 形成과 學風: 栗谷·龜峰의 特徵과 傳承을 중심으로」『儒學研究』25, 2011. '直'사상은 「金槃字直伯說」을 중심으로 논의되고 있는데, 「김은자직백설」은 구봉이 제자인 沙溪 金長生의 큰아들인 金槃이 冠禮를 올릴 적에 字를 直伯이라고 지어 주면서 지은 설이다. 자료의 가치가 낮고 直을 강조하면서 서술한 곳을 찾기 어렵기 때문에 구봉의 수양론을 '直'사상으로 규정하는 것은 다소 문제의 소지가 있다는 것이다. 그러나 본 논문에서는 그의 직사상이 敬사상에 포괄될 수 있다고 생각한다.

구봉의 성리학에 대한 일차적인 검토는 주로 굴원(屈原, BC 343~BC278)의『초사(楚辭)』「천문(天問)」편을 모방하여 태극에 대한 물음에 답하는 형식의 작품인「태극문(太極問)」을 통해서 진행되었다.「태극문」서문에 해당하는 글을 통해 보면, 후학들의 답변이 대체로 이치에 부합하지 않기 때문에 이 글을 지었다는 것이다.11) 그런데,「태극문」의 저자에 대한 문제가 대두되었는데, 구봉설(龜峰說)과 율곡설(栗谷說)이 바로 그것이다.

우암(尤庵) 송시열(宋時烈, 1607~1689)은「태극문정오(太極問頂誤)」에서, 창계(滄溪) 임영(林泳, 1649~1696)은「율곡별집의의(栗谷別集疑義)」에서, 정암(正菴) 이현익(李顯益, 1678~1717)은「태극문답기의(太極問答記疑)」에서, 남당(南塘) 한원진(韓元震, 1682~1751)은「율곡별집부첨(栗谷別集付籤)」에서, 정좌와(靜坐窩) 심조(沈潮, 1694~1756)는「태극문답차의(太極問答箚疑)」에서 변석(辨釋)을 가하는 등 저자에 대한 문제가 지금도 명쾌하게 정리되지 않은 측면이 있다.12) 우암을 비롯한 이상의 인물들이「태극문」은 율곡의 저술이 아니고 구봉의 저술이라고 판단하지만, 남계(南溪) 박세채(朴世采, 1631~1695)처럼 율곡의 저술로 받아들이는 인물도 있다.13)

본 논문에서는「율곡선생전서수정범례(栗谷先生全書修正凡例)」및『구봉집(龜峰集)』권3에「태극문」본문이 실려 있어 우선 구봉의 저술로

11)『龜峰集』권3, 雜著,「太極問」: "余倣屈子「天問」, 設「太極問」, 以觀後學所答如何. 後患答者多不合理, 略成答說以便看."

12) 곽신환,「「태극문(太極問)」논변」『儒學研究』33, 2015.; 손흥철,「「太極問」의 太極에 관한 고찰」『南冥學研究』51, 2016 참조.

13)『栗谷全書』「栗谷先生全書修正凡例」: "「太極問答」一篇, 則尤菴以爲出於宋龜峯, 故不敢收入.";『南溪集』권16,「跋栗谷先生別集【六月二十五日】」: "右『栗谷先生別集』六卷, 惟「太極問答」一編爲先生手筆."

판단하고 논의를 진행한다. 선행 연구에서 지적한 것처럼, 무극·태극·이기·음양·동정 등 염계(濂溪) 주돈이(周敦頤, 1017~1073)의 우주론을 담고 있는 「태극도(太極圖)」와 「태극도설(太極圖說)」의 해설을 중심으로 전개되는 구봉의 학설은 물론, 그의 왕복서간(往復書簡)을 통해 그의 심론 일반에 대한 생각을 구체적으로 살펴본다.

2장에서는 구봉 심론의 기본 원칙을 살펴본다. 태극[理], 음양[氣], 본성[性], 감정[情], 마음[心] 등에 대한 구봉의 개념 정의를 중심으로 그가 생각했던 마음의 구성과 작용을 일반화해서 살펴보려는 것이다. 특히 성정(性情)의 동정(動靜)과 선악(善惡)의 문제를 구봉이 어떻게 생각하고 있는지를 확인할 계획이다. 선악의 문제는 마음은 물론, 인사(人事)와 수양(修養)의 문제와 연동된다.

3장에서는 구봉의 사단칠정과 인심도심에 대한 이해를 중심으로 그의 심론의 성격을 살펴볼 것이다. 사단과 칠정을 이(理)와 기(氣)에 배당하는 것의 불합리성 및 인심과 도심이 소장(消長)한다는 입장을 통해, 그가 이와 기는 물론 사단과 칠정, 그리고 인심과 도심을 합잡(合雜)해서 이해하는 것이 무슨 의미를 지니는지 확인할 수 있을 것이다.

마지막 4장에서는 그의 심설을 종합적으로 평가한 뒤, 그가 제시하는 수양의 관점을 살펴볼 것이다. 특히 지금까지 논의된 '직(直)'사상이 어떻게 '경(敬)'사상으로 포괄될 수 있는 것인지를 함께 생각해보는 시간이 될 것이다. 그의 수양론은 경사상을 중심으로 하면서도 정(靜)을 그 근본으로 하고 있다는 점에서 '주정주의적(主靜主義的) 경사상(敬思想)'이라고 할 수 있을 것이다.

2. 이기심론(理氣心論)의 기본원칙(基本原則)

여기에서는 먼저, 구봉이 제시하는 이기심론의 기본원칙을 살펴보게 된 이유가 무엇인지 언급할 필요가 있다. 성리학의 이해는 주로 태극→본성→감정→사려의 단계에 따른 마음의 발생론적 접근을 고려할 필요가 있고, 그러한 이해는 분절적인 이해를 넘어 통합적 사유가 필요하다고 할 수 있다. 무극과 태극의 논제는 그 자체로 끝나는 것이 아니라, 성발위정(性發爲情) 및 심통성정(心統性情)의 명제 등과 함께 이해되어야 하기 때문이다.

구봉은 성발위정의 맥락에서 본성의 감정으로의 발전을 이해하고 있고, 감정의 선불선을 마음의 정부정과 연동하여 생각하는 통합적 사고방식, 즉 심통성정의 맥락에서 각 개념들에 접근한다. 이에 대한 해석의 단초가 바로 다음 인용문에서 제시된 구봉의 언급이다.

무릇 심이란 적(寂)과 감(感)을 갖추고 동(動)과 정(靜)을 관통한다. 갖추고 관통하는 것이 이미 그 바름을 얻었으면, 감(感)과 동(動)이 어찌 불선(不善)할 수 있겠는가? 그러므로 정(情)에 선불선(善不善)이 있는 것은 심에 정미정(正未正)이 있을 때이다. 정에 불선이 없는 것은 심이 이미 바르게 된 이후의 일이다. 발하여 모두 절도에 들어맞으면, 곧 정에 불선이 없는 것이다.14)

---

14) 『龜峰集』 권4, 玄繩編上, 「答叔獻書別紙」: "夫心者, 該寂感貫動靜, 該而貫之者, 旣得其正, 則感與動, 安得不善? 故情之有善不善, 心之正未正時也. 情之無不善, 心之已正後也. 發皆中節, 卽情之無不善也."

구봉의 생각을 정리하면 다음과 같다. 마음은 외부의 사물이 다가왔을 때 그것을 느끼고 지각해야 움직이게 된다. 그러므로 마음은 적(寂)과 감(感)을 갖추고 있으면서 동시에 동(動)과 정(靜)을 관통하는 것이다. 갖추고 관통하는 마음이 바르게 되었다면, 마음의 감각과 동작은 불선할 수가 없다. 정(情)에 선불선(善不善)이 있는 것은 심(心)에 정미정(正未正)이 있을 때이고, 정에 불선이 없는 것은 심이 이미 바르게 된 이후의 일이다. 이러한 구봉의 이해가 필자로 하여금 심론을 기반으로 성리학적 논제를 살펴보게 한 것이다. 이를 전제하고 이제 구봉의 생각을 구체적으로 살펴본다.

성리학을 수용한 조선의 유학자들은 기본적으로 태극(太極)을 중요한 개념으로 생각했다. 태극은 이른바 천리(天理)로서 사람을 포함한 만물에게 본성(本性)으로 여겨지는 것이기 때문이다. 성즉리(性卽理) 명제가 도출되는 이유가 여기에 있다. 그러므로 여기에서는 먼저 구봉의 이기론을 살펴본다. 구봉은 태극을 천지만물의 리(理)15)를 총괄하면서 일물(一物) 가운데에도 태극이 있다고 해석한다. 이른바 리일분수(理一分殊)를 설명하는 것이다. 그러므로 태극은 천하의 공공(共公)의 리(理)로 일물이 구비하고 있는 리(理)와 동일한 것이다.16)

리는 스스로 동정할 수 있는 것이 아니고 동정할 수 있는 것은 기이다. 리는 동정할 수 없기 때문에 조짐(兆朕)이 없어 견문(見聞)이 불가능하고, 기는 동정할 수 있기 때문에 조짐이 있어 견문이 가능하다. 그러

---

15) 본 논문에서는 '理'를 독립적으로 표현하거나 강조할 경우에는 '리(理)'라고 표기하지만, 연속되어 표현하는 경우, 즉 '이기론(理氣論)'과 같은 경우는 '이(理)'로 표기한다.
16) 『龜峰集』 권3, 雜著, 「太極問」: "總天地萬物之理, 爲太極也. 然一物之中, 亦有一太極, 故有天下共公之理, 有一物所具之理, 同一理也."

므로 리는 선(善)하고 기는 선과 악(惡)이 함께 존재한다.[17] 그런데 리와 기는 "둘이면서 하나이고, 하나면서 둘"인 관계이다. '이기지합(理氣之合)'을 통해서 사물이 생성되고 작동하기 때문이다.[18]

그런데 이기론, 사단칠정론, 인심도심론 등을 분리해서 살펴보는 방식은 그 논제들의 연관성을 배제하고 진행되는 문제가 발생할 수 있다. 그러므로 이 글에서 다루려고 하는 이른바 심론에 대한 통합적 이해는 현상[末]에서 본질[本]을 살펴보는 방법을 택하여 진행하려고 한다. 구봉이 제시하는 이기심론의 기본원칙이 잘 보이는 율곡과의 서신을 통해 이를 대략적이나마 정리하고 논의를 진행하는 이유가 여기에 있다.

무릇 아직 동(動)하지 않은 것이 바로 성(性)이고 이미 동한 것이 바로 정(情)이며, 아직 동하지 않은 것과 이미 동한 것을 포함한 것이 심(心)입니다. 심은 성과 정을 통괄[統]합니다. 물[水]을 가지고 비유해 보면, 심은 물과 같습니다. 성은 물이 정(靜)한 것이고 정은 물이 동(動)한 것입니다. 사단(四端)은 물의 흐름[流]을 하나하나 거론한 것이고, 칠정(七情)은 그 물결[派]을 아울러 말한 것입니다. 물은 흐름이 없을 수가 없으며 또한 물결도 없을 수가 없습니다. 물결이 평지에 있으면 그 물결이 잔잔하게 흐르는데, 그것은 물결이 그 바름을 얻어서이고, 물결이 모래와 돌을 만나면 그 물결이 거세게 흐르는데, 그것은 물결이 그 바름을 얻지 못해서입니다. 비록 그렇지만 어찌 잔잔하게 흐르는 것에 대해서는 물결이라고 하면서, 거세게 흐르는 것에 대해서는 물결이라

---

17) 『龜峰集』 권3, 玄繩編上, 「上閔景初氏書」: "夫不自動靜者, 理也, 有能動靜者, 氣也. 善是理也, 善惡是氣也. 無兆朕無見聞, 理也, 有兆朕可見聞, 氣也."

18) 『龜峰集』 권3, 雜著, 「太極問」: "理之與氣, 非彼無我, 非我無所取, 所謂二而一, 一而二者也."

고 하지 않을 수 있겠습니까? 그러므로 "정(情)에는 선(善)과 불선(不善)이 있다."라고 한 것입니다. 무릇 평지에서 잔잔하게 흐르는 물결을 끌어다가 모래와 돌에 부딪쳐서 흐르게 하는 것은 의(意)입니다. 모래와 돌에 부딪쳐서 거세게 흐르는 물결을 끌어다가 다시 평지에서 잔잔하게 흐르게 하는 것도 의입니다. 이 때문에 성인(聖人)의 정(情)은 모래와 돌에 부딪쳐서 거세게 흐르는 때가 없습니다. 안자(顏子)의 정은 비록 혹 거세게 흐르더라도 석 달이 지난 뒤에는 능히 거세게 흐르던 물결로 하여금 잔잔하게 흐르게 할 수가 있습니다. 상인(常人)의 정은 한 번 거세게 흐르다가 한 번 잔잔하게 흘러서 거세게 흐르게 할 수도 있고 잔잔하게 흐르게 할 수도 있습니다. 도척(盜蹠)의 정은 이미 모래와 돌에 부딪쳐 흐르는 것을 또다시 모래와 돌로 끌어다가 거세게 흐르게 한 것이어서 잠깐 사이도 잔잔하게 흐르게 할 수가 없습니다. 그러나 사단의 흐름은 어느 때라도 멈추는 때가 없습니다. 정(情)에 불선(不善)이 없다고 한 것은 사단만을 끄집어내어 말한 것이고, 정에 선과 불선이 있다고 한 것은 칠정을 통괄해서 말한 것입니다.19)

이상은 리(理)와 기(氣) 개념 외에 성리학의 주요 개념이 등장하는 구절이다. 마음[心]은 본성[性]과 감정[情]을 통괄하는데, 본성은 마음이

---

19) 『龜峰集』 권4, 玄繩編上, 「答叔獻書別紙」: "夫未動是性, 已動是情, 而包未動已動者爲心, 心所以統性情也. 譬之水, 心猶水也, 性, 水之靜也, 情, 水之動也. 四端, 單擧其流也, 七情, 竝言其波也. 水不能無流, 而亦不可無波. 波之在平地而波之溶溶者, 波之得其正也. 波之遇沙石而波之洶洶者, 波之不得其正也. 雖然, 豈以溶溶者爲波, 而洶洶者不爲波哉? 故曰: 情有善不善也. 夫引平地溶溶之波而返走沙石者, 意也. 引沙石洶洶之波而還走平地者, 亦意也. 是以聖人之情無沙石洶洶之時, 顏子之情, 雖或洶洶, 於三月之後, 而能使洶洶者溶溶焉. 常人之情, 一洶洶一溶溶, 而可使爲洶洶, 可使爲溶溶. 盜跖之情, 旣在沙石, 又引沙石, 洶洶焉. 無溶溶之少間, 然而四端之流, 無時或息. 情之無不善云者, 拈出四端也, 情之有善不善云者, 統言七情也."

아직 움직이지 않은 것이고, 감정은 마음이 벌써 움직인 것을 말한다. 구봉은 마음을 물[水]로 비유하고, 본성과 감정을 각각 마음이 고요한 것[靜]과 마음이 움직인 것[動]으로 비유한다. 또 사단을 물의 흐름[水流]으로, 칠정을 물의 물결[水波]로 비유한다. 감정에 선(善)과 불선(不善)이 있는 것은, 비유하자면 수류(水流)와 수파(水波)가 있는 것과 같다. 요컨대 수류가 선에 해당하고 수파가 불선에 해당한다는 것이다.

　그 다음 구봉은 의(意)를, 모래와 돌에 부딪쳐서 거세게 흐르는 물결을 평지로 옮겨 잔잔하게 흐르게 하거나, 평지에서 잔잔하게 흐르는 물을 모래와 돌에 부딪쳐 거세게 흐르는 하는 것으로 설명한다. 선과 불선이 있는 감정을 서로 다른 곳으로 옮길 수 있게 하는 것을 의(意)로 정리하고 있는 것이다. 『대학』의 '성의(誠意)' 조목과 관련된 것이고, 이는 다시 인심도심(人心道心)의 문제와 연동되는데, 이와 관련해서는 3장에서 구체적으로 다루기로 한다.

　그 다음 구봉은 성인(聖人, 孔子)과 안연(顏淵) 그리고 상인(常人, 보통사람)과 도척(盜蹠)을 사례로 인간을 4가지로 분류하여 감정을 설명한다. 일종의 정사품설(情四品說)이라고 할 수 있다. 성인은 물의 흐름이 거셀 때가 없는 완벽한 감정을, 안연은 3개월이 지난 뒤에는 잔잔하게 흐를 수 있는 완벽에 가까운 감정을, 상인은 거세게 흐를 수도 잔잔하게 흐를 수도 있는 변화 가능한 감정을, 도척은 잔잔하게 흐르게 할 수 없는 변화 불가능한 감정을 지닌 존재라는 것이다.

　사단과 칠정에 대한 주요 논점은 바로 마지막 문단에 있다. 사단은 물의 흐름이 언제나 잔잔하게 진행되기에 선이라고 했다는 것 및 칠정은 사단을 통괄해말하고 있으면서도 거센 물결이 있을 수 있다는 점에서 선과 불선이 함께 있다고 했다는 것이다. 이른바 칠포사(七包四)의 관점이 적용되고 있다는 점을 여기에서 확인할 수 있다. 요컨대, 모든 감정을 칠정(七情)이라고 명명하고 그 가운데에서 사단(四端)을 추론할 수 있는 것은, 마치 수파(水波)에서 수류(水流)를 추론할 수 있는 것과 같다는 것이다.

이와 같은 물의 흐름과 물결의 은유, 즉 수류와 수파의 은유는 율곡이 퇴계의 '인승마(人乘馬)'의 그것을 비판하면서 물과 그릇의 은유인 수기(水器)를 제시한 것의 시원이라고 할 수 있다.[20] 이러한 비유에 힘입어 율곡의 심성정의일로설(心性情意一路說)이 정리된 것이라고 할 수 있다. 율곡은 "무엇을 일로(一路)라고 하는가? 심의 미발이 성이고, 이발이 정이며, 발 이후 상량(商量)이 의(意)이니, 이것이 일로(一路)이다. 어찌하여 각각 경계(境界)가 있다고 하는가? 심의 적연부동시(寂然不動時)가 성의 경계이고, 감이수통시(感而遂通時)가 정의 경계이며, 감발하여 주역상량(紬繹商量)이 의의 경계이다. 하나의 심이지만 각기 경계가 있는 것이다."라고 하였다.[21]

구봉의 심성정의(心性情意)에 대한 이론이 율곡의 그것과 동일한 것은 아니지만, 상호 영향관계를 확인할 수 있는 대목이다. 율곡은 퇴계가 제시하는 인승마의 비유가 이기불상리(理氣不相離)의 원칙을 벗어나는 것이라고 생각했다. 그렇기 때문에 호발설(互發說)이 나올 수 있었다는 것이다. 이기불상리의 원칙을 지키기 위해서 필요한 은유가 바로 물[水]이라고 생각했고, 이것은 아마도 구봉과의 논의 과정에서 정리되었

---

20) 김경호, 「구봉 송익필의 리기심성 이해와 "수파(水波)" 은유-"인승마(人乘馬)"·"수기(水器) 은유와 비교하여"-」『儒學硏究』50, 2020 참조.

21)『栗谷全書』권14, 雜著, 「雜記」: "何謂一路? 心之未發爲性, 已發爲情, 發後商量爲意, 此一路也. 何謂各有境界? 心之寂然不動時, 是性境界, 感而遂通時, 是情境界, 因所感而紬繹商量, 爲意境界. 只是一心, 各有境界."

다고 가정해볼 수 있다.[22]

기실 인승마(人乘馬)나 수기(水器)의 은유는 어떤 측면에서 수류파(水流派)의 그것과 비교해볼 때, 설득되는 요소가 적다고도 할 수 있다. 심성정의가 모두 심의 부수(部首, 忄)를 지니고 있는 것처럼, 수류파 또한 수(水)의 부수(部首, 氵)를 지니고 있기 때문이다. 즉, 본성과 감정 그리고 의(意)는 모두 마음 안에서 해석되고, 물의 흐름과 물결 또한 모두 물 안에서 해석되기 때문이다.

일종의 형이상학적 개념인 리(理)와 형이하학적 개념인 기(氣)에 대한 은유를 다룰 때에는 인승마(人乘馬)와 수기(水器)의 비유는 적절하다고 할 수 있지만, 본성과 감정 그리고 마음을 함께 연동해서 다룰 때에는 수류파(水流派) 은유가 비교적 더 적절하지 않을까 생각한다. 그럼에도 불구하고, 퇴계가 제안했던 인승마 은유의 한계를 율곡이 발견하여 수기 은유를 제기하였지만, 그 시원에는 구봉의 수류파 은유에 대한 사유가 놓여 있었다고 할 수 있다.[23]

3. 사단칠정(四端七情)과 인심도심(人心道心)

사단과 칠정을 수류파(水流波) 은유를 통해서 설명한 이유를 좀 더 구체적으로 따져볼 필요가 있다. 구봉은 수류(水流)를 사단이라고 하였고,

---

22) 『栗谷全書』 권10, 書, 「答成浩原」: "物之不能離器而流行不息者, 惟水也, 故惟水可以喩理. 水之本清, 性之本善也. 器之清淨汚穢之不同者, 氣質之殊也. 器動而水動者, 氣發而理乘也, 器水俱動, 無有器動水動之異者, 無理氣互發之殊也."

23) 김경호, 「구봉 송익필의 리기심성 이해와 "수파(水波)" 은유-"인승마(人乘馬)"·"수기(水器) 은유와 비교하여"-」『儒學研究』50, 2020, 21쪽 참조.

수파(水波)를 칠정이라고 하였다. 그런데 수파 안에는 수류가 존재하고 있다. 그렇기 때문에 구봉의 사단칠정론은 이른바 칠포사(七包四)의 범주에 속한다고 할 수 있고, 사단과 칠정을 각각 리(理)와 기(氣)에 배당하는 것은 용납될 수 없는 것이었다.

보내온 편지에서 "사단은 리에서 발하고 칠정은 기에서 발한다."는 설명을 보았는데, 매우 온당치 못합니다. 사단과 칠정이 어느 것인들 이기(理氣)의 발(發) 아닌 것이 있겠습니까? 다만 편언(偏言)하면 사단이고, 전언(全言)하면 칠정입니다. 사단은 무게를 리일변(理一邊)에 두고 편언한 것이고, 칠정은 리와 기를 겸거(兼擧)하여 전언한 것입니다. 보내온 설명에는 병통이 있는 것 같으니, 다시 상세하게 살펴보십시오.24)

이상의 인용문은 제자인 허우(許雨)의 질문에 구봉이 답한 편지의 일부 내용이다. '사단발어리(四端發於理), 칠정발어기(七情發於氣)'라는 표현은 추만(秋巒) 정지운(鄭之雲, 1509~1561)의 「천명도(天命圖)」에 등장하는데, 이를 이후 『퇴계집』에 수록할 때는 「천명구도(天命舊圖)」라고 명명하고, 이를 수정한 것을 「천명신도(天命新圖)」로 명명하여 제작하였는데, 거기에는 '사단리지발(四端理之發), 칠정기지발(七情氣之發)"로 되어 있다.25) 그렇다면 구봉은 「천명구도」를 본 것이고, 「천명신도」 및 퇴계의 정설(定說)인 『성학십도(聖學十圖)』「제육심통성정도(第六心統性情

24) 『龜峯集』 권4, 玄繩編上, 「答公澤問」: "來示'四端發於理七情發於氣'之說, 甚未穩. 四端七情, 何莫非理氣之發? 但偏言則四端, 全言則七情. 四端, 重向理一邊而偏言者也. 七情, 兼擧理氣而全言者也. 來說似有病, 更詳之."
25) 『退溪集』 권41, 雜著, 「天命圖說後敍【附圖】」 참조.

圖)」의 "리발이기수지(理發而氣隨之), 기발이리승지(氣發而理乘之)"26) 명제를 보지 못했던 것이다. 여하튼 구봉은, 사단은 그 무게 중심을 리(理)에 두었기에 편언한 것이고, 칠정은 리(理)와 기(氣)를 함께 거론하였기에 전언한 것이지, 사단과 칠정을 리와 기에 각각 배당해서는 안 된다는 점을 분명히 하고 있는 것이다.

그런데 앞에서 본 것처럼, 구봉에게 리와 기의 관계는 '둘이면서 하나이고 하나면서 둘'이다. 그러므로 서로 조금의 분리도 없이 항상 동정(動靜)을 함께 하는 원칙을 기반으로 이야기해야 한다.27) 다만 기의 동정을 통해서 리가 함께 동정하는 것을 알 수 있을 뿐이다.28) 이렇기 때문에 리와 기는 심론의 차원에서 이해해야 하는 것이다. 구봉은 또 리와 기를 각각 성(性)과 지각(知覺)으로 정의하고, 성과 지각을 다시 정(靜)과 동(動)으로 설명한다.29)

무릇 스스로 동하고 정하지 못하는 것은 리(理)이고, 능히 동하고 정하는 것은 기(氣)입니다. 선은 리이고, 선악은 기입니다. 조짐이 없어서 보거나 들을 수 없는 것은 리이고, 조짐이 있어서 보거나 들을 수 있는 것은 기입니다. 기(幾)가 비록 동의 기미이기는 하지만, 동의 기미라고 한 이상, 정에 속하게 해서는 안 된다는 것이 분명합니다. 그리고 리가

---

26) 『退溪集』권7, 箚, 「進聖學十圖箚【幷圖】」: "如四端之情, 理發而氣隨之, 自純善無惡, 必理發未遂, 而掩於氣, 然後流爲不善. 七者之情, 氣發而理乘之, 亦無有不善."

27) 『龜峰集』권3, 雜著, 「太極問」: "流行造化處是善, 凝成於我處是性. … 理之與氣, 非彼無我, 非我無所取, 所謂二而——而二者也. 彼之動靜, 卽我之動靜也. 動則動, 靜則靜, 何嘗少離?"

28) 『龜峰集』권3, 雜著, 「太極問」: "非先有太極而後, 乃能動靜也, 卽動靜而知太極也."

29) 『龜峰集』권4, 玄繩編上, 「答許公澤雨」: "性是理, 知覺是氣, 性是靜, 知覺是動, 性是性, 知覺是情. 所以知覺之理, 雖在乎性, 所以知覺者, 氣也. 看心統性情之說, 可知."

발현하는 곳이라고 하는 것은 괜찮지만, 만약 이 리가 있고 이 기가 없다고 한다면 그것은 불가합니다. 어찌 기가 없는데 리가 능히 발현하는 경우가 있겠습니까? 기(幾)가 있기 전에는 오직 리라고만 할 수 있을 뿐입니다. 이것이 이른바 '성무위(誠無爲)'라는 것입니다. 기(幾)가 있다면 기(氣)가 없다고 할 수 없습니다. 이것이 이른바 '기선악(幾善惡)'이라는 것입니다. 만약 '기(幾)'자를 가지고 정(靜)에 속하게 한다면, 이것은 기(幾)를 태극 속에 넣는 것입니다. 태극 속에는 한 가지 물사(物事)도 붙일 수가 없습니다. 기(幾)를 태극 속에다 붙인다면 어찌 그것을 일러 태극이라고 할 수가 있겠습니까? 성인(聖人)의 기(幾)에 불선이 없는 것은 기(氣)의 맑음을 얻어서이고, 중인(衆人)의 기(幾)에 선도 있고 불선도 있는 것은 기가 맑음을 얻거나 탁함을 얻어서입니다.[30]

구봉에게 동정의 가능성은 기로부터 나오는 것이지 리로부터 발생하는 것이 아니다. 그렇기 때문에 선악(善惡) 혹은 선불선(善不善)은 기를 통해서 그 여부를 판단할 수 있는 것이지 리를 통해서 확인할 수 있는 것은 아니다. 다만, 리는 스스로 동정하지 못하는 것이어서 선하다고 말할 수 있다. 즉 리는 조짐이 없어서 보거나 들을 수 있는 것이 아니어서 선하다고 하고, 기는 조짐이 있어서 보거나 들을 수 있는 것이어서 선불선이라고 한 것이다.

---

30) 『龜峰集』 권4, 玄繩編上, 「答浩原書」: "夫不自動靜者, 理也, 有能動靜者, 氣也. 善是理也, 善惡是氣也. 無兆朕無見聞, 理也. 有兆朕可見聞, 氣也. 幾雖動之微, 而旣曰動之微, 則其不可屬靜, 明矣. 謂理之發見處可矣. 若謂之有是理無是氣則不可, 安有無氣而理能發見者乎? 未幾之前, 可謂之惟理而已, 是所謂誠無爲也. 幾之則不可謂無氣, 是所謂幾善惡也. 若欲將幾字屬靜, 則是納幾於太極中也. 太極之中, 不可着一物事也. 着幾則何可謂之太極也? 聖人之幾無不善, 得氣之淸也, 衆人之幾有善有不善, 得氣之或淸或濁也."

여기에서 중요한 개념이 등장하는데, 바로 기미[幾]이다. 기미이기 때문에 정(靜)에 속한다고 할 수 없고 동(動)에 속한다고 보아야 한다. 기미가 중요한 이유는 기미가 있기 이전과 이후를 경계로 리만 언급해야 할 것인지 이기(理氣)를 함께 언급해야 할 것인지가 결정되기 때문이다. 그리고 이것을 '성무위'라고 한 것은, 『근사록(近思錄)』「도체(道體)」편을 인용한 것으로, 주자는 여기에서 "기(幾)는 동(動)의 은미한 것이니, 선악(善惡)이 이로부터 구분된다."[31]라고 하였다.

기(幾)가 작동하는 순간 기(氣)가 없을 수가 없기 때문에 기(幾)에서 선악이 구분된다는 것이다. 기(幾)를 정(靜)에 속하게 한다면, 이는 기(幾)를 태극(太極)에 넣는 것인데, 태극은 어떤 물사(物事)도 붙일 수 없다는 것이 구봉의 생각이다. 『대학(大學)』 6장 '석성의(釋誠意)'에는 신독(愼獨)의 필요성을 설명하면서 타인이 알지 못하고 혼자만 아는 선악의 기미를 살필 것을 강조한다.[32]

감정과 마음의 상호 연계 과정에서 중요한 부분이 바로 기미이고, 기미를 살펴보는 것이 의(意)인데, 의는 앞의 수유파 은유에서 확인할 수 있었던 것처럼, 흐름[流]을 물결[派]이 되게도 하고, 물결을 흐름이 되게도 하는 역할을 담당하기 때문에 신독해야 할 것을 강조하는 것이다. 인심도심론도 이와 연계해서 이해해야 하는 이유가 여기에 있다.

두 설은 모두 미진합니다. 리는 본래 은미하지 않은데, 기 가운데 있기 때문에 은미하여 보기 어려운 것입니다. 그리고 이것은 중인의 입장에

---

31) 『近思錄』권1, 「道體」: "朱子曰: '幾者, 動之微, 善惡之所由分也.'"
32) 『大學章句』傳六章: "所謂誠其意者, 毋自欺也, 如惡惡臭, 如好好色, 此之謂自謙, 故君子, 必愼其獨也.【其實與不實, 蓋有他人所不及知而己獨知之者, 故必謹之於此, 以審其幾焉.】"

서 말한 것입니다. 성인에게 어찌 은미함이 있겠습니까? … 숙헌[율
곡]은 리가 소리도 없고 냄새도 없다는 이유로 '리는 본디 은미하다.'
라고 말하였고, 그대 또한 발한 것이 은미하고 작음만 말했을 뿐, 은미
하고 작은 까닭은 말하지 않았으니, 모두가 잘못되었습니다. 그리고
도심이 은미한지 또렷한지와 인심이 편안한지 위태로운지는 함께 서
로 줄기도 하고 늘기도 하는 것입니다. 인심이 위태로운 자는 도심이
은미하고 도심이 또렷한 자는 인심이 편안합니다.33)

구봉은 먼저, 리는 본래 은미하지 않지만 기 가운데 있기 때문에 은미
하여 보기 어려운 것이라고 설명한 뒤, 그것도 중인(衆人)에게 해당되는
것이지 성인(聖人)에게는 해당되지 않는다는 점을 분명히 하면서, 율곡
과 사계의 사유의 출발점이 모두 잘못되었다는 점을 지적한다. 무성무
취(無聲無臭)를 은미[微]하다고 생각하거나, 발현된 것이 미묘(微妙)하
다고 해서 보기 어려운 것이 아니라, 기(氣)의 청탁수박(淸濁粹駁) 때문
에 은미하다는 것이다. 성인은 기가 맑고 순수하여 은미하지 않다는 것
이 그 이유이다.

그 다음 율곡의 인심도심상위종시설(人心道心相爲終始說)은 잘못된
것이고, 인심도심상위소장설(人心道心相爲消長說)이 되어야 한다고 주장
한다. 구봉이 보기에 인심과 도심은 단지 일심(一心)에서 발한 것으로,
성색취미(聲色臭味)에 의한 것을 인심(人心)이라고 하고 인의예지(仁義
禮智)에서 나온 것을 도심(道心)이라고 할 뿐이지, 인심과 도심이 다시

---

33) 『龜峰集』권4, 玄繩編上, 「答希元心經問目書」: "二說皆未盡, 理本不微, 在氣中故微而難
見. 此在衆人說, 在聖則何嘗有微? … 叔獻以理無聲臭, 而云理本微, 公亦只言所發之微少,
而不言所以微小之故, 皆有所失, 且道心之微著與人心之安危相爲消長. 人心之危者, 道心
微, 道心之著者, 人心安."

전변되어 서로 상반되는 도심과 인심으로 변할 수는 없다는 것이
다.34)35)

> 소리·색깔·냄새·맛에 의한 것을 인심(人心)이라고 하고, 인·의·예·
> 지에서 나온 것을 도심(道心)이라고 합니다. 이를 능히 잘 다스리면 공
> (公[理])이 사(私[欲])를 이겨서 도심이 주가 되고, 이를 능히 잘 다스
> 리지 못하면 사[욕]가 공[리]을 이겨서 인심이 주가 되는데, 이것이 점
> 차 전변하여 인욕(人慾)이 되면 금할 수가 없게 됩니다. 지금 『심경(心
> 經)』의 경우에는 선악을 제거하고 도심과 인심이 발한 것으로만 공평
> 하게 말하였는데, 어떻게 이처럼 말할 수 있겠습니까? 그리고 그대가
> 숙헌의 "인심에서 발하였다가 도심이 되는 경우도 있다."라는 말을 옳
> 다고 하였는데, 이 또한 옳지 않습니다. 인심도 성현에게 본래 있는 마
> 음인데, 어떻게 반드시 도심으로 변할 수 있겠습니까? 그렇다면 성인
> 에게는 인심이 없단 말입니까?36)

구봉은 성색취미(聲色臭味)가 작동된 것을 인심이라고 하고, 인의예
지가 나오는 것을 도심이라고 하였다. 마음을 잘 다스리면 공리(公理)가

---

34) 『龜峰集』권4, 玄繩編上, 「答希元心經問目書」: "二者, 只一心之發, 故謂之雜. 聲色臭味之
爲, 謂之人心, 仁義禮智之出, 謂之道心."

35) 여기에서 궁금한 것은 율곡의 인심도심상위종시설이 定論인지의 여부는 물론, 인심이 전
변하여 도심이 되거나 도심이 전변하여 인심이 되는지, 아니면 인심으로 출발했지만 도
심이 인심을 극복하거나 도심으로 출발했지만 인심이 도심을 이긴 것인지가 분명하지
않다는 점이다.

36) 『龜峰集』권4, 玄繩編上, 「答希元心經問目書」: "聲色臭味之爲, 謂之人心, 仁義禮智之出,
謂之道心. 能治則公勝私而道心爲主, 不能治則私勝公而人心爲主, 轉爲人慾而莫之禁焉.
今『心經』則去善惡, 而只公言道心人心之發爾, 何可如此說? 且賢以叔獻之發於人心而爲道
心之說爲可云, 亦不可. 人心, 亦聖賢合有底心, 何必變爲道心也? 然則聖人無人心耶?"

사욕(私欲)을 이겨서 도심이 위주가 되지만, 그렇지 못하게 되면 사욕이 공리를 이겨서 인심이 위주가 되는데, 인심이 위주가 되어버리면 인심은 결국 인욕이 되어 금할 수 없게 되는 지경이 되고 만다. 율곡이 인심에서 발했다가 도심이 되는 설을 주장하는데, 구봉에게 이것은 논리적으로 불가능한 것이다.37) 요컨대, 구봉이 보기에 인심과 도심을 리와 기로 분속(分屬)해서 말하면 안 되지만, 인심과 도심의 지각처(知覺處)가 다르기 때문에, 즉 성색취미와 인의예지를 지각하는 차이가 있기 때문에, 인심과 도심을 형기와 성명으로 분속해서 말할 수는 있다는 것이다.38)

4. 공공지리(公共之理)와 정리지직(正理之直)

구봉의 심설은 그 기원이 논리적으로는 태극에서 출발하여 심론으로 일관되게 전개되는 '합리성'을 추구하면서 운용상의 '적의성'도 함께 고려한 것이라고 할 수 있다. 태극은 천지자연에 유행하면서 조화를 이루다가 기를 만나 응결되어 만물에 내재하게 되고, 그것을 성이라고 부르는 것이다. 그때는 선악이 없고 순선(純善) 그 자체이지만, 정동(情動)에서는 기(氣)에 따라 선과 악이 구분되는 상황에 놓이게 된다.39) 그렇기

---

37) 구봉에게 인심과 도심은 사단과 칠정처럼 포함 관계가 아니라, 대대 관계라고 할 수 있다.

38) 『龜峰集』권4, 玄繩編上, 「答希元心經問目書」: "心是理氣之合, 而人心道心, 皆發於此心, 則固不可以理氣分屬而言. 人心道心知覺之不同處, 則亦不可以形氣性命分言也."

39) 『龜峰集』권3, 雜著, 「太極問」: "性無善惡, 純善而已. 至情動處, 便分善惡, 便知有氣質之性."

때문에 성인은 교화를 통해 '기질(氣質)의 변화(變化)'를 요청하게 된 것이다. 기가 리의 명령에 따를 수 있는 교화의 가능성을 열어둔 것이다.[40] 구봉의 수양론은 이러한 입장에서 설명되어야 한다.

> 백성이 사는 이치는 직(直)입니다. 직이란 하늘이 부여하고 사물이 받은 것입니다. 이것이 이른바 하늘과 땅 사이에 정정당당(亭亭堂堂)하고 직상직하(直上直下)한 정리(正理)입니다. 간혹 직하지 못한 자가 있는 것은 기품(氣稟)과 물욕(物欲)이 그렇게 시킨 것입니다. 사물이 직하지 못한 것을 바로잡아 직하게 해주는 것, 그것을 명명하여 '은(檃)'이라고 합니다.[41]

「김은자직백설(金檃字直伯說)」은 구봉이 사계 김장생의 큰 아들인 김은(金檃)의 관례를 치르면서 지어준 자설(字說)이다. 큰 아들의 아명(兒名)이 굽은 것을 펴는 도지개[檃]이기 때문에 직백(直伯)이라고 지어준 것이다. 공자가 "사람이 사는 이치는 직(直)이다. 직하지 못하면서 사는 것은 요행으로 면한 것일 뿐이다."라고 한 말을 인용하고,[42] 직을 정정당당하고 직상직하한 정리로 표현하고 있다. 회암(晦菴) 주희(朱熹, 1130~1200)는 "중(中)이란 천하의 대본으로 하늘과 땅 사이에 정정당당

---

40) 『龜峰集』 권3, 雜著, 「太極問」: "理不微氣不盛, 則聖賢又何爲敎? 理雖微而益著, 氣雖盛而可變, 此聖賢之所以無不可爲之時, 無不可化之人, 而至於天地位萬物育, 氣常聽命於理者也."

41) 『龜峰集』 권3, 雜著, 「金檃字直伯說」: "民之生也直. 直者, 天所賦, 物所受者也. 此所謂'天地之間, 亭亭堂堂直上直下之正理也.' 有或不直者, 氣稟物欲之使然也. 物之不直, 揉而直之者, 其名爲檃."

42) 『論語』 「雍也」: "人之生也直. 罔之生也, 幸而免."

하고 직상직하한 정리"라고 하였다.[43] 그렇다면 직(直)을 중(中) 개념과
연동하여 이해할 수 있다. 그리고 정정당당은 송대(宋代)의 속어(俗語)
로 불편불의(不偏不倚)를 뜻하고 직상직하는 일이관지(一以貫之)를 의미
한다.

　구봉은 굽은 것을 바르게 하는 것을 구용(九容)[44]과 구사(九思)[45]라
고 하고, 마음을 바르게 하는 방법인 구사와 몸을 바르게 하는 방법인
구용을 다시 경(敬)과 의(義)로 정리한다.[46] 경은 내면을 바르게 하는
것으로서의 직이고, 의는 외면을 바르게 하는 것으로서의 직인 것이다.
요컨대, 인륜을 달성하는 방법을 직에서 찾은 것이다.[47] 그러므로 구봉
의 직사상이 사계와 우암에게 전수되었다고 하는 점이 강조되는 것
[48][49]은 매우 합리적이다. 우암의 문인 수암(遂菴) 권상하(權尙夏,
1641~1721)와 구암(久菴) 윤봉구(尹鳳九, 1683~1767) 등도 이에 대해 언
급하고 있는 것[50]을 보면, 구봉이 제시하는 직사상의 중요성을 어느 정
도 확인할 수 있다.

---

43) 『朱子大全』권61, 「答林德久」: "中者, 天下之大本, 天地之間, 亭亭當當直上直下之正理."

44) 『禮記』「玉藻」: "足容重, 手容恭, 目容端, 口容止, 聲容靜, 頭容直, 氣容肅, 立容德, 色容
　　莊."

45) 『論語』「季氏」: "孔子曰: '君子有九思. 視思明, 聽思聰, 色思溫, 貌思恭, 言思忠, 事思敬,
　　疑思問, 忿思難, 見得思義."

46) 『龜峰集』권3, 雜著, 「金礨字直伯說」: "礨之如何? 九容, 直其容也. 九思, 直其思也. 敬以
　　直內, 直其內也. 義以方外, 直其外也."

47) 『龜峰集』권3, 雜著, 「金礨字直伯說」: "顧所以字之之義, 事親以直, 事君以直, 接朋友以
　　直, 待妻子以直, 以直而生, 以直而死, 立天地以直, 貫古今以直, 不勝幸甚."

48) 김문준, 「기호유학에서의 우암 송시열의 위상」『유학연구』16, 2007, 203쪽.

49) 『宋子大全』附錄 권11, 年譜, 「年譜【十】」: "天地之所以生萬物, 聖人之所以應萬事, 直而
　　已. 孔孟以來相傳, 惟是一直字, 而朱子臨終, 所以告門人者, 亦不外此矣."

50) 『宋子大全』附錄 권13, 「墓表【門人權尙夏撰】」와 『宋子大全』拾遺附錄 권2, 「墓誌【後學尹
　　鳳九撰】」등 참조.

물었다. "주자(周子)는 '정(靜)'자를 말했고, 정자(程子)는 '경(敬)'자를 말했습니다. 두 설이 같지 않은 것은 어째서입니까? 역시 논할 만한 자세하고 간략한 것이 있는 것입니까?"

답했다. "정(靜)은 치우친 것이지만 경(敬)은 바로 동정(動靜)을 관통합니다. 그러나 반드시 정(靜)을 근본으로 삼아야 합니다. 평소 거처할 때에 담연(湛然)하고 허정(虛靜)하기를 마치 가을과 겨울이 만물을 갈무리하듯이 하고, 일에 응하기를 바야흐로 어긋나지 않게 하기를 봄과 여름이 제때에 만물을 자라게 하는 것처럼 해야 합니다. 이렇게 하면 물(物)마다 제자리를 얻게 됩니다."51)

구봉의 수양론도 경(敬)을 중심으로 이해할 필요가 있다. 주돈이는 정(靜)을 중심으로, 정자는 경(敬)을 중심으로 수양론을 제시하고 있는데, 구봉은 정(靜)은 동(動)을 떠나 있어 치우친 측면이 있고, 경(敬)은 동정(動靜)을 관통하고 있어 그것을 위주로 수양해야 하지만, 또 경(敬)은 정(靜)을 근본으로 삼아야 한다는 점도 함께 거론하여 '주정주의적(主靜主義的) 경사상(敬思想)'을 주장한다. 평소 거처할 때 가을과 겨울이 만물을 갈무리하듯 담연(湛然)하고 허정(虛靜)하게 지내야, 사물을 응대할 때 봄과 여름이 만물을 자라게 하듯 적의(適宜)하게 대처할 수 있다는 것이다.

담연하고 허정한 상태로 평소 거처해야 사물을 응대할 때 적의하게

---

51) 『龜峰集』권3, 雜著, 「太極問」: "問: '周子則說靜字, 程子則說敬字, 二說之不同, 何耶? 亦有詳略之可論耶?' 答: '靜則偏, 而敬乃通貫動靜. 然必以靜爲本. 平居湛然虛靜, 如秋冬之祕藏, 應事方不差錯, 如春夏之發生, 物物得所.'"

대처할 수 있다는 것은, 혼탁한 세상을 벗어나 맑은 물 흐르는 산수로 가서 살고자 하는 그의 정신 경지를 보여주는 것이라고도 할 수 있다. 진한(秦漢)의 혼탁한 시대를 살고 있지만, 우탕(禹湯)의 순수한 시대를 유지하고자 하는 구봉의 의지를 읽을 수 있는 대목이기 때문이다.52) 그리고 그것은 탁기(濁氣)를 버리고 청기(淸氣)를 얻고자 하는 구봉의 희성(希聖)의 염원을 담고 있는 것이라고 할 수 있다.53)

남쪽 뜰 밖으로 나가지 않았지만 / 不出南庭畔

유람함은 오직 하늘 공경에 있네. / 遊觀唯敬天

마음 속 어떤 것도 없지만 / 心中無一物

형태 있기 전과 묵묵히 계합하네. / 默契未形前

이상은 구봉의 「정좌(靜坐)」라는 시이다. 구봉은 꿈속에서 "유람함은 오직 하늘 공경에 있네."라는 구절을 얻었는데, '경천(敬天)'은 '발현 이전에 만상(萬象)이 삼연(森然)함'을 말한 것이라고 하였다.54) 유람의 의미인 유관(遊觀)의 즐거움이 하늘을 공경할 때에 생긴다는 구봉의 생각을 담은 것으로, 마음속에 아무 것도 없지만 형태가 아직 생겨나기 이전의 상태와 묵묵하게 계합하는 것을 자신의 목적으로 삼고 지은 시라고 할 수 있다. '정좌(靜坐)'라는 제목은 그의 '주정주의적 경사상'을 보여주

---

52) 『龜峰集』 권1, 五言古詩, 「山中」: "山上泠泠水, 出山爲濁泉. 山中鹿爲友, 山外塵滿天. 功利聲何及, 琴樽道自玄. 草閑朝露濕, 花靜午禽眠. 怳忽人間夢, 逍遙物外仙. 身生秦漢後, 神合禹湯先."

53) 『龜峰集』 권3, 雜著, 「太極問」: "凡人之纔動有差, 氣使之然也. 聖人之無差, 得氣之淸也. 天之或不能無差, 亦氣使之然也. 蓋聖人純得其淸, 凡人淸濁不齊, 天地之氣亦不齊."

54) 『龜峰集』 권1, 五言絶句, 「靜坐」: "遊觀唯敬天, 夢中所得句也, 謂敬天則萬象森然於未發之前, 遊觀之樂, 唯在於敬天時也. 因足成一聯."

는 또 다른 사례라고 할 수 있다.

5. 나가는 말

지금까지 구봉의 심론(心論)을 이기론(理氣論)을 포함한 그의 기본원칙 및 사단칠정론과 인심도심론, 그리고 그의 수양론으로서의 '주정주의적(主靜主義的) 경사상(敬思想)'을 연계하여 살펴보았다. 구봉의 사유방식에는 이른바 합잡(合雜) 및 본말(本末) 의식이 있는 것으로 판단된다. 합잡은 이기(理氣), 사칠(四七), 인도(人道) 등을 합하고 섞은 상태에서 종합하여 살펴보는 방법이라고 할 수 있고, 리(理)·사(四)·도(道)를 근본으로, 기(氣)·칠(七)·인(人)을 말단으로 분리하여 생각하는 방법이라고 할 수 있다. 이러한 사유방식 아래에서 그의 수양론도 전개되고 있다고 할 수 있다.

> 저는 형체(形體)의 병과 심성(心性)의 병이 나란히 짝이 되어 서로 부채질하고 있는 탓에, 하루 종일 정신이 어두워 청명(淸明)하고 지정(止定)한 경계를 보지 못하고 있습니다. 이에 팔짱을 끼고 묵묵히 앉아 있으면 가끔은 수렴(收斂)될 때가 있지만, 한 사물이 와서 부딪치면 문득 흩어지는 것을 깨닫는바, 동(動)하는 가운데에서 정(靜)함은 필경 얻을 수가 없을 듯합니다. 그리고 이른바 수렴한다고 하는 것도 도리어 선학(禪學)과 같아 리(理)가 기(氣)를 이기지 못하고 있으며 노쇠함이 또 임박해 오는바, 산속에 오래 머물러 있어서 정성(定性)이 더욱더 빛을 발하고, 약질(弱質)이 도리어 더 건강해지는 존형께 몹시 부끄럽습니

다.55)

구봉은 자신의 형체와 심성의 질병이 서로를 부채질하여 하루 종일
어두운 상태로 지내고 있고, 따라서 맑고 밝은 상태를 유지하여 안정된
경계에 들지 못하고 있는 상황을 토로하고 있다. 마음이 수렴의 경지에
간혹 들었다가도 사물이 다가오면 곧바로 흩어져버리는 생활을 반복하
고 있다는 것이다. 게다가 수렴의 경지도 선학(禪學)과 같아 리(理)가 기
(氣)를 이기지 못하는데다가, 다시 늙고 쇠약한 몸 상태가 가속되고 있
어 더욱 본성을 안정된 상태로 유지하지 못하는 것이 괴롭다고 한탄한
다.

결국, 구봉의 수양론은 동정(動靜)을 관통하는 경사상(敬思想)을 기반
으로 하되, 그 경사상을 위해 정공부(靜工夫)를 위주로 하고 있음을 확
인할 수 있다. 그의 경사상을 '직(直)' 개념으로 정리할 수 있는 것도, 역
시 본말의 구조에 따라 생각해보면, 이해할 수 있는 측면이 있다. 앞서
살펴본 것처럼, 그는 경(敬)과 의(義)를 각각 직(直)으로서 안팎을 바로
잡는 것으로 설명하고 있다. 경과 의를 본말로 본다면, 역시 경이직내
(敬以直內)와 의이방외(義以方外) 가운데 전자를 근본으로 후자를 말단
으로 이해할 수 있고, 직(直)으로 방(方)을 수렴할 수 있다는 결론에 다
다를 수 있다.

이러한 그의 수양론은 그의 인심도심론과 사단칠정론 및 이기론으로
소급되어 이해될 수 있다. 감정과 마음은 부중절(不中節)과 사욕(私欲)

---

55) 『龜峰集』 권4, 玄繩編上, 「與浩原書」: "弱形體之疾與心性之病, 爲朋相煽, 昏昏終日, 未見
清明. 止定之界, 控手默坐, 有時收聚, 一物來觸, 便覺散渙, 動上之靜, 竟不可得. 其所謂收
斂, 反同禪學, 理不勝氣, 衰老又迫, 多愧尊兄山中住久, 定性愈光, 弱質還健也."

및 선악(善惡)의 문제를 야기시킨다고 할 수 있다. 선악은 기(氣) 차원의 문제이고, 따라서 순선한 본성이 감정으로 발현할 때 선악이 분기되고, 다시 순선한 도심이 인심의 명령을 따르게 되어 사욕으로 전변하는 상황에 놓이게 된다. 이를 해결하는 방법이 바로 정공부를 근본으로 하는 경사상인 것이다.

구봉은 인심도심을 소장(消長) 관계로 설명한다. 한쪽이 소멸하는 정도에 따라 다른 한쪽은 성장한다는 것이다. 인심이 도심을 넘어서면 인욕으로 전변되어 개인은 물론 사회의 문제로 확장된다. 때문에 도심이 항상 인심을 극복하게 유도해야 한다. 구용(九容)과 구사(九思)의 공부를 장려하는 것도 몸과 마음을 수렴하는 주정(主靜)을 근본으로 한 경사상의 방법이다. 요컨대, 그의 수양론은 '주정주의적(主靜主義的) 경사상(敬思想)'이라고 할 수 있다.

사단칠정론 또한 이와 연계된다. 사단과 칠정을 물의 흐름과 물결에 비유하는 구봉은, 칠정의 물결 안에는 사단의 흐름이 존재하고 있고, 이를 통합하여 생각해야 현실을 적의(適宜)하게 이해할 수 있으며, 칠정의 물결을 사단의 흐름으로 바꿀 수 있다고 생각한 것이다. 그리고 이렇게 사단칠정과 인심도심의 논리를 연계시키는 것은 바로 동정(動靜)의 논리이다.

이기론 또한 마찬가지이다. 리와 기를 본성과 지각으로 정의하는 구봉은, 본성과 지각을 다시 동정으로 설명한다. 그렇다면, 앞서 서론에서 말했던 구봉의 이기지발(理氣之發)은 어떻게 이해하는 것이 좋을까? 공발(共發)일까, 일발(一發)일까? 구봉의 이기지발은 이발기수(理發氣隨)도 아니고 이발일도(理發一途)도 아니고, 이기합발(理氣合發) 혹은 이기잡발(理氣雜發)이라고 해야 한다. 의미 맥락상 리무동정(理無動靜)과 기유동정(氣有動靜)의 기발리수(氣發理隨)라고도 할 수 있으나, 이 또한 이기(理氣)를 분리하는 명제가 되기 때문에, 구봉의 입장에서는 그렇게 타당한 것은 아니라고 할 수 있다. 그의 사유에는 합잡(合雜)의 논리가 일관(一貫)하고 있기 때문이다.

【참고문헌】

『大學章句』

『論語』

『禮記』

『近思錄』

『龜峰集』

『栗谷全書』

『退溪集』

『宋子大全』

『朱子大全』

곽신환, 「『태극문(太極問)』논변」『儒學研究』33, 2015.

김경호, 「구봉 송익필의 리기심성 이해와 "수파(水波)" 은유-"인승마(人乘馬)"·
   "수기(水器) 은유와 비교하여"-」『儒學研究』50, 2020.

김문준, 「기호유학에서의 우암 송시열의 위상」『유학연구』16, 2007.

김현수, 「畿湖禮學의 形成과 學風: 栗谷·龜峰의 特徵과 傳承을 중심으로」『儒學
   研究』25, 2011.

김창경, 「龜峰 宋翼弼의 性理學에 대한 철학적 검토」『韓國思想과 文化』54,
   2020.

박학래, 「구봉(龜峰) 송익필(宋翼弼)에 관한 연구 현황 및 과제」『儒學研究』36,
   2016.

손흥철, 「『太極問』의 太極에 관한 고찰」『南冥學研究』51, 2016.

구봉 송익필과 남당 한원진의 '직(直)' 사상 연구와 현대적 의의[1]

1. 들어가는 말

개인과 국가의 정직의 중요성은 과거에도 현재에도 늘 강조되어 왔다. 정직의 넓은 의미는 말이나 행동을 생각과 일치시키는 것, 생각을 말과 행동에 일치시키는 것, 말과 행동 간에 일치 등을 뜻하며 정직이란 왜곡하지 않고 생각을 원래대로 말로 표현하는 것[3] 이며, 정직성이란 언제나 규범대로 행동하려는 마음가짐으로 도덕성의 핵심이라고 할 수 있다. '정직성을 다른 덕과 관련지어 보면 모든 약속에 정직함은 신의이

---

1) 이 글은 구봉문화학술원 정기학술대회(2022.12.03, 충남대 인문대학 문원강당)에서 발표한 논문을 수정 보완하여 『동서철학연구』 제107호(2023)에 게재한 글임을 밝혀둔다.
2) 충남대학교 교수.
3) 도성달 외, 『윤리학과 덕교육』, 성남: 한국정신문화연구원, 2001, 217쪽.

고, 상품과 공사에 정직함도 신용이며, 직무에 정직함이 성실이고, 법에 정직함이 준법이고, 금전에 정직함이 청렴이여, 보다 일반적으로 양심에 정직함이 도덕이다.'[4]라고 하였다. 이는 정직은 신의, 신용, 성실, 준법, 청렴, 양심, 도덕 등으로 해석될 수 있다. 맹자 역시 옳고 그름을 분별하는 마음, 부끄러워 할 줄 아는 마음, 양보하는 마음 등의 세 가지 마음을 정직성의 기초로 보았다. 또한 그는 '정직'은 인간이 원래 가지고 있는 마음으로 이것을 드러내는 양심은 양지(良知)와 양능(良能)이라고 생각하였다.[5]

그러나 지금의 현실은 어떠한가? 최근의 사회 지도층 및 기업들의 부정부패와 뇌물수수, 음주운전 등 도덕성이 결여된 여러 사건들을 보면 우리사회의 정직과 윤리 의식이 심각한 위기를 맞이하고 있다는 것을 알 수 있다. 이런 불신의 사회, 즉 정직하지 못한 사회에 살고 있다는 것은 여러 가지 조사 결과를 통한 객관적 지표를 통해 알 수 있다. 국제투명성기구가 2021년 발표한 우리나라의 부패인식지수는 62점으로 180개 국가 중 32위를 차지하였다. 60점대의 점수는 '절대부패 수준에서 벗어난 것'으로 평가되지만, 38개의 OECD 국가 중 22위의 하위권을 벗어나지 못하고 있는 실정이다.[6] 부패인식지수는 공공부문 및 정치부문에 존재하는 것으로 인식되는 부패의 정도를 측정하는 지표로서 한국의 경제적 위상에 비해 부패 인식 지수는 현저히 낮다는 것을 알 수 있다.

그렇다면 우리는 정직성의 회복을 위해 어떤 노력을 할 수 있을 것인가? 정직성의 회복을 위한 해결책으로 유교사상의 전통적 가치인 '직

---

4) 정범모, 「넓은 뜻의 교육」, 『교육이론과 실천』, 제10집 2호, 2000, 12쪽.
5) 『孟子』, 「진심장구」 상 참조.
6) https://www.index.go.kr(e-나라지표), 2021년 부패인식지수 참조.

(直)' 사상을 살펴보고자 한다. 직(直)은 여러 의미가 있지만, 유가사상에 있어서의 정직은 어떠한 경우이든 도덕성을 이루는 근간으로 이해되고 있다. 즉 유가사상에 있어서 직(直)의 개념은 천도의 속성으로 이해되었고, 정직하고자 노력하는 것은 인간이 마땅히 행해야 할 도리라고 여겼다. 직(直)사상은 유가학문의 심법으로서, 삼대(三代)시대의 요·순과 공·맹·정·주로부터 전승되어 조선유학의 서통(緖統)으로 이어졌으며, 근현대의 한국유학자들에게까지 근 2,500여 년 동안 끊이지 않고 계승되어왔다.[7]

그리고 조선유학에서 공맹정주의 직(直)설을 최초로 계승한 유학자는 구봉 송익필을 필두로 김장생, 송시열, 권상하와 윤증의 학문적 바탕이 되어 그의 제자들에게 전해졌으며, 한원진의 인물성동이론과 위정척사의 실천사상으로 이어졌다.[8] 본 연구는 대한민국의 신뢰성 회복을 위한 해결책으로 구봉과 남당의 '직(直)' 사상 비교연구를 통해 현대에 어떻게 적용할 것인가에 목적이 있다.

2. 유교 경전에서의 직(直) 사상과 그 내용

구봉과 남당의 직(直) 사상에 대해 알아보기 전에 유교 경전에 나와 있는 직(直) 사상의 내용을 먼저 살펴보고자 한다. 『시경』, 『서경』에서는 직(直)이라는 말을 최초로 언급하고 있으며, 직(直)은 인간으로서 마땅

---

7) 김창경, 『정직론』, 「조선유학의 직사상 전승 가치와 문제점」, 파주: 교육과학사, 2021, 203쪽.
8) 위의책, 204~205쪽 참조.

히 해야 할 도덕 규범으로 설명하고 있다. 또한 임금이 갖춰야 할 덕목
으로 설명하고 직(直)을 설명하고 있다.

> 홍범의 여섯째로, 세 가지의 덕이니, 그 첫 번째는 바르고 곧은 정직
> (正直)이요, 두 번째는 지나치게 굳센 강극(剛克)이며, 세 번째는 지나
> 치게 부드러운 유극(柔克)입니다. 고르고 편안함((平康)은 정직(正直)
> 이며, 굳세고 순하지 아니함(彊弗友)은 강극(剛克)이며, 온화하고 순함
> (燮友)는 유극(柔克)입니다. 잠기고 가라앉음(沈潛)은 강극이며, 높아
> 지고 밝음(高明)은 유극입니다.9)

이 글에서는 세 가지 덕성에 관하여 논하고 있는데, 정직함과 군건함
과 부드러움의 세 가지를 잘 조화시켜야 함을 강조한 대목이다. 곧 올바
르고 곧아야 하며, 군건하면서도 부드러움을 지녀야 하고, 부드러우면
서도 군건함이 있어야 한다는 것이다. 따라서 임금과 관리와 백성들에
게 각기의 책임이 있고 의무가 있음을 강조한 것으로 곧 정직(正直)으로
강극(剛克)과 유극(柔克)을 조화(調和)시켜 어질게 시행하여야 한다는
것이다.

또한 『서경』에서는 사사로운 감정에 사로잡히지 않으며 편백되지 않
는 것을 직(直)이고 하였고,10) 군자가 갖춰야 할 아홉 가지 덕(德) 중 하
나로서 꼿꼿하다는 뜻으로 해석된다.11)

---

9) 『書經』,「周書」,〈洪範〉"六, 三德: 一曰正直, 二曰剛克, 三曰柔克. 平康正直, 彊弗友剛克,
   燮友柔克; 沈潛剛克, 高明柔克."

10) 『書經』,「周書」,〈洪範〉"無偏無陂, 尊王之義; 無有作好 尊王之道; 無有作惡 尊王之路.
   無偏無黨, 王道蕩蕩; 無黨無偏 王道平平; 無反無側, 王道正直. 會其有極, 歸其有極."

11) 『書經』,「虞書 皐陶謨」"皐陶曰, 都! 亦行有九德; 亦言其人有德, 乃言曰:栽采采, 禹曰:

직(直)이 유가의 중심 개념으로 등장한 것은『주역』에서부터 시작된다.『주역』에서 직(直)은 도덕적인 행동을 의미하는 것으로, 직(直)을 실천하는데 있어서 규준이 필요하다고 하였다. 무분별한 인간은 하늘과 땅의 직(直)을 지니고 있으나, 그 직(直)을 도출함에 있어서는 인간에게 갖춰진 본성이 바탕이 되어 인간 행위의 규준으로서 도의와 예법이 내심에 자리잡고 있어야 한다고 하였다. 인간 내심이 중정한 직(直)의 단계에 가면, 그 직(直)은 현실에서 마음이 이루고자 하는 바를 좇아도 법도에 조금도 어긋남이 없게 된다.[12]『주역』에서 직(直)은 도덕적인 의미를 지닌다고 할 수 있으며 인간이 걸어야 할 길과 마찬가지로 해석되고 있다.『논어』에서도 이와 비슷하게 표현하는데,

> 공자께서 말씀하셨다. "사람이 사는 도리는 직함인데. 직하지 않고도 살아가는 것은 요행히 화를 면한 것일 뿐이다."[13]

공자는 위의 구절을 통해 직(直)한 삶의 중요성을 강조하고 있으며, 주자는 이 구절을 정자(程子)의 해석을 빌어 "사람이 사는 이치는 본래 직(直)하니 망(罔)은 직(直)하지 않은 것이다. 그래도 살아 있는 것은 요행으로 면한 것이다."[14]라고 하였다. 논어에 등장하는 직(直)은 일반적으로 정직으로 해석되며 학자에 따라 곧음, 구부러지지 않음, 올바름 등

何? 皐陶曰: 寬而栗, 柔而立, 愿而恭, 亂而敬, 擾而毅, 直而溫, 簡而廉, 剛而塞, 强而義; 彰厥有常, 吉哉."

12) 이형성,「한문교육에서 직에 대한 의미적 고찰 – 주역의 직자를 중심으로」, 경북대학교 퇴계연구소,『퇴계학과 유교문화』, 40집, 2007, 398쪽.

13)『論語』,「雍也篇」: "人之生也直. 罔之生也 幸而."

14)『論語集註』,「雍也」: "子曰: 生理本直. 罔之生也幸而免."

으로 해석된다. 직은 구절에 따라 도덕적 의미를 지니기도 하고, 인간의 본연의 감정 자체로서 도덕적인 의미를 배제시키고 해석되기도 하는 등 그 의미가 매우 넓다.

맹자에 있어서 직(直)은 호연지기를 기를 때의 바탕이 된다.

> 그 기(氣)됨이 지극히 크고 지극히 강하니, 직함으로써 잘 기르고 해침
> 이 없으면, 이 호연지기가 천지의 사이에 꽉차게 된다. 그 기됨이 의와
> 도에 배합되니, 이것이 없으면 굶주리게 된다. 호연지기는 의리를 많
> 이 축적하여 생겨나는 것이지, 의가 하루아침에 갑자기 엄습하여 취해
> 지는 것이 아니니, 행하고서 마음이 부족하게 여기는 바가 있으면 호
> 연지기가 굶주리게 된다.15)

호연지기를 기르기 위해서는 수많은 노력이 필요하며 호연지기는 직
을 기반으로 하여 의(義)와 도(道)에 부합되어야 한다. 한편, 맹자는 호
연지기(浩然之氣)를 실천하는 과정에서 용기(勇氣)가 필요하다고 하였
다. 용기는 혈기의 단련으로 이루어지는 혈기지용(血氣之勇), 진실과 정
의의 도덕성에서 나오는 의리지용(義理之勇)으로 나눌 수 있다. 맹자는
혈기지용 보다는 의리지용을 더 높게 평가하였고 의리지용의 함양 방법
으로 양기(養氣)와 지언(知言)을 제시하였다. 양기는 호연지기를 기르는
것이며. 지언은 나의 가치관을 확립한 후에 상대방이 하는 말의 진위,
선악, 시비를 판단할 수 있다는 것을 의미한다.16)

---

15) 『孟子』, 「公孫丑」上, "其爲氣也, 至大至剛, 以直養而無害, 則塞于天地之間. 配義與道; 無
　　是, 餒也. 是集義所生者, 非義襲而取之也. 行有不慊於心, 則餒矣."
16) 오석원, 「맹자의 호연지기 연구」, 한국유교학회, 『유교사상문화연구』, 34집, 2008년,
　　61-64쪽.

3. 구봉 송익필의 직(直) 사상

직(直)은『주역(周易)』문언(文言傳)」의 "경이직내(敬以直內)"[17]의 직(直)인데, 구봉은 이 직(直)을 정심(正心)으로 설명한다. 즉 마음이 바르면 정(情)이 절도에 맞게 된다는 것이다.

마음은 고요하고 감응하는 데 두루 해당하며, 움직임과 고요함을 관통하고 있다. 관통한 것이 마음에 이미 바름을 얻게 되면, 감응하고 움직여 나오는 것이 어찌 불선(不善)할 수 있는가? 정(情)이 선과 불선이 있음은 마음이 바름과 아직 바르지 못한 때이다. 정(情)이 불선이 없는 것은 마음이 이미 바르게 된 뒤이다.[18]

이것은 곧 마음이 바르게 되면 거기에서 나오는 정(情)도 자연히 모두 절도에 맞게 된다는 것이다. 이에 따라 다시 정심을 하기 위해서는 성(誠)이 있어야 하는 것이다. 즉 직(直) – 정심(正心) – 성의는 예(禮) 뿐만 아니라 인의예지를 실천하는 수신(修身)의 공부이며『대학』의 팔조목 가운데 성의·정심공부를 말한 것이라고 할 수 있다.

구봉의 직사상은 「김은자직백설(金隱字直伯說)」'에 잘 나타나 있는데,[19] 아래의 글은 구봉이 제자 김장생의 장남이었지만 조졸(早卒)한 김

---

17) 『周易』,「坤卦」,〈文言〉: "直其正也 方其義也 君子 敬以直內 義以方外"

18) 『龜峯集』권4「玄繩編上」, "夫心者, 該寂感貫動靜, 該而貫之者旣得其正, 則感與動. 安得不善故? 情之有善不善, 心之正未正時也. 情之無不善, 心之已正後也, 發皆中節, 卽情之無不善也."

19) 관련 선행 연구성과는 배상현의 「구봉송익필과 그 사상에 대한 연구」(『논문집』제1집, 동국대학교 경주대학, 1982)·「구봉 송익필의 예학사상」(『東岳漢文學論輯』제2집, 동악한문학회, 1985)·『조선조 기호학파의 예학사상에 관한 연구』(고려대학교 박사학위

은(金礜)[20]의 자(字)를 '직백(直伯)'으로 지어준 글의 일부분이다.

사람이 태어나 살아가는 것은 직이며, 직이라는 것은 하늘이 내려준
바이고, 사물이 받은 바이다. 이것은 이른바 하늘과 땅 사이에 정정당
당하고 위와 아래가 모두 바른 이치이다. 혹 직하지 못한 사람이 있다
면 이는 기품의 물욕이 생겨서 그런 것이다.[21]

구봉에 의하면 직(直)이란 사람이 살아가는 이치를 뜻하는 것으로 이
것을 지켜 나가는 것은 사람으로서의 도리를 다 하는 것이며 나아가 도
(道)를 현실에 행하는 기초가 되는 것이다. 즉 직(直)이란 하늘의 이치가
인간사에 반영된 도리(道理)라고 할 수 있으며 구봉은 직(直)이 도(道)를
행하는 방편이 된다고 보았다.[22] 여기서 구봉은『論語』의 말을 인용하
여[23] 백성의 태어남이 직(直) 말한다. 이것은 인간은 누구나 이 세상에
태어난 그대로가 곧고 바르고 정직하다는 뜻이다. 유학의 성선(性善)을

논문, 1991)와 「畿湖禮學의 성립과 발전」(『유학연구』 제2집, 충남대학교 유학연구소,
1994), 도민재의 「구봉 송익필의 사상과 예학」(『동양고전연구』 제28집, 동양고전학
회, 2007), 최영성의『구봉 송익필의 사상 연구』(성균관대 유학대학원 석사학위논문,
1993), 이소정의『구봉 송익필의 예학사상 연구』(성균관대 석사학위논문, 2001), 김창
경의『구봉 송익필의 도학사상 연구』, 충남대학교 박사학위논문, 2010 등이 있다. 이 밖
에 고영진의『조선중기 예학사상사』(한길사, 1996), 최영성의『한국유학통사(中)』(심산,
2006), 구봉문화학술원의『잊혀진 유학자 구봉 송익필의 학문과 사상』(책미래, 2016),
『구봉 송익필의 학문, 기호유학에서의 위상』(책미래, 2018) 등이 있다.

20) 『愼獨齋遺稿』, 권11, 「行狀」, 〈皇考沙溪先生行狀〉: "先妣生不與榮 卒後四十年乙丑 追封
貞夫人 生三男三女 男長礜早夭 次集持平 次槃典翰"

21) 『龜峰集』 권3, 「雜著」, 〈金礜字直伯說〉: "民之生也直, 直者, 天所賦物所授者也, 此所謂天
地之間, 亭亭堂堂直上直下之正理也. 有或不直者, 氣稟物欲之使然也."

22) 도민재의 「구봉 송익필의 사상과 예학」(『동양고전연구』 제28집, 동양고전학회, 2007,

23) 『論語』, 「雍也篇」: "人之生也直. 罔之生也 幸而."

달리 直이라고 말한 것이라고 볼 수 있다. 구봉에 의하면 직(直)은 하늘이 준 바요 物이 받은 것이다. 이는 『中庸』의 '천명지위성(天命之謂性)'에 대한 해석에서 정이천이 "天이 준 것이 命이요 物이 받은 바가 性이다"[24] 라고 한 말과 같은 맥락이다. 구봉은 天이 준 것이 直이고 그것을 物이 받은 것이 直이라고 하여, 성명(性命)과 같은 뜻으로 보았다. 그러므로 直은 천지간에 정정당당하고 위와 아래가 곧고 바른 正理라고 하였다. 그럼에도 불구하고 사람들이 불직(不直)하게 되는 것은 타고난 기질의 욕심을 극복하지 못했기 때문이라고 말한다.

다시 「김은자직백설(金𡐔字直伯說)」를 살펴보면,

> 곧지 않으면 道를 볼 수 없으니, 진실로 곧고자 해야 한다. 곧고자 하는 도리는 굽은 것을 바르게 하는 데에 있지 않겠는가. 굽은 것을 바르게 하는 것은 어떠한 것인가. 구용(九容)은 그 모양을 바르게 하는 것이고, 구사(九思)는 생각을 바르게 하는 것이다. 경이직내(敬以直內)란 그 안을 바르게 하는 것이고, 의이방외(義以方外)란 겉으로 드러난 행동을 곧게 하는 것이다. 쇄소응대(灑掃應對)로부터 진심지성(盡心知性)에 이르기까지 한 가지 일도 直이 아닌 것이 없다. 어린아이가 항상 속임이 없는 것은 태어날 때부터 곧다는 것이고, 70세가 되도록 법도를 넘지 않음은 생을 마칠 때까지 곧다는 것이다. 一元의 氣는 곧지 않으면 끊어지고, 浩然의 氣는 곧지 않으면 주릴 것이니, 君子가 道를 행함에 곧게 하는 것은 매우 큰 일이다. 곧게 하는 과정은 작게는 소학에 갖춰져 있고, 크게는 대학에 극진하게 되어 있다.[25]

---

24) 『二程集』, 「遺書」, 권19: "性稟於天。才出於氣。"

25) 『龜峰集』 권3, 「雜著」, 〈金𡐔字直伯說〉: "不直則道不見, 苟欲直之, 直之之道, 其不在𡐔乎,

라면서 사람이 직을 통해 천지의 도를 드러내기 위해서는 '구용(九容)'26)과 '구사(九思)'27)에 직을 유지하고, 경(敬)과 의(義)로써 내면 [마음]과 외면[행동]을 직하게 만들어야 함을 강조한다. 이는 곧 직심 (直心)하고 직신(直身)하라는 것이며 직심과 직신으로 처신하면 그것이 바로 곧 천리를 따라 사는 길인 것이다. 구봉은 구용 구사를 각각 직으로 풀이하고 양자를 직으로 연결시키고 있다. 아울러 어린 아이가 항상 속임이 없는 그 진실함에서 直의 시작을 볼 수 있고, 孔子가 말하는 소위 "칠십에 내 마음이 하고자 하는 바를 좇아서 행동을 해도 법도에 어긋남이 없다"28)는 데서 直의 끝맺음을 알 수 있다 하였다.

이와 같이 구봉은 직화(直化)의 방법을 '내면의 직화(直化)'와 '외면의 직화(直化)'로 파악하고 있다. 먼저 직내(直內)의 측면을 살펴보면, '경이 직내'를 근본으로 하여 내면의 상태인 구사(九思)가 직(直)할 때 진심지성이 가능하고 호연지기(浩然之氣)가 충만해질 수 있다고 한다. 또 직외 (直外)의 측면에서 '의이방외'를 근본으로 하여 행동의 측면인 구용(九容)이 직(直)할 때 외면의 직(直)이 실현된다는 것이다.29) 구봉의 직화란 먼저 그 내심(內心)을 바르게 하는 직내(直內)의 상태와 외면의 행동이 중절(中節)한 직외(直外)의 상태가 실현될 때 직(直)이 가능하다는 것

肇之如何, 九容, 直其容也, 九思, 直其思也, 敬以直內, 直其內也, 義以方外, 直其外也. 自灑掃應對以至盡心知性, 無一事非直也. 幼者常視毋誑, 直於始也, 七十不踰矩, 直於終也. 一元之氣, 不直則絶, 浩然之氣, 不直則餒, 直之於君子之道, 大矣哉. 直之功程, 小而小學書備矣, 大而大學書盡之."

26) 『禮記』, 「玉藻篇」: "足容重, 手容恭, 目容端, 口容止, 聲容靜, 頭容直, 氣容肅, 立容德, 色容莊"

27) 『論語』, 「季氏篇」: "視思明, 聽思聰, 色思溫, 貌思恭, 言思忠, 事思敬, 疑思問, 忿思難, 見得思義"

28) 『論語』, 「爲政」: "七十而從心所欲 不踰矩°"

29) 김용식, 「구봉 송익필의 심성관에 대한 연구」, 고려대대학원 석사학위논문, 1981, 36쪽.

이다.[30] 요컨대 내직(內直)과 외직(外直)은 결코 둘이 아니라 내직(內直)의 공효(功效)는 외직(外直)으로 나타나게 되는 것이다.

또한 구봉은 일원지기(一元之氣)가 직하지 않으면 끊어지고, 호연지기가 직하지 않으면 주리게 된다고 하였다. 군자의 도에서 直을 행하는 것은 참으로 위대하다 하고, 直의 공정은 작게는『소학』에 갖추어 있고, 크게는『대학』에서 다 했으니, 希元은 大小二學으로써 날마다 자식을 가르치고자 한다면 이름은 礨으로써 字는 直伯으로 함이 또한 마땅하지 않겠느냐 하였다. 여기서 구봉은 일원지기가 直하지 않으면 단절되고, 호연지기가 直하지 아니하면 말라 시들게 된다고 하여, 直이 일원지기, 호연지기의 존망을 좌우하는 중요한 요소임을 분명히 하였다. 이는 맹자가 호연지기를 설명하면서 "直으로써 길러 해침이 없으면 천지의 사이에 꽉 차고, 그 氣의 됨은 義와 道를 짝하니, 이 도의가 없으면 주리게 되고 시들어 말라 버린다."[31]고 한 말과 상통한다.

구봉은 直의 공정은 작게는『소학』에 갖추어 있고 크게는『대학』에서 다 했으니, 이 두 책으로써 날마다 자식을 훈육할 것을 사계에게 당부하였다. 이렇게 볼 때, 구봉사상의 요체는 직(直)의 체현에 있다. 공자가 "사람이 사는 것은 직이다. 직하지 않고 사는 것은 요행이 면하는 것이다."[32]라고 말했듯이, 삶의 이치란 본래가 정직하게 살아야 하기 때문에 정직하지 못한 태도로써 속여 가며 산다는 것은, 요행스럽게도 일시적으로 禍를 면할 따름이라는 것이다. 눈앞의 위기를 넘기기 위해, 아니

---

30) 위의책, 37쪽.
31) 『孟子』,「公孫丑上」: "其爲氣也° 至大至剛 以直養而無害 則塞于天地之間 其爲氣也° 配義與 道 無是餒也°"
32) 『論語』,「雍也」, "人之生也直. 罔之生也 幸而."

면 작은 탐욕이나 이익을 위해 남을 속이는 행위는 요행으로 일시적으로 재앙을 피하는 방편일 뿐이다. 공자의 이런 사상은 도통의 맥을 따라서 정론으로 굳어져 왔다. 기호학맥에서도 이것은 구봉을 이어 사계가 직으로 무장하고, 다시 그 적전인 우암이 이것을 전수받았다. 우암은 직 사상에 철저하였고, 그것을 도통정신으로 인식하였다.

> 천지가 만물을 낳은 이치와 성인이 만사에 응하는 원리가 다만 직(直)
> 일 뿐이니, 이것은 공자, 맹자, 주자 3현이 모두 한결 같이 법으로 삼았
> 던 것이다.33)

이는 직 사상이 곧 공맹─주자로 전하여 온 도통의 기본정신이라는 것이며 그것의 전통이 사계를 이어 자신에게 이어진 것으로 우암에게 전승된 直의 이념은 구봉에게서 연원하는 것이라고 볼 수 있다.34)

> 어버이를 섬김에 직으로써 하고, 임금을 섬기에 직으로써 하며, 친구
> 를 대하기를 직으로 하며, 군자를 대하기를 직으로써 하며, 직으로써
> 살고 직으로써 죽으며, 천지를 세우기를 직으로써 하며, 고금을 통관
> (通貫)하기를 직으로써 하면 이보다 다행인 것이 없을 것이다.35)

---

33) 『宋子大全』 卷134, 「雜著」: "天地之所以生物 聖人之所以應萬事 直而已 是孔孟朱三聖 同一揆也"

34) 김문준, 「기호유학에서의 우암송시열의 위상」, 충남대학교 유학연구소, 『유학연구』제16 집, 2007, 203쪽에서 김문준은 孔孟과 朱子를 이어 直의 철학을 수립한 송익필의 사상 은 김장생에게 전수되었고, 直을 이어받은 김장생은 마음을 세우는 요체로 삼았으며, 이 러한 直의 정신은 송시열에게 전수되었다고 말하고 있다.

35) 『龜峰集』 권3, 「雜著」, 〈金肇字直伯說〉: "事親以直, 事君以直, 挨朋友以直, 待君子以直, 以直而生, 以直而死. 立天地以直, 貫古今以直, 不勝幸甚."

구봉은 전통적인 직의 도덕적 가치를 계승하여, 이를 도를 실현하는 방도로 확대하여 보았던 것이다. 구봉은 인심과 도심에 대해 그것이 한 마음에서 발하는 것이지만 단지 그 지각처를 구분한 이름이라고 말한다. 구봉에 있어서 중요한 것은 도심을 드러나게 함이요, 그것은 언제나 도덕적 인식과 지향성을 성실히 인식하고 그것을 따르려는 노력에 의해서 가능한 것이고 바로 마음을 바르게 함과 연결된다. 마음이 바르게 된다는 것은 바로 뜻이 확고하고 성실하게 됨에 의해서이며, 바르게 된 마음에서 나오는 정은 자연 절도에 맞게 되는 것이다. 이것이 정이 절도에 맞고 안 맞고는 그것을 포괄하고 관통하는 마음의 바르고 바르지 않음에 달려 있다고 말하는 의미이다. 언제나 함께 있는 인심과 도심을 잘 살펴서 위태로운 인심은 편안하게 만들고 은미한 도심은 드러나게 해야 한다. 그리고 그 두 가지는 언제나 함께 진행된다. 도심이 드러나면 인심은 자연히 편안해지니, 결국 도심의 지향, 인간의 도덕적 지향을 끊임없이 인식하고 선택하는 것이 바로 성의 공부라 할 수 있다. 구봉은 이러한 사상에 바탕 하여 경(敬)과 성(誠)을 관통하는 직(直)의 사상을 실천적으로 펼쳐낸 것이라 할 수 있다. 그런 점에서 직 사상이야말로 구봉 사상에서 핵심적인 위치를 차지하고, 사상사적으로도 깊은 의미가 있다.[36]

4. 남당 한원진의 직(直) 사상

남당 한원진(1682~1751)은 본관은 청주, 자는 덕소(德昭), 호는 남당

---

[36] 구봉문화학술원 편저, 『잊혀진 유학자 구봉 송익필의 학문과 사상』, 서울:책미래, 2016, 168쪽.

(南塘)으로 세종 때 영의정을 지낸 한상경의 후손으로, 아버지는 통덕랑 한유기이며, 어머니는 함양박씨로 박승부의 딸이다. 권상하의 문인으로 강문팔학사 중 한사람이다. 남당은 공자와 맹자 그리고 주자를 도통의 정통으로 삼고 율곡 이이로부터 사계 김장생, 우암 송시열, 수암 권상하로 이어지는 기호유학을 집성하였으며, 외암 이간과 함께 인성과 물성이 같은가 다른가를 놓고 호락논변이라는 거대한 철학적 담론을 전개하였다.[37]

남당이 인물성이론(人物性異論)을 주장하게 된 것은 율곡 이래 기호학파의 확고한 입장으로 내려오는 이기론과 심성론에 토대를 둔 것이다. 남당의 학문적 연원의 관점으로 볼 때 그의 대표적인 저술인 『경의기문록』과 『주자언론동이고』는 기호학파의 정통성을 내세울 수 있는 이론적 토대가 된다. 그의 심성설은 율곡, 우암과 마찬가지로 우주 만물의 생성구조에 토대를 두고 있는데 만물의 생성을 기화. 형화. 형화 속의 기화 등과 같은 삼층의 구조로 파악하고, 이 삼층구조를 심성설에 적용하여 성삼층설(性三層設)을 주장하였다.[38]

남당의 성삼층설에 입각한 인물성이론은 이후 호론계 학자들에 의해 '중화'와 '오랑캐'를 나누는 구분점이 되었는데, 중화는 기질의 통함과 바름으로 오랑캐는 막힘과 치우침의 기질지성으로 결코 그 기질의 성이 같지 않다고 하였다. 이것은 도덕적 당위성의 존재 유무를 가르는 기준이 되어 중화는 도덕적 당위성을 가진 세계인 것에 비해 오랑캐는 이를

---

37) 민황기, 「남당 한원진의 『대학』관과 인간이해」, 충남대 유학연구소, 『유학연구』, 29집, 2013, 88쪽.

38) 청운대학교 남당학 연구소 편저, 『홍주천년을 움직인 사람들(1)』, 대전:도서출판 보성, 2018년, 25쪽.

갖지 못한 부조리의 세계로 구분하였다. 이와 같은 남당의 인물성이론은 이후 을미의병 등과 홍주지역 유림의 의병활동에 대한 사상적 토대가 되었다.[39]

남당의 수양론을 살펴보면, 그는 공부의 요체를 내면적 기질의 변화를 통해 궁극적으로 사람 스스로가 성선적 존재임을 자각하고자 하는 데 찾고자 하였다. 사람으로서 자신이 궁극적으로 성선적 존재임을 자각한다면, 그는 안으로는 성인의 인격을, 밖으로는 제왕의 품격을 겸비한 내성외왕의 완전한 도덕적 주체가 되는 것이다. 이에 남당은 공부법으로 총명(聰明), 겸공(謙恭), 경(敬), 직(直)을 각각 생질(生質), 덕행(德行), 심법(心法), 도체(道體)의 요결로 제시하고 있다.[40]

대체로 사람의 타고난 바탕은 총명(聰明)을 최우선으로 삼아야 하며, 덕을 행하는 것은 겸공(謙恭)을 근본으로 삼아야 하며, 마음을 다스리는 법은 경(敬)을 요체로 삼아야 하며, 도를 체인하는 것은 직(直)을 으뜸으로 삼아야 한다.[41]

남당은 총명(聰明), 겸공(謙恭), 경(敬), 직(直) 등을 학문의 공효이자 성인의 능사로 보고 있다. 또한 이 네 가지 덕목을 도통의 전수임을 강조하고 있다. 그리고 이 네 가지의 덕목은 인간의 선천적 천부적 본성에 근거한 것으로서 이른바 인간이 선천적으로 타고난 인덕(人德)에 근원

---

39) 위의책, 28쪽.

40) 이상곤, 『한원진』, 서울: 성균관대학교 출판부, 2009년, 295쪽.

41) 『南塘集』, 권3, 「疏」, 〈辭乘馹, 仍陳戒疏〉, 37좌: "盖人之生質以聰明爲先, 德行以謙讓爲本, 心法以敬爲要, 道體以直爲宗."

하여 추구하는 것이다. 이러한 인간의 주체적 자각의 주체가 바로 성인 (聖人)이다. 즉 성인은 총명한 예지로서 사물의 이치를 궁구하여 밝히는 주체이고, 항상 겸양하고 공경한 태도를 지님으로써 도덕적 이념인 선을 수용하는 주체이며, 동정 간에 항상 경으로 일관함으로써 마음을 보존하는 주체이고, 직으로서 사람된 도리를 체인하는 주체인 것이다. 이것이 바로 성인의 도덕적 인간상이라 할 수 있다. 남당은 '도를 체인하는 것은 직을 으뜸으로 삼아야한다.'는 요결의 증거를 다음과 같이 제시한다.

『주역』의 "무릇 건괘(乾卦)는 고요할 때에는 전일(專一)하고, 움직일 때에는 곧다." 『논어』의 "사람이 날 때는 곧다.", 『맹자』에서 증자가 말한 '스스로 돌이켜서 정직함, 맹자가 말한 '정직함으로써 잘 기르고 해침이 없음', 주희가 임종하기 이틀 전에 문인들에게 말한 "천지가 만물을 내는 소이와 성인이 만사를 응대하는 소이는 오직 직(直)일 뿐이다.", 송시열이 임종 시에 그의 문인 권상하에게 "공맹 이래로 상전한 공부의 요체가 다름 아닌 오직 '직' 한 글자이었을 뿐이다."라고 말한 것 등을 제시하고, 이를 근거로 직이 공자 이래로 우주와 인간의 도체를 논하는 요결이다.[42]

총명(聰明)으로 리를 밝히고, 겸공(謙恭)으로 선을 수용하고, 경(敬)으

---

42) 『南塘集』, 권3, 「疏」, 〈辭乘馹, 仍陳戒疏, 丙午〉: "…… 易大傳曰 乾其動也直 夫子曰 人之
生也直 曾子曰 自反而縮 孟子曰 以直養而無害 朱子易簀前二日 告其門人曰 天地之所以
生萬物 聖人之所以應萬事 惟直而已 先正臣宋時烈臨沒時 又以是授其門人先正臣權尙夏
曰 孔孟以來相傳 惟是一直字矣 臣師又以是陳白於溫宮賜對之日 而又加詳焉 盖孔子以來
所論天人之道 皆以此一直字爲言 則可見其道體之直 亦無外於此一字矣 嗚呼 明以燭理 謙
以受善 敬以存心 直以體道 則學問之極工 聖人之能事可畢 而道統之傳 在是矣"

로 존심하고, 직(直)으로 도를 체인하면 학문의 지극한 공효와 성인의 능사가 모두 끝나니 도통의 전이 이에 있다.[43]

　　총명한 예지로써 사물의 이치를 궁구하여 밝히고, 항상 겸양하고 공경한 태도를 지님으로써 도덕적 이념인 선을 수용하고, 동정 간에 항상 경으로 일관함으로써 마음을 보존하고, 직으로써 사람된 도리를 체인한다 함은 다른 것이 아니라, 바로 이들을 통해 일개 사람으로 하여금 자신의 본질적인 초상이 성선적 존재임을 자각하게 함으로써 인간된 가치를 발견하게 하려는 것이다.[44]

　　남당은 성인은 기질이 티 없이 맑고 순수하지만, 범인은 탁박하고 혼잡한 기질을 가지고 있어 마음을 쓸 때 세 가지 병통 – 악념, 부념, 편념– 이 있다고 한다. 여기서 악념은 나쁜 생각이고 부념은 잡된 생각이며, 편념은 편벽된 생각이다. 이 세가지 병통을 제거하는 데는 각각 다른 방식의 수양이 필요하고 각각 성의, 정심, 수신의 공부가 필요하다고 하였다. 이런 수양 공부는 『대학』의 견해에 바탕을 두고 있으며 성의, 정심, 수신의 단계적 공부에 대한 긍정이 악념, 부념, 편념을 단계적으로 제거해 나가는 견해로 이어진다고 할 수 있다.

　　악념과 부념의 편념이 모두 제거되면 정하든 허하든 본체가 그대로 보존되지 않음이 없고, 동하든 직하든 작용이 바르지 않음이 없어 성인의 경지에 이르게 된다.[45]

---

43) 『南塘集』, 권3, 「疏」, 〈辭乘馹, 仍陳戒疏〉,39좌: "嗚呼, 明以燭理, 謙以受善, 敬以存心, 直以體道, 則學問之極工, 聖人之能事, 可畢, 而道統之傳在是矣."
44) 이상곤, 『한원진』, 서울: 성균관대학교 출판부, 2009년, 303-304쪽.

이는 성인(聖人)에 이르는 길을 제시한 것으로 남당은 성의, 정심, 수신의 수양 공부를 철저히 하여, 악념, 부념, 편념을 모두 제거하면 마음이 고요할 때 본체가 보존되고, 마음이 움직일 때 작용이 바르게 되어 성인의 경지에 이르게 된다고 주장하였다.

5. 맺음말 −직(直) 사상의 현대적 의의, 정직한 삶을 향하여

이상에서 구봉과 남당의 직(直) 사상의 특징에 대해서 살펴보았다. 이를 토대로 직(直) 사상의 현대적 의의를 밝히는 것으로 결론을 내리고자 한다.

최근의 사회 지도층 곳곳에서 거짓과 위선의 모습과 가짜뉴스 등 사회의 부정부패와 거짓이 넘쳐나고 정직하지 못한 위정자의 모습들이 보여지면서 우리사회의 정직과 윤리 의식이 심각한 위기를 맞이하고 있다. 이런 불신의 사회, 즉 정직하지 못한 사회에 살고 있다는 것은 여러 가지 조사결과를 통한 객관적 지표를 통해 알 수 있다. 경제협력개발기구(OECD)의 「Society at a Glance)에 따르면 한국은 다른 사람과 공적기구에 대한 신뢰 지수가 매우 낮은 나라로 분류된다. 구성원 간 신뢰가 낮은 사회에서는 집단과 개인의 갈등이 유발될 위험이 크며, 타인을 믿을 수 없다는 인식과 태도는 미래에 대한 부정적 인식과 불안으로 이어질 가능성이 크다. 역으로 개인의 타인에 대한 신뢰도가 높은 경우 미래

---

45) 『경의기문록』, 대학, 전8장, "惡念, 浮念 偏念盡祛 則靜虛而體無不存 動直而用無不正以
　　至於聖矣"

에 대한 긍정적인 이미지를 가지고 있을 것으로 예상된다고 한다.[46]

이에 본 연구자는 우리 사회의 정직성의 회복을 위해 직 사상의 내면화와 외면화가 필요하다고 생각한다. 문제 해결점을 전통적 유가사상의 가치인 직에서 찾은 이유는 다음과 같다. 2019년 한국인의 의식, 가치관 조사 결과보고서에 따르면 한국의 정신문화(유가사상의 가치인 孝, 忠, 禮, 信 등)와 관련하여 어떻게 생각하는지를 살펴본 결과, 85.3%가 우수하다고 느끼고 있는 것으로 나타났다.[47] 이 조사결과는 현재 한국사회에서 유교적 가치는 무의미한 것이 아니며 우리의 사고방식에 영향을 미칠 수 있다는 것을 반증하는 자료이기도 하다. 가짜뉴스 등 사회의 부정부패와 거짓이 넘쳐나고 정직하지 못한 위정자의 모습들이 보여지면서 우리사회의 정직과 윤리 의식이 심각한 위기를 맞이하고 있는 이런 시대적 상황일수록 유가적 가치관에서 중시해 온 정직은 더욱 필요한 덕목이라고 할 수 있다.

① 교육의 변화

그럼 직(直) 사상의 현실적 적용에 대한 구체적 방법으로는 첫 번째, 구봉과 남당이 단계별 수양공부를 공통적으로 주장하는 바와 같이 현행 교육 역시 유아 – 초등 – 중고등 – 대학 – 일반을 상대로 직(直) 사상을 함양시킬 수 있는 교육과정이 체계적이고 구체적으로 적절하게 조직된 프로그램으로 시행해야 한다.

---

46) 국회미래연구원, 『2021년 한국인의 행복조사 및 한국인의 미래 가치관 연구 심층분석 보고서』, 한국사회과학자료원, 2021년, 361~362쪽.
47) 한국문화체육관광부, 『2019년 한국인의 의식, 가치관 조사 결과보고서』, 문화체육관광부 국민소통실 소통지원관 여론과, 2019년, 36쪽.

연구에 따르면[48] 정직에 관한 교육방법이 유아 프로그램의 경우 정직 덕목을 위한 구체적인 활동내용이 파악하기 어려워 적합성의 여부를 판단하기 어려우며, 초등 프로그램의 경우 정직 덕목은 많이 다루고 있으면서도 정직의 개념 정립은 거의 이루어지지 않았고, 그 결과 정직 덕목 함양을 위한 활동도 적합하지 않다고 분석하였다. 중등 프로그램에서는 역사적 주인공을 대상으로 정직 개념을 전달하려 하였으며 정직이 주는 영향력에 대한 전달에 그치고 있다. 이는 연령에 맞는 정직 교육이 필수적으로 필요하다는 것을 알 수 있는 자료이다.

또한 정직은 가치관과 같은 사람의 신념을 나타내고 있기 때문에 신념이 행동으로 이행될 수 있는 활동 위주의 수업이 진행되어야 하며, 교육의 효과를 높이기 위해 명확한 보상체계의 확립이 필요하다. 정직하거나 부정직한 행동이 결과적으로 어떻게 보상 또는 처벌받는가가 사람들의 정직성 발달에 중요한 영향을 미친다. 그렇기 때문에 학생에게 요구하는 정직한 행동의 목록과 이를 지켜야 할 준거를 구체적으로 설정하여 학생들에게 알리고, 설정된 준거에 적합한 정직한 행동에는 보상을 주며 그렇지 않은 행동에는 규제를 가하는 명확한 보상체계를 확립, 일관성 있게 적용되어야 한다. 각 연령별로 정직이라고 하는 덕목에 대한 개념, 그에 적합한 활동, 활동에 대한 평가가 논리적으로 설계되고 실행되며 검증될 때, 때 직 사상에 대한 교육의 효과를 볼 수 있을 것이다.

② 공적 시스템의 변화

두 번째, 부패가 근절되고 정직이 대우 받는 엄격하고 공정한 국가적

---

48) 백미화 외, 「인성교육 프로그램의 덕목 실천에 관한 비판적 분석」, 『한국교육학연구』, 제26권 3호, 2020년, 101쪽.

시스템의 도입이 시급하다. 남당은 사악한 자를 내치고 정직한 자를 존숭하면 사람들이 모두 사악한 자를 버리고 정직한 자를 따르게 되는데, 이는 대순(大舜)이 이미 실행한 일이고 공자가 항상 말하던 도리라고 하였다.49) 신뢰는 사회적 자본이며 학습될 수 있기 때문에 공적 차원에서 국민의 일반적인 신뢰를 높인다면 국민들의 행복과 만족감에 긍정적인 영향을 미칠 것이다. 개인의 사회에 대한 자발적 참여는 사회와 타인에 대한 신뢰에서 비롯된다. 공공분야로부터 시작된 혁신과 투명성이 사회 전체 구성원 상호 간 신뢰도를 높이는 역할을 할 수 있다는 점에서 사회 자본의 핵심인 신뢰도 증진을 국가가 주도할 필요가 있다.

지금의 사회는 편 가르기가 심하고 자기편에 대한 부정과 부패에 대해서는 너그럽고 이를 근절할 수 있는 부패 척결 시스템이 부족하다. 그렇기 때문에 공정한 인사 국가나 지방 예산 집행의 공정성이 확립되기 위한 국가적인 노력이 필요하며 이런 시스템이 투명하게 운영된다면 부패의 연결고리가 단절되고 투명하고 정직한 윤리가 중요하게 될 것이며 국민들에게도 긍정적인 영향을 미칠 것이다.

③ 시민단체활동의 활성화

최근 우리 사회는 정치, 경제, 교육, 문화 등 할 것 없이 거짓이 팽배해지고 신뢰가 무너져 사회 안전 시스템이 위험한 상태이다. 학력위조, 병역비리, 특혜입학, 연구결과 조작, 공직자의 부정부패 등 정직이 무너짐으로 파생되는 사회문제들이 한국 사회가 당면한 심각한 사회문화 중 하나로 지적되고 있다. 더 이상의 사회적 혼란으로 인한 피해를 막기 위

---

49) 청운대학교 남당학 연구소 편저, 『홍주천년을 움직인 사람들(1)』,대전:도서출판 보성, 2018년, 69쪽.

해서는 우리 각자 스스로 정직성의 필요성에 대한 각성이 필요하다. 정직한 사람이 되거나 정직한 사람이 되는데 긍정적 태도 뿐만 아니라 나 자신이 도덕적인 사람이 되는 동기를 함양시킬 필요가 있다는 것이다. 왜냐하면 정직에 대한 지식이나 이해에 대한 교육만으로는 정직한 행동을 할 것이라는 기대를 할 수 없기 때문이다. 이는 구봉이 이야기 하는 외면의 직화와 내면의 직화의 조화로움을 갖춰야 하는 것으로 정직한 삶 또는 행위에 초점을 둔 시민단체활동의 활성화를 통해 우리 각자 스스로의 자발적인 노력이 필요하다. 이는 시민단체, 언론, 정부, 학교, 기업 등이 연계하여 통합적으로 이루어져야 할 것이다.

본 연구를 통해 구봉과 남당의 직(直) 사상에 담긴 내용을 살펴보고 현대적 관점에서 직(直) 사상을 어떻게 조명할 것인가에 대해 살펴보았다. 정직성을 높이기 위한 우리의 노력과 관심이 개인과 가정 뿐 아니라 사회와 국가적인 측면에서 지속적으로 이루어지기를 바란다.

【참고문헌】

『禮記』, 『論語』, 『孟子』, 『二程集』, 『龜峯集』, 『愼獨齋遺稿』, 『南塘集』, 『경의기문록』

국회미래연구원, 『2021년 한국인의 행복조사 및 한국인의 미래 가치관 연구 심층분석 보고서』, 한국사회과학자료원, 2021년.

구봉문화학술원 편저, 『잊혀진 유학자 구봉 송익필의 학문과 사상』, 서울:책미래, 2016.

구봉문화학술원 편저, 『구봉 송익필의 학문, 기호유학에서의 위상』, 서울:책미래, 2018.

김문준, 「기호유학에서의 우암송시열의 위상」, 충남대학교 유학연구소, 『유학연구』 제16집, 2007.

김용식, 「구봉 송익필의 심성관에 대한 연구」, 고려대대학원 석사학위논문, 1981.

김창경, 『정직론』, 「조선유학의 직사상 전승 가치와 문제점」, 파주: 교육과학사, 2021.

도민재의 「구봉 송익필의 사상과 예학」(『동양고전연구』 제28집, 동양고전학회, 2007.

도성달 외, 『윤리학과 덕교육』, 성남: 한국정신문화연구원, 2001.

민황기, 「남당 한원진의 『대학』관과 인간이해」, 충남대 유학연구소, 『유학연구』, 29집, 2013.

백미화 외, 「인성교육 프로그램의 덕목 실천에 관한 비판적 분석」, 『한국교육학연구』, 제26권 3호, 2020년.

이상곤, 『한원진』, 서울: 성균관대학교 출판부, 2009.

이형성, 「한문교육에서 직에 대한 의미적 고찰 – 주역의 직자를 중심으로」, 경북대학교 퇴계연구소,『퇴계학과 유교문화』, 40집, 2007.

오석원,「맹자의 호연지기 연구」, 한국유교학회,『유교사상문화연구』, 34집, 2008.

장윤수,「남명 조식의 공부론과 인성교육의 연계성-'정직'의 덕목을 중심으로 하여-」,『남명집』, 제22집, 2017.

정범모,「넓은 뜻의 교육」,『교육이론과 실천』, 제10집 2호, 2000.

충남대학교 유학연구소 편저,『18세기 충청유학의 충후(忠厚)와 청풍(淸風)』, 충남대학교 대학인문역량강화사업단, 2018.

청운대학교 남당학 연구소 편저,『홍주천년을 움직인 사람들(1)』,대전:도서출판 보성, 2018년.

한국문화체육관광부,『2019년 한국인의 의식, 가치관 조사 결과보고서』, 문화체육관광부 국민소통실 소통지원관 여론과, 2019년.

https://www.index.go.kr(e-나라지표), 2021년 부패인식지수 참조.

구봉 송익필의
율곡학설 비판에 대한 연구[1)]

김창경[2)]

1. 서론

구봉(龜峰) 송익필(宋翼弼, 1534~1599), 우계(牛溪) 성혼(成渾, 1535~1598), 율곡(栗谷) 이이(李珥, 1536~1584)는 지금의 파주지역 산남

---

1) 이 글은『한국사상과 문화』제93집(2018)에 게재한 글임을 밝혀둔다.

2) 충남대학교 교수

리, 우계리, 율곡리를 각각의 세거지(世居地)로 인접하여 살았다. 그리고 세 사람은 평생 도의지교(道義之交)를 맺고 학문을 강마하여 조선 유학계의 훌륭한 학자로 대성하였다. 율곡과 우계는 '동국18현'에 종사되는 영예를 누렸고, 또 기호학파의 중심적 위상을 평가받아 왔다.

반면 구봉은 신분적 제약으로 재야의 처사로 살면서도, 율곡과 우계와의 우정 속에 학문을 정진하여 성리학과 예학에 탁월한 면모를 보여주었다. 구봉은 당대 시(詩)의 삼걸(三傑), 팔문장가(八文章家)로 일컬어졌으며, 조선 최초로 관혼상제의 사례(四禮)를 완비한 예학서『가례주설(家禮註說)』을 집필하여 조선의 예학을 개도(開導)하였다. 이러한 구봉의 학문적 위상에도 불구하고 현재 한국유학사에서의 평가와 위상은 객관적이지 못하다고 할 수 있다.

근래 이 분야에 대한 선행연구로는 구봉과 율곡, 구봉과 우계를 비교한 곽신환,3) 손흥철,4) 유지웅,5) 이선경6) 김창경7) 등이 있으며, 예학분야에서 최영성,8) 이문주,9) 한기범10) 김현수11)가 있다. 그리고 구봉과

---

3) 곽신환, 「조선유학의 太極 해석 논변」,『동양철학연구』제47권, 동양철학연구회, 2006.
  곽신환, 「太極問 논변」,『유학연구』제27권, 충남대학교 유학연구소, 2015.

4) 손흥철, 「구봉 송익필 「태극문」의 태극에 관한 연구」,『남명학연구』제51집, 경상대학교 남명학연구소, 2016.
  손흥철, 「구봉과 율곡의 학문과 교유」,『동양철학연구』제93집, 동양철학연구회, 2018.

5) 유지웅, 「기호성리학 계승1세대 학자들의 구봉성리학 수용양상」,『유학연구』제36집, 충남대학교 유학연구소, 2016.

6) 이선경, 「16세기 기호성리설 성립기 학자들의 교유와 학문 –『三賢手簡』을 중심으로」,『공자학』34호. 공자학회, 2018.

7) 김창경, 「『三賢手簡』을 통해서 본 구봉,우계,율곡의 道義之交와 학문교유–구봉을 중심으로–」,『유학연구』제27권, 충남대학교 유학연구소, 2012

8) 최영성, 「구봉 송익필의 학문과 기호학파에서의 위상」,『우계학보』제23호, 우계 문화재단, 2004.

9) 이문주, 「주자가례의 조선 시행과정과 가례주석서에 대한 연구」,『유교문화연구』제16호, 성균관대 유교문화연구소, 2010.

관련한 연구에 김문준,12) 박학래,13) 진성수,14) 이정훈,15) 김창경16)이 있다. 그러나 이러한 연구는 율곡과 우계, 율곡과 구봉, 구봉과 우계에 관한 평면적 비교 연구이지 구봉의 율곡 학문 비판에 대한 연구는 아직 없다고 볼 수 있다.

논자는 본 연구를 위해 구봉의 율곡학문 비판에 관한 내용을 종합적으로 검토하고 이에 대한 율곡의 입장을 통해 양자의 학문적 차이가 존재하는지, 그리고 양자의 학문적 입장은 무엇인지를 밝혀보고자 한다. 그러나 위에서 이미 언급한대로 구봉의 율곡 학문에 대한 비판과 지적에 대해 예론을 제외하고는, 율곡의 반론이나 구체적인 논란이 없어 본 연구의 한계가 있다.

2. 구봉의 율곡학설 비판에 대한 연구

구봉이 율곡학문에 대해 비판한 내용을 보면 아래 표와 같다. 경학,

---

10) 한기범, 「구봉 송익필의 예학 사상」, 『한국사상과 문화』 제60집, 한국사상문화학회, 2011.

11) 김현수, 「畿湖禮學의 形成과 學風 –栗谷·龜峯의 特徵과 傳承을 중심으로–」, 『유학연구』, 제25집, 충남대학교 유학연구소, 2011.

12) 김문준, 기호예학의 특성과 방향, 『동양철학연구』 제39집, 동양철학연구회, 2004.

13) 박학래, 「구봉 송익필에 관한 연구현황 및 과제– 구봉의 학문 및 사상의 위상 정립에 유의하여 –」, 『儒學硏究』 제36집, 충남대학교 유학연구소, 2016.

14) 진성수, 「구봉 송익필의 수양론 연구」, 『동양철학연구』 제87집, 동양철학연구회, 2016.

15) 이정훈, 「전북지역 전승 송구봉 설화의 현황과 그 의미」, 『국어문학』 제67권, 국어문학회, 2018.

16) 김창경, 「구봉 송익필 직사상의 기호유학에서의 전승연구」, 『동서철학연구』 제78호, 한국동서철학회, 2015.

	율곡학설	구봉의 비판(출전)	율곡의 논변(출전)	연 도
經學	1)『小學集註』저술에 대하여	『龜峯集』, 권4,「玄繩編上」,〈與叔獻書〉)	『栗谷全書拾遺』, 권2,「書上」,〈與宋雲長〉:	1579(己卯), 구봉 46세, 율곡 44세
	2)『詢言』저술에 대하여	『龜峯集』, 권4,「玄繩編上」,〈與叔獻書〉)	율곡의 답변 자료는 보이지 않음.	1579, 구봉46세, 율곡44세
	3)주자의『資治通鑑綱目』에 대하여	『龜峯集』, 권4,「玄繩編上」,〈答叔獻別紙〉	『栗谷全書』, 권11,「書3」,〈答宋雲長戊寅〉	1578(戊寅), 구봉 45세, 율곡 43세
性理學	4)'習與性成'에 대하여	『龜峯集』, 권4,「玄繩編上(一作辨論書尺)」,〈答叔獻書〉	『栗谷全書』, 권11,「書3」,〈答宋雲長己卯,〉	1579(己卯), 구봉 46세, 율곡44세
	5)'人心道心'에 대한 김장생의 질문과 구봉의 비판	『龜峯集』, 권4,「玄繩編上」,〈答希元心經問目書〉	구봉과 사계 편지 1580년, 율곡「人心道心圖說」1582년 율곡 製進	사계질문 구봉답변뿐, 구봉과 율곡의 직접 논변 자료 없음./1580 (庚辰), 구봉47세
禮論	6)『擊蒙要訣』俗禮에 대하여	『龜峯集』, 권4,「玄繩編上」,〈與叔獻書〉	『栗谷全書拾遺』, 권2,「書上」,〈與宋雲長〉/『栗谷全書』, 권11,「書3」,〈與宋雲長〉	1577(丁丑)구봉 44세, 율곡 42세 ~1583(癸未), 구봉50세, 율곡48세
	7)율곡 姉夫位次 행례에 대하여	『龜峯集』, 권6,「禮問答」,〈答浩源問〉	『牛溪集』, 권4.「簡牘1」,〈宋雲長書〉	우계 질문 구봉 비판/1577, 구봉44세, 율곡의 논변 자료 없음.
	8)율곡 庶母位次 행례에 대하여	『龜峯集』, 권6,「禮問答」,〈與浩源論叔獻待庶母禮〉	『栗谷全書』, 권11,「書3」,〈答宋雲長〉	우계와 구봉의 비판/1577 구봉 44세, 율곡42세

성리학, 예론으로 나누어 그 내용을 정리해 보았다. 구봉과 율곡의 교유 사실에 대한 자료는 별시 과제였던 율곡의 〈천도책〉에 관한 일화에서 전해진다.[17] 이때가 구봉은 25세이고 율곡은 23세인데, 율곡이 〈천도책〉으로 장원급제하자 응시생들이 찾아와 질문하였다. 그러자 율곡은 "송구봉의 학식이 높고 넓으니 그에게 자세히 물어보라"고 했다는 말이 전해진다.

구봉과 율곡은 약관에서부터 율곡이 서거하기 한 달 전까지 학문적 교유를 나누었지만,[18] 위의 표를 통해 보면 두 사람의 문집에 나타난 것은 율곡 42세(1577년, 丁丑)에서 48세(1583년, 癸未) 사이가 대부분인 것을 알 수 있다. 평생 교유한 시간에 비해 6~7년 정도의 한정된 자료만이 전해지는 것에서 학술연구의 한계성과 안타까움이 있다. 그리고 이러한 구봉의 비판은 율곡의 학문적 자존심에 상처를 줄만큼 강한 비판이지만, 율곡이 겸허하게 수용하였으며 수정하던 중에 갑자기 율곡이 졸하였다.

1)『소학집주』에 대한 비판

구봉은 율곡이 여러 학자들의 주석을 모아 저술한『소학집주』에 대해 미진한 곳이 많다고 다음과 같이 비판을 하였다.

형께서 小學에 대한 여러 학자들의 주석을 모은 것도 역시 미진한 곳

---

17)『龜峯集』, 권10,「附錄」,〈墓碣文〉: "李先生嘗入場屋 對天道策 謂擧子來問者曰 宋雲長高明博洽 宜就而問之 於是擧場奔波 先生左酬右應 愈扣而愈無窮 擧子轉相傳錄 不但爲取應之具也"

18)『龜峯集』, 권5,「玄繩編下」,〈記栗谷書後〉: "小學方有所較正 故不能送上 恨無副本也 別錄答上……十二月三日珥……此爲始病之書 先知任運遷化 而後月長逝 每一開見 悲慟如初"

이 많습니다. 예를 든다면 "子之事親, 三諫不聽, 則號泣而隨之"가 있습니다. 형은 隨行이라고 주석하였습니다. 제 생각은 微子가 한 말은 결단코 그렇지 않은 듯합니다.……'隨之'는 다만 부모를 떠나지 않는다는 뜻입니다. 형은 行이라고 하였는데 아마 本義가 아닌 듯합니다.……이와 같은 곳이 많이 있습니다. 서로 만나 토론하고 연구한 뒤에 책을 간행함이 妙할 듯합니다.19)

구봉의 비판에 대해서 율곡은 마땅히 구봉의 지시에 따르겠다20)고 하면서 다음과 같이 겸허히 수용하고 있다.

小學은 지금 한창 較正 중이므로 보내지 못합니다. 副本도 없는 것이 안타깝습니다.……삼가 답장 보냅니다.(1583)12월 3일 珥.21)

여기에서 구봉은 『소학집주』의 "子之事親, 三諫不聽, 則號泣而隨之"에서 율곡이 '隨之'를 '수행'이라고 해석한 데 대해, 자신은 '다만 부모를 떠나지 않는다'는 뜻으로 해석해야 한다고 주장하였다. 그리고 구봉은 이와 같이 율곡의 해석에 문제가 있는 곳이 많다고 지적하고 있다. 이에 대해 율곡은 구봉의 지시에 따르겠다고 하여 구봉의 비판을 수용하는

---

19) 『龜峯集』, 권4, 「玄繩編上」, 〈與叔獻書〉: "又兄所輯註小學 亦多未盡處 如子之事親 三諫不聽則號泣而隨之 兄註以隨行 某以微子言 斷其不然 稽古微子曰 子三諫不聽則隨而號之 人臣三諫不聽則其義可以去矣 隨之只不去之云也 行字恐非本義 又曲禮全文云 爲人臣之禮 三諫而不聽則逃之 子之事親也 三諫而不聽則號泣而隨之 本文之意又如是 如此處多 俟相見講磨 然後印行爲妙"

20) 『栗谷全書拾遺』, 권2, 「書上」, 〈與宋雲長〉: "下示要訣疵累 頗有領會處 徐當更思仰稟 ≪小學≫亦當依示"

21) 『龜峯集』, 권5, 「玄繩編下」, 〈記栗谷書後〉: "小學方有所較正 故不能送上 恨無副本也 別錄答上……十二月三日珥"

입장을 취하고 있다. 다만 구봉의 이에 대한 보다 구체적인 비판과 율곡의 이에 대한 반론이나 토론이 보이지 않아 더 이상의 깊이 있는 논변을 하기에는 한계가 있다.

2) 『순언』 저술에 대한 비판

『순언(醇言)』은 율곡이 노자의 『도덕경』을 유가적 입장에서 주석을 달고 해설한 책이다.[22] 율곡은 19살 때 금강산에 들어가 불교공부를 많이 한 바 있고, 『순언』을 통해 그가 도가사상에도 침잠한 흔적을 볼 수 있다. 이는 율곡의 학풍이 매우 개방적임을 말해주는 근거가 된다. 그런데 이 책의 저술에 대해 구봉은 매우 불만스럽게 생각하고 다음과 같이 비판하였다.

> 형이 직접 편찬한 詢言을 보았는데 재주를 부린 듯합니다. 형을 위해서도 의아스럽게 여깁니다. 參同契를 이어서 저술한 주회암의 뜻이 있는 것인가요? 거듭 世道를 위해서도 안타깝습니다. 서로 다른 것을 굽혀서 같게 만들려는 것은 노자의 본뜻을 상실하는 것이고, 吾道에도 구차하게 같게 만들려 한다는 혐의가 있게 되는 것입니다. 또 주석은 견강부회하였습니다.[23]

---

22) 율곡이 저술한 『순언』은 규장각본에는 『순언(醇言)』, 『龜峯集』에서는 『순언(諄言)』으로 표기되고 있다.(이종성, 『율곡과 노자 -『순언』에 관한 철학적 모색-』, 충남대학교출판문화원, 2016, 40쪽 인용)

23) 『龜峯集』, 권4, 「玄繩編上」, 〈與叔獻書〉: "見兄新編諄言一帙 似爲才氣所使 爲兄致疑焉 抑無乃朱晦庵參同契遺意耶 重爲世道興歎 屈異而欲同之 失老子本旨 而於吾道 亦有苟同之嫌 註又牽合 兄以繼絶爲期 宜日不暇及 而弄文墨於餘地"

이 글에서 보듯이 성리설에서는 구봉과 율곡이 서로 소통하고 이해하는 사이였지만, 유불도를 넘나드는 율곡의 행보는 구봉에게 비판의 대상이 되었던 것[24]이라고 할 수 있다. 구봉은 율곡이 『순언』에서 글재주를 부린듯하다고 노골적으로 비판하고 있다. 또 율곡이 노자의 말 가운데 유가와 상통하는 문장들에 대해 긍정적인 해석을 한데 대해서는, 세도를 위해서도 안타까운 일이고 오도를 구차 하게 한다는 혐의가 있다고 지적하였다. 즉 구봉은 율곡이 『순언』을 저술한 것은 유가학문에 대한 의리에 어긋난 것이라고 못마땅하게 생각하였다. 그리고 이는 노자의 본뜻을 상실하는 것이 되기도 하고, 그 주석은 견강부회가 심하다고 혹평하였다. 사실 구봉의 이러한 지적과 비판은 율곡의 학문적 권위에 치명적인 것일 수 있고, 율곡의 성리이론에 대한 자긍심에도 상처를 주는 것이기도 했다. 물론 구봉의 좀 더 구체적인 비판의 내용이 있었더라면 양자의 해석상의 차이나 입장의 차이가 드러날 수 있지만, 각론적인 내용이 없어 더 이상 깊이 있는 분석과 비판을 할 수 없음은 유감이다.

물론 구봉이 이처럼 비판한 것은 율곡을 염려하는 마음에서 나온 것이지, 그의 학문관이 협의(狹義)하기 때문은 아니라고[25] 할 수 있다. 한편 『순언』은 노자에서 유학의 기준으로 볼 때 순수하다고 판단된 내용과 함께 현실적용 가능성이 있는 논의들을 적극적으로 채택하여 재편집한 저술이라고 할 수 있다. 또 율곡의 저술 동기는 당시의 정치적 현실

---

24) 이선경, 「16세기 기호성리설 성립기 학자들의 교유와 학문 -『三賢手簡』을 중심으로」, 『공자학』 34호. 공자학회, 2018, 178쪽.
25) 손흥철, 「구봉과 율곡의 학문과 교유」, 『동양철학연구』 제93집, 동양철학연구회, 2018, 18쪽.

과 학문적 분위기가 나와 다른 것들이라면 무조건 비판하고 배격했던, 시대 정황에 대한 학문적 반성의 의식이 작용했을 것[26]이라고 평가되어지기도 한다. 요컨대 구봉의 『순언』에 대한 비판에서 볼 수 있는 양자의 학문적 입장은 구봉이 율곡에 비해 훨씬 보수적이라고 할 수 있다. 즉 구봉은 율곡이 노자의 말이나 도가사상에 대해 긍정적 언사를 아끼지 않는데 대해 불만이었다. 순정한 유학을 지켜가야 한다는 벽이단의 입장에서 보면, 율곡의 『순언』은 분명 변질이고 오도에 대한 훼손이라고 봄직하다.

3) 『자치통감강목(資治通鑑綱目)』에 대하여

『자치통감강목』은 주자가 만든 중국의 역사서이다. 구봉과 율곡은 이에 대한 내용 속의 진위여부를 가지고, 율곡이 43세 되던 해(戊寅, 1578년)에 다음과 같이 의논을 나누고 있다.

> 尊兄께서 綱目을 朱子의 손을 거친 것이라 생각하시고 모든 내용을 믿고자 하는 것 같은데 제 생각으로는 그렇지 않은 듯합니다. 綱目은 다만 凡例와 規模 등은 남에게 부탁해서 지었고 朱子 자신이 직접 보지 않은 곳이 매우 많습니다. 또 碑文 가운데 伯喈의 저작이 아니라고 한 것도 또한 근거가 없습니다. 後漢시대 문장의 체제가 이와 같다는 것 등도 역시 경솔히 단정할 것이 아닙니다. 後代사람이 만약 蔡邕의 저작을 본받아 지었다면 年代 등은 역사를 두루 섭렵해야 하며, 시대가

---

26) 이종성, 『율곡과 노자 -『순언』에 관한 철학적 모색-』, 충남대학교출판문화원, 2016, 41~43쪽 참조.

어긋나서 후대 사람들의 의혹을 일으켜서는 안 됩니다.27)

보내온 別紙는 과연 伯喈(東漢 蔡邕의 字)의 비문과 같다면 綱目이 잘
못 된 것입니다. 다만 綱目은 주자의 손을 거쳤으니, 주자 같은 博學으
로 어찌 이 비문을 보지 못했을 이가 있겠습니까. 또한 이 비문이 양한
(西漢과 東漢)의 문장을 닮지 않고 자못 宋·晉 사이의 浮麗한 글과 같
으니, 이 또한 괴이한 일입니다. 서서히 다시 상고해 볼까 합니다.……
蔡邕의 비문이 어느 책에서 나왔는지 꼭 알고 싶습니다.28)

구봉은 주자가 지은『자치통감강목』의 내용을 율곡이 모두 주자가 직
접 지은 것이라고 온전히 믿는 것에 대해 비판하고, 범례와 규모 등 여
러 부분에서 주자가 저술하지 않았다고 비판하였다. 율곡도 비문저작에
대한 의구심을 구봉에게 질정하고 있다.

이 부분에 대해 구봉의 주장이 그릇되지 않음을 뒷받침하는 자료로
『역대사요(歷代史要)』를 들 수 있다. 조선말기 유학자 박주대(朴周大,
1836~1912)는 당요(唐堯)에서부터 명대(明代)까지의 중국 역사를 편찬
한 역사서인『역대사요』를 저술하였다. 그 서문에서 주자의『자치통감
강목』은 사실 정조(精粗) 구별 없이 모두 실려 있어 권질(卷帙)이 많아
사실(史實)의 전체 파악이 어렵다고 설명하고 있다.29) 이를 통해서 볼

---

27)『龜峯集』, 권4,「玄繩編上」,〈答叔獻別紙〉: "尊兄以綱目爲經朱子之手 而欲盡信之 恐未然
也 綱目 只以凡例規模 屬人爲之 其未照管處甚多 又碑文之不似伯喈作 亦無據 東漢文章
體段類如是 亦未可輕易斷定 後人若效蔡作 則其年次 宜傍史而不須差違 以起後疑也"

28)『栗谷全書』, 권11,「書3」,〈答宋雲長 戊寅1578〉: "示諭別紙 果如伯喈碑文 則綱目誤矣
但綱目 經朱子之手 以朱子之博學 豈不見此碑文乎 且此碑文 不類兩漢文章 頗似宋 晉閒
浮麗之文 此亦可怪 徐俟更考耳……蔡碑文 出於何書 切欲知之"

29) 한국민족문화대백과사전,『역대사요(歷代史要)』, 한국학중앙연구원, 설명 참조.『역대사

때, 구봉은 역사에도 조예가 깊었고 고증학적 입장에서 율곡의 『자치통
감강목』을 비판하는 것을 볼 수 있다. 구봉의 이러한 학문적 태도는 실
학적 학문태도와도 상통하는 것임을 알 수 있다.

4) 습여성성에 대한 논변

'습여성성'은 후천적으로 익혀진 습관으로 인해 이것이 하나의 성품
으로 형성되는 것을 뜻하는데, 율곡(44세, 1579년, 己卯)과 구봉이 『서경』
에서 말한, "습관이 본성과 함께 이루어진다(習與性成)"[30]는 것에 대하
여 다음과 같이 논변하였다.

> 습여성성이란 말은 다시 商書를 상고하여 보니 伊尹의 말에 "이 불의
> 는 습관이 되어 성품으로 이루어졌다"고 하였습니다. 이미 불의로 성
> 품이 이루어졌다고 하면 그 기질의 성[氣質之性]이 분명합니다. 이루
> 어진 성품[成性]이라는 것에 대한 의론은 朱子가 "踐形과 같다"고 하
> 였으니, 그렇다면 "습관으로 이루어진 성[性成之性]"은 기질지성이요,
> "본래 이루어져 있는 성품의 성[成性之性]"은 本然之性입니다. 이와
> 같이 보면 어떻겠습니까. 다시 생각하여 회답하여 주십시요.[31]

요』는 주자의 강목을 刪削, 添補하여 3분의 1로 정리하고, 李東陽의 『通鑑纂要』, 金履祥
의 『綱目前編』, 商輅의 『宋元綱目』, 李玄錫의 『明史綱目』을 모두 참조, 증보, 윤색하여 朱
子綱目의 상하, 궐대분(闕代分)을 채운 것"이 『역대사요』를 저술한 목적이라고 밝히고
있다.

30) 『書經』, 「商書」, 〈太甲上篇〉: "兹乃不義 習與性成 予弗狎于不順"

31) 『栗谷全書』, 권11, 「書3」, 〈與宋雲長〉: "習與性成之說 更檢看商書 則曰伊尹之言曰 兹乃
不義 習與性成 旣云不義性成 則其爲氣質之性明矣 成性之論 則朱子以爲如踐形云 然則性
成之性 氣質之性也 成性之性 本然之性也 如此看何如 更思回示"

이에 대한 구봉의 답변은 다음과 같다.

> 율곡 형이 본래 이루어져 있는 성품의 성[成性之性]은 本然之性이고,
> 습관으로 이루어진 성[性成之性]은 氣質之性이라고 본 견해는 미진합
> 니다. 어찌 글자 하나를 상하로 하여 뜻이 다르겠습니까. 형은 다만 尙
> 書에 불의로 성품이 이루어졌다는 설을 가지고 이렇게 말하는 것뿐입
> 니다. 제가 볼 때, 이는 습관은 자연과 같다는 말과 같은 뜻입니다. 습
> 관이 이미 오래되면 본연과 같이 돌아간다고 말하는 것과 같습니다.
> 본연이라는 것은 본연지성입니다. 또 주자가 '예를 알아서 성품을 이
> 룬다는 설은, 습관으로 이루어진 성의 뜻과 같다'고 하였으니, 다시 어
> 떠한 의혹이 있겠습니까. 주자가 이미 '成性과 性成을 하나'로 보았으
> 며, 또 '본래 이루어져 있는 성품의 성은 본연지성이라고 한 것'이 하
> 나가 아닙니다. 이를 정론으로 삼고, 다른 뜻을 내지 않는 것이 어떻겠
> 습니까.32)

위와 같은 구봉의 주장에 대해 율곡은 아래와 같이 세 통의 답변을 보
내오는데, 각각의 글에 대한 구봉의 답변 자료는 찾을 수 없다. 율곡은
답변서에서 "성품을 이룬다[性成]"는 말은 모두 본연지성을 가리킨 듯
하며,「주자어류」에도 약간 분명치 못한 곳이 있으니, 다시 생각해 볼 계

---

32) 『龜峯集』, 권4,「玄繩編上(一作辨論書尺)」,〈答叔獻書〉: "以成性之性爲本然 以性成之性
爲氣質 兄見未盡 豈以一字上下 便別文義 兄只爲商書玆乃不義 習與性成之說 爲此論也
某見則此與習慣如自然之語 同義 習之旣久 還同本然云也 本然者 本然之性也 且朱子曰
知禮成性之說 同習與性成之意 則更何爲疑 朱子旣以成性性成爲一 而又以成性論以本然
者非一 以此爲定 勿生他意 如何如何"

획"33)이라는 내용과, "습관이 성품과 함께 이루어진다[習與性成]"에 대한 논의는 형의 이론이 매우 서로 부합되지 않으며, 형이 말한 "불선한 습관도 본연지성과 같다"고 한 것은 아마도 의리에 맞지 않는 듯하다.34) 라는 답을 보내고 있다. 율곡의 세 번째 답변서는 다음과 같다.

성품을 이룬다[性成]"는 말은 보내온 말이 또한 이치가 없는 것은 아닙니다. 다만 옛 사람이 인용한 문자는 본래의 뜻으로 보아서 맞지 않고 통하지 않은 뒤에야, 다른 뜻으로 구해 보는 것이 옳습니다. 이제 程子의 '성품을 이룬다'는 말은 본래의 뜻으로 보면, 바로 어려서부터 이루어진 습관은 천성과 같다는 뜻으로서 충분히 의미가 통하거늘, 다른 뜻을 다시 구하려 하는 것은 무엇 때문입니까. 주자가 의논한 본문은 아직 자세히 살피지 못했으니, 서서히 상고해 볼 계획입니다.35)

이상과 같이 구봉은 율곡이 '습관이 본성과 함께 이루어진다'(習與性成)의 설에 대하여, 습관으로 이루어진 성[性成之性]은 기질지성이요, 본래 이루어져 있는 성품의 성[成性之性]은 본연지성이라고 본 견해는 미진하다고 비판하고 있다.

이에 대해 율곡은 구봉의 견해에 동의하지 않고 자신의 설을 주장하

---

33)『栗谷全書』, 권11, 「書3」, 〈答宋雲長 己卯, 1579〉: "成性之說 每以涵養成甚生氣質例之故 看作氣質之性 今承來說 又見朱子語類 以爲成性猶云踐形云 若然則當看作本然之性矣 成性存存之性 乃渾成底性也 知禮成性之成性 乃謂以知禮成其性云爾 文義不同 而性則皆似指本然之性也 語類文字 有些未瑩處 更思爲計"

34)『栗谷全書』, 권11, 「書3」, 〈與宋雲長〉: "習與性成之說 高喩殊未相契……兄說不善之習 亦同本然之性云爾 則恐不成義理也"

35)『栗谷全書』, 권11, 「書3」, 〈答宋雲長〉: "性成之說 來說亦不爲無理 但古人所引文字 以本義觀之 則迂回不通 然後乃可求他義也 今者 程子性成之說 以本義觀之 乃少成若天性之義也 十分通得 而乃求他義 何耶 朱子所論本文 時未檢看 徐當考出爲計"

며 구봉을 설득한다. '성품을 이룬다[性成]'는 말은 구봉의 말이 또한 이치가 없는 것은 아니라 하고, 다만 옛 사람이 인용한 문자는 본래의 뜻으로 보아서 맞지 않고 통하지 않은 뒤에야, 다른 뜻으로 구해 보는 것이 옳다고 한다. 정자(程子)의 '성품을 이룬다'는 말은 본래의 뜻으로 보면, 바로 어려서부터 이루어진 습관은 천성과 같다는 뜻으로 충분히 의미가 통하는데, 다른 뜻을 다시 구하려 하는 것은 문제가 있다고 지적한다. 다만 주자가 의논한 본문은 아직 자세히 살피지 못했으니 서서히 상고해 보겠다고 답변하였다.

5) 율곡의 인심도심설에 대한 김장생의 질문과 구봉의 비판

구봉은 사계 김장생이 질문한 인심도심설에서 '도심유미(道心惟微)'의 해석[36]에 대하여, 김장생이 드러난 것이 은미하고 작은 것을 말하였지만 은미하고 작게 된 이유를 말하지 않은 견해와, 율곡이 리는 소리도 없고 냄새도 없기에 리가 본래 은미하다고 본 두 가지 견해 모두 미진하다고 비판하였다.[37] 또 율곡이 말한 인심에서 나타나 도심이 된다고 하는 설을 옳다고 여겼는데, 인심이 변하여 도심이 된다면 성인(聖人)은 인심이 없다는 말이 되므로 옳지 않다[38]고 비판하였다. 이러한 구봉의 견해는 성현도 중인과 마찬가지로 인심을 가지고 있기 때문이며, 인심

---

[36] 『龜峯集』, 권4, 「玄繩編上」, 〈答希元心經問目書〉: "道心惟微 朱子曰 微妙而難見 栗谷先生云 惟理無聲臭可言 微而難見 故曰微 譬如此遠山 本微而難見 目暗人見之 則微者愈微 明者見之 則微者著 愚見則不然 道心之發 如火始然 如泉始達 所發者小 故微而難見 不知所以治之 則微者愈微 使人心常聽命於道心 則微者著 所謂擴而充之也"

[37] 『龜峯集』, 권4, 「玄繩編上」, 〈答希元心經問目書〉: "二說皆未盡. 理本不微 在氣中故微而難見 此在家人說 在聖則何嘗有微 氣質之品 千萬不同 自聖以下之道心有微者 有微而又微者 有又微而又微者 雖或至微 而終無泯滅之理 苟能充之 還與上聖同其著"

[38] 『龜峯集』, 권4, 「玄繩編上」, 〈答希元心經問目書〉: "且賢以叔獻之發於人心而爲道心之說 爲可云 亦不可 人心 亦聖賢合有底心 何必變爲道心也 然則聖人無人心耶"

을 곧바로 인욕시(人欲視)하지 않은 것이라고 할 수 있다.

이에 대하여, 이선경은 인심과 도심에 대한 구봉과 율곡의 입장이 입 각점이 다른 것으로서, 율곡은 기에 가려진 인간의 현실태의 관점에서 리를 바라본 결과이고, 구봉은 성인의 예를 들며 마음의 본원처를 곧바 로 드러내는 방식을 취하였기에 오히려 기의 유위성(惟危性)에 주목한 결과[39]라고 밝히고 있다.

또 주목되는 견해로 유지웅은 구봉과 율곡의 '인심도심론'은 차이가 아닌 결국 합일되는 것이며, '인심도심론'에 한정한다면 율곡뿐만 아니 라, 사계 모두 구봉의 인심도심론에 영향을 받은 것으로 보고 있다.[40] 이러한 근거로 인심도심론에 대한 율곡의 만년정론과 구봉의 인심도심 론은 결국 인심을 인욕시 여기지 않았다는 점, 그리고 율곡이 도심의 인 심화, 인심의 도심화에 대한 언급을 하고 있지 않고, 인심이 인욕으로 흐르지 않도록 도심의 주재를 받게 해야 한다는 수양의 문제에 대해 주 장하는 점에서, 결국 구봉의 인심도심론과 의견을 같이 한다고 볼 수 있 다고 하였다. 이를 분석하면 김장생은 율곡이 1572년 우계와의 서신에 서 제시한 인심도심종시설(人心道心終始說)만을 보고 판단하여 구봉에 게 질문한 것으로, 구봉과 김장생 사이에 오간 편지는 1580년이며, 「인 심도심도설」은 2년 후인 1582년에 율곡이 제진(製進)했기 때문이라고 하였다. 또한 김장생은 구봉에게 보낸 편지에서의 의문 이후 그 어디에 서도 율곡의 인심도심종시설에 대해 언급하고 있지 않으며,[41] 따라서

---

39) 이선경, 「16세기 기호성리설 성립기 학자들의 교유와 학문 −『三賢手簡』을 중심으로」라 는 제목으로 『공자학』 34호. 공자학회, 2018, 196쪽.

40) 유지웅, 「기호성리학 계승 1세대 학자들의 구봉성리학 수용양상− 사단칠정, 인심도심을 중심으로 −」, 『유학연구』 제36집, 충남대학교 유학연구소, 2016, 140쪽.

41) 최일범, 「沙溪 金長生의 人心道心說에 관한 연구」, 『유교사상문화연구』, 제19집, 한국유

사계가 구봉에게 질문 한 것은 단순히 자신의 의문점을 물어본 것 일 뿐
42)이라고 하였다. 여기서 유지웅은 구봉의 인심도심설이 율곡에게 영
향을 미친 것일 뿐 아니라, 사계에게도 그대로 계승되어 인심이 항상 도
심의 명령을 듣도록 노력해야 한다는 수양론적 측면을 강조하여 전개하
고 있다43)고 밝히고 있다.

이상의 인심도심설에 대해 살펴볼 때, 구봉과 율곡이 직접 논변한 것
은 아니고, 사계의 질문에 구봉이 대답한 내용임을 알 수 있다. 그러나
율곡의 인심도심설이 처음 주장과 다르게 수정 되었으며, 수정된 율곡
의 인심도심설이 구봉과 일치한 점에서 구봉에게서 영향을 받은 것이라
는 연구가 제기된 것을 살필 수 있었다. 이 점에서 구봉의 성리학이 율
곡뿐만 아니라 김장생과 그 이후의 기호유학자들의 학문연구에서 일정
한 정도 영향을 주었음을 알 수 있다.

6) 『격몽요결』 속례(俗禮)에 관한 비판

구봉의 율곡저술『격몽요결』속례에 관한 비판44)은 예학에 관한 문
제이다. 이제까지의 구봉예학에 대한 학계의 평가는 합치되지 않았다는
지적45)과 같이, 아직 구봉의 예학사상 전반에 흐르는 기조와 구체적인
내용에 대한 체계적이고 종합적인 연구가 부족함을 의미한다. 따라서

교학회, 2003, 331쪽.

42) 유지웅,「기호성리학 계승 1세대 학자들의 구봉성리학 수용양상- 사단칠정, 인심도심을
중심으로 -」,『유학연구』제36집, 충남대학교 유학연구소, 2016, 137쪽.

43) 위의 글.

44) 『龜峯集』, 권4,「玄繩編上」,〈與叔獻書〉:"聞兄許印擊蒙要訣 要訣中俗禮處 某常多不滿之
意 未知兄其加删正耶 不然則只可爲一家子弟之覽 恐不可爲通行之定禮也"

45) 한기범,「구봉 송익필의 예학사상」,『한국사상과 문화』60, 한국사상문화학회, 2011. 참
조.

향후 구봉 예학에 대한 연구는 구봉의 예학적 입장에 대한 전반적인 재검토와 아울러 구체적인 예설에 대한 내용 검토 및 평가 등 종합적인 검토가 필요하다46)고 할 수 있다. 본고에서는 구봉이 비판한『격몽요결』속례 항목 가운데 율곡이 수용하고 수정하겠다고 한 대목만을 정리해 살펴보도록 하겠다.

먼저 구봉은 율곡의 대표적인 저술인『격몽요결』속례부분에 대해 문제가 많다고 보고, 한 집안의 자제들이 참고하는 의미는 있을지 몰라도 한 나라의 준거가 되는 예로서는 부족하다고 혹평하였다.47) 살펴보면『격몽요결』의 속례 부분의 율곡 예설은 한 집안의 교훈서로는 의미가 있을지 몰라도 한 나라의 준거가 되기에는 부족하다는 평가다. 이러한 구봉의 혹평은 율곡의 학문적 자존심에 큰 상처를 주기에 족한 평가였다. 그럼에도 불구하고 율곡은 "『격몽요결』의 잘못을 지적해 준 것은 매우 수긍이 가는 곳이 있습니다. 서서히 다시 생각하여 보겠습니다.『소학집주』도 마땅히 형의 지시에 따르겠습니다."라고 대답하였다. 위 내용으로만 보면 율곡이 구봉의 이러한 혹평에 대해 겸허하게 수용하고 있고,『소학집주』도 마땅히 형의 지시에 따르겠다고 한 것을 보면, 구봉과 율곡의 학문적 위상에 대해 다시 한 번 새롭게 인식할 필요가 있어 보인다. 이제 구체적인 속례 내용에 대해 검토해 보기로 하자.

구봉이 비판한 항목 중 율곡이 수긍하고 고치겠다고 한 것은, 구용(九容)의 항목 중 "손의 거동은 공손하게 한다[手容恭]"에 대해서, 보내온

---

46) 박학래,「구봉 송익필에 관한 연구현황 및 과제-구봉의 학문 및 사상의 위상정립에 유의하여-」,『儒學硏究』제36집, 충남대학교 유학연구소, 2016. 163쪽.

47)『龜峯集』, 권4,「玄繩編上」,〈與叔獻書〉: "要訣中俗禮處 某常多不滿之意 未知兄其加刪正耶 不然則只可爲一家子弟之覽 恐不可爲通行之定禮也"

학설이 옳으므로 그에 따라 고칠 예정[48]이라고 받아들이고 있음을 볼수 있다. 또 「격몽요결」 첫 장의 입지장(立志章)에서 "내 또한 무엇을 구하리요." 한 것은, 과연 분명치 못하므로 삼가 고치려 한다[49]고 하였다. 그리고 사친장(事親章)에서 "운운한 부모의 은혜가 막대하다는 것은 나를 낳은 까닭이니 만약 나를 낳은 것을 은혜라 여기지 않고, 다른 의리를 별도로 찾는다면 아마 안 될 줄 압니다. 다만 형의 이론이 이와 같고 다른 사람도 의심하는 자가 있으므로 삼가 고치려 합니다."[50]라고 수용하고 있다.

7) 율곡 자부 위차에 관한 문제

율곡 자부 위차에 관한 문제에서 우계는, 율곡의 둘째 자부가 율곡보다 나이가 적은데 율곡이 그를 형이라 부르고 윗자리에 앉혀서 타당하지 않으니, 이 문제에 대해 구봉에게 적극적으로 개입해 줄 것[51]을 당부하였다. 이에 대해 구봉은 예경(禮經)에 여자는 남편의 나이에 따라 자리에 앉는다고 하여 율곡의 예가 합당하지 않다[52]고 비판하고 있다.

---

48) 『栗谷全書』, 권11, 「書3」, 〈與宋雲長〉: "手容恭則來說是也 謹改之耳"

49) 위의 글: "立志章我又何求云者 果不瑩故謹改之耳"

50) 위의 글: "事親章云云 父母之恩莫大焉者 是生我之故也 若以生我爲非恩 而別求他義理 恐不能也 但兄說如此 他人亦有疑之者 故謹改之耳"

51) 『牛溪集』, 권4. 「簡牘1」, 〈宋雲長書, 1577(丁丑十二月)〉: "姊妹夫 以姊妹之年紀而爲之序 於義理何如 尹珊之父 年後於叔獻 而叔獻呼之爲兄 坐之在上云 聞之極未安 鄙見以爲姊妹 爲一位 以年而坐 壻與男子兄弟爲一位 以年而坐 恐得倫理之正也⋯⋯⋯見叔獻錄示 答尊兄論庶母禮書 其言多主於情而不据於禮 又忽忽說過 欠精詳 殊可恨也"

52) 『龜峯集』, 권6. 「禮問答」〈答浩源問〉: "禮左右前後皆得合理 是爲得中 叔獻雖欲尊尹公之 父 尹公之父 安得挾妻年 居長我之叔獻上乎 來示正合 頃見叔獻 講其不可 答以姊是長我 者 而姊之所天 其夫也 勢不得坐其上云 吾以爲不然 似別行之爲便 而如難別行處 則叔獻 之坐尹上爲是 而尹之坐叔獻上爲非 且禮云 女坐以夫之齒 今何敢以夫而坐女之齒乎 又禮 云男女異長"

이에 대한 율곡의 논변 글은 드러나지 않으므로 본고에서는 생략하기로 하겠다.

8) 율곡 서모 위차에 관한 문제

자부 위차문제와 서모 위차에 대한 문제는 율곡의 현실생활과 밀접한 행례라서 학자들 사이에 예민한 문제가 아닐 수 없었다. 율곡의 서모 위차 예법시행에 관한 문제를 제기한 사람도 우계이다. 우계는 서모 위차에 대한 율곡의 논지는 정(情)을 앞세우고 예(禮)에 근거하지 않은 것이 대부분이며, 예전부터 서모를 주부(主婦; 제사 받드는 사람의 아내)의 앞에 두고 행해왔으니 잘못이므로, 구봉이 가르침을 주도록53) 권면하고 있다.

이에 대해 구봉은 예경에 없는 예를 행하여 혐의를 범했고, 율곡이 말하는 귀첩(貴妾)은 대부(大夫)에게나 있는 것으로 율곡이 대부가 아니며, 예경에 율곡서모와 같은 자식이 없는 서모는 제례에서 위차가 없다고 하면서 엄정히 비판하였다.54)

그러자 율곡은 이에 대한 답변서에서 먼저 첩에 대한 종류를 셋으로 나누어 분류하여 말하고 있다. 첫째, '비첩(婢妾)이란 모두 여자 종'이며, 두 번째, '시비(侍婢)로서의 아들이 있는 천첩(賤妾)'과, 세 번째 '집의 살림살이를 주장하던 귀첩(貴妾)'55)으로 나누고 있다. 그리고 네 가지의

---

53) 『龜峯集』, 권4, 「玄繩編上」, 〈答浩原書〉: "且見叔獻錄示答尊兄論庶母禮書 其言多主於情而不据於禮……欲着庶母主婦之前 從前所見如此 非但今日也 豈不誤哉……後四月十八日 渾拜"

54) 『龜峯集』, 권6, 「禮問答」, 〈與浩原論叔獻待庶母禮〉

55) 『栗谷全書』, 권11, 「書3」, 〈答宋雲長〉: "古人所謂婢妾者 多是女僕……父若幸侍婢而有子者 謂之庶母 則此固賤妾……若主家之妾 則乃貴妾也"

입장을 들어서 구봉의 비판에 논변하고 있다.56) 여기서 율곡이 대부가 아니며, 자신의 서모의 경우만을 말하는 것57)이라는 점에서 공적(公的)인 예는 아니라는 것을 율곡 자신도 말하고 있음을 알 수 있다. 이런 점에서 천리의 절문이요, 인사의 의칙인 예의 입장에서 사사로운 행례법이라 볼 수도 있다. 동찬을 언급하고,58) 대부의 신분이 아니면서 귀첩을 들어 말하고 있는 점59)에서 도학지사로서의 율곡답지 못하다고 할 수도 있다. 예는 자신의 신분과 지위와 가세에 맞게 행하는 것이 시중의 예60)이다. 학문에 있어서 엄정한 율곡이 돌아가신 부친에 대한 효의 연장선에서 서모에 대한 정리(情理)로 인해, 우계와 구봉이 우려하였듯이 중(中)을 잃고 있음을 살필 수 있다. 이는 과례(過禮)라고 할 수 있다.

> 庶母位次는 끝내 의거할 만한 禮를 찾지 못하니……뒷날 학문이 진보되면 아마 강론하여 歸一될 수 있을 것입니다.61)

이와 같이 구봉과 율곡의 서모위차에 대한 논변은 6년간에 걸쳐 왕래

---

56) 『龜峯集』, 권6, 「禮問答」, 〈與浩原論叔獻待庶母禮〉: 율곡은 서모의 위차를 뒤로하면, 자기가 낳은 자식의 며느리도 반드시 앞에 있게 될 것이라 어렵고(雖所生之子婦 亦必居前矣), 부친이 아내를 잃은 뒤에 양가의 딸을 맞이해서 살림을 주장한 서모이기에(父於喪室之後 得良女主饋 以攝內政) 며느리 뒤에 세울 수 없고, 부친이 사랑한 귀첩을 자식입장에서 복이 없다고 할 수 없고(則況子爲父之貴妾 豈可以爲無子而無服乎), 예경에 혐의가 있다고 인간의 정리 입장에서 연회나 제사에 자리를 주지 않을 수 없다.(今以位次之嫌故……而庶母不得出參……於人情何如哉)라며 네 가지 입장을 논변하고 있다.

57) 『栗谷全書』, 권11, 「書3」, 〈答宋雲長〉: "此則指珥之庶母而言也 非泛指人之庶母也"

58) 위의 글: "大抵貴妾之異於婢僕 三代以來皆然 恐不可一切斥以婢妾也 同曓緦 非謂父妾之無子者也"

59) 위의 글: "禮 大夫爲貴妾 雖無子亦緦"

60) 『龜峯集』, 권6, 「禮問答」, 〈答浩原問〉: 禮左右前後皆得合理 是爲得中"

61) 『栗谷全書拾遺』, 권2, 「書上」, 〈與宋雲長, 1580庚辰〉

하였지만, 서로의 합일점을 찾지 못하고 후일을 기약하며 유보하고 있다. 이를 통해서 볼 때 구봉은 예론에 있어서도 명분론적 정통론의 입장에 서 있다면 율곡은 오히려 시의에 맞는 행례를 주장하는 특징을 보여주고 있다.

3. 결 론

구봉, 우계, 율곡은 파주를 중심으로 평생 도의지교를 맺고 절차탁마하여 조선성리학의 대가로 성공하였다. 구봉과 율곡은 각각 25세와 23세에 「천도책」으로부터 학문교유가 시작되었다고 드러난다. 두 사람이 비판하고 논변한 것을 살펴보면 율곡 42세에서 48세까지의 6~7년 사이의 자료가 주를 이룬다.(『율곡전서』와 『구봉집』을 중심으로) 이는 율곡이 49세에 졸하였고, 율곡의 문집이 『율곡집』에서 『율곡전서』로 새롭게 정리하는 과정에서 산삭되어진 사실[62]에서 그 원인의 하나를 찾을 수 있다. 이는 구봉의 문집이 그의 사후 163년 만에 간행되었고, 그 사이 송시열의 문집에서 나타나듯이 많은 부분이 산삭되었음에서도[63] 드러난다. 무엇보다도 현재까지 구봉과 율곡의 문집에 실린 학술자료에 대한 정립이 완성된 것이 아니라는 점에서 보다 더 세밀하고 종합적인 연구가 필요하다고 분석되어진다.

논자는 구봉의 율곡학설에 대한 비판내용 8가지를 선정하여 경학, 성

---

62) 박학래, 「구봉 송익필에 관한 연구현황 및 과제-구봉의 학문 및 사상의 위상정립에 유의하여-」, 『유학연구』 제36집, 충남대학교 유학연구소, 2016. 160쪽, 재인용

63) 『宋子大全』 권130, 「雜著」, 〈栗谷別集訂誤〉

리학, 예론으로 나누어 제시하였다. 그 분석 결과 구봉의 율곡학설 비판 항목 8가지 중에서『소학집주』,『격몽요결』에 대하여 율곡이 겸허히 수용하였고,『순언』과 '자부 위차'의 항목은 율곡의 학술적 논변 자료가 없으며,『자치통감강목』은 오히려 율곡이 구봉에게 질정하고 있다. '습여성성설'에 대한 항목에서도 구봉의 해박한 성리학에 대한 이해를 확인할 수 있다. '인심도심설'은 구봉과 율곡과의 직접적인 논변은 없지만, 구봉의 논변으로부터 영향 받아서 율곡의 학설이 수정되어진 것이라는 연구결과에 수긍이 간다. 이와 같이 분석할 때, 구봉의 율곡학설 비판은 8가지 항목 가운데, 2개 저술의 수용과 수정, 1개 항목의 영향 및 수정,『자치통감강목』과 '습여성성설'과 '서모 위차' 3개 항목의 유보와, 2개 항목의 논변이 없는 것으로 분석된다.

이를 통해 구봉의 율곡학설에 대한 비판은, 율곡의 학설 8개 중 6개부분에서 영향을 주고 있음을 알 수 있다. 이는 구봉의 성리학 및 예학이 율곡뿐만 아니라, 김장생과 기호유학자들에게 성리학과 예학분야의 전반적인 부분에서 큰 영향을 주었다는 것이 잘 드러나고 있는 것이라고 할 수 있다. 또한 구봉과 율곡은 도우로서 서로 믿고 존경하지만, 학문적으로는 서로 비판하고 토론함으로써 학문의 완성을 추구하였음을 알 수 있으며, 이를 통해 양자의 학문적 입장과 위상을 살필 수 있었다. 무엇보다 당대 이론성리학의 대가로 자부한 율곡이, 구봉의 혹평과 비판에 대해 거의 수용하고 있다는 점에서 주목할 필요가 있다.

그러나 구봉의 비판이 보다 구체적으로 적시되고, 또 율곡의 반론이 제기되는 그러한 논변이 있었더라면 양자의 학문적 비교가 가능할 것이다. 위에서 살펴 본 것처럼 예론의 위차문제를 제외하고는 거의 구체적인 비판이 결여되어서, 보다 상세하고 깊이 있는 비교 논의는 어렵다.

다만 『순언』이나 예론에서 보이는 구봉의 보수적 입장과 율곡의 보다 개방적인 입장은 분명 차이가 있다고 하겠다.

이상의 연구를 통해 구봉과 율곡의 학문적 차이와 위상을 이해하는 데 도움이 될 것이며, 기호유학사와 한국유학사를 정립하는 새로운 연구방법의 하나가 될 것이라 기대해 본다.

【참고문헌】

『論語』, 『禮記』, 『書經』, 『龜峯集』, 『擊蒙要訣』, 『沙溪全書』, 『小學集註』, 『宋子大全』, 『牛溪集』, 『栗谷全書』, 『栗谷全書拾遺』, 『歷代史要』, 『靜庵集』, 『靑莊舘全書』

이종성, 『율곡과 노자 -『순언』에 관한 철학적 모색-』, 충남대학교출판문화원, 2016.

곽신환, 「태극문 논변」, 『유학연구』 27집, 충남대학교 유학연구소, 2015.

김창경, 「구봉 송익필의 도학적 수기론」, 『유학연구』 24집, 충남대학교 유학연구소, 2011.

김창경, 「구봉 송익필 직사상의 기호유학에서의 전승연구」, 『동서철학연구』 78호, 한국동서철학회, 2015.

김현수, 「畿湖禮學의 形成과 學風 -栗谷·龜峯의 特徵과 傳承을 중심으로-」, 『유학연구』 25집, 충남대학교 유학연구소, 2011.

박학래, 「구봉 송익필에 관한 연구현황 및 과제- 구봉의 학문 및 사상의 위상 정립에 유의하여 -」, 『儒學硏究』 36집, 충남대학교 유학연구소, 2016.

손흥철, 「구봉 송익필 「태극문」의 태극에 관한 연구」, 『남명학연구』 51집, 경상대학교남명학연구소, 2016.

손흥철, 「구봉과 율곡의 학문과 교유」, 『동양철학연구』 93집, 동양철학연구회, 2018.

유성선, 「밀암 이재의 "認理爲氣"적 율곡학비판」, 『율곡사상연구』 16권, 율곡연구원, 2008.

유지웅, 「기호성리학 계승1세대 학자들의 구봉성리학 수용양상」, 『유학연구』 36집, 충남대학교 유학연구소, 2016.

이선경, 「16세기 기호성리설 성립기 학자들의 교유와 학문 -『삼현수간』을 중심으로」,『공자학』 34호. 공자학회, 2018.

이정훈,「전북지역 전승 송구봉 설화의 현황과 그 의미」,『국어문학』 67권, 국어
    문학회, 2018.

이종성,「율곡『순언』의 경세론적 기본 입장」,『동서철학연구』 44권, 한국동서철
    학회, 2007.

진성수,「구봉 송익필의 수양론 연구」,『동양철학연구』 87집, 동양철학연구회,
    2016.

최영성,「구봉 송익필의 학문과 기호학파에서의 위상」,『우계학보』 23호, 우계문
    화재단, 2004.

한기범,「구봉 송익필의 예학 사상」,『한국사상과 문화』 제60집, 한국사상문화학
    회, 2011.

제2부 구봉 송익필 문학사상

구봉詩 감상

호젓한 집(幽居)

春草上巖扉	봄풀이 자라 암비(巖扉)에 오른 곳
幽居塵事稀	숨어 사니 세상 소식이 드물다
花低香襲枕	꽃이 나직하니 향기가 베개에 스미고
山近翠生衣	산이 가까우니 비췻빛이 옷에 물든다
雨細池中見	빗방울 가는 것을 못물에서 보겠고
風微柳上知	바람 약한 걸 버들가지 끝에서 알겠다
天機無跡處	자연의 천기(天機)에 아무 흔적이 없는 곳
淡不與心違	담박함이 내 마음과 어긋나지 않는다

〈『구봉집』, 권2, 「幽居」〉

한시(漢詩)를 통해 본 송익필의 내면세계
-만년의 시련과 고독, 그리고 자아완성-[1]

최영성[2]

1. 머리말

구봉(龜峯) 송익필(宋翼弼: 1534~1599)은 기라성 같은 인재들이 배출되었던 조선 선조조(宣祖朝), 이른바 목릉성세(穆陵盛世)의 위관(偉觀)을 장식하는 인물 가운데 한 사람이다. 그의 학문은 성리학·예학·시문학이 세 축을 이룬다. 그는 세 분야에서 각각 정상급에 올랐다. 율곡 이이가 "성리학에 대해 알고 싶거든 송구봉에게 질문하라"고 했던 한 마디의

1) 이 글은 구봉문화학술원 정기학술대회(2021.11.27, 충남대 인문대학 문원강당)에서 발표한 논문을 수정 보완하여 『한국철학논집』 74호(2022)에 게재한 글임을 밝혀둔다.

2) 한국전통문화대학교 교수.

말은 송익필이 성리학에서 어느 경지에 올랐는지를 시사한다. 또 그에 의해 조선예학이 '예학'이라는 문호를 표방하기 시작했다는 평가 역시 조선예학사에서 송익필이 차지하는 위치가 어떤지를 단적으로 보여준다. 조선예학의 대종(大宗)으로 불리는 사계(沙溪) 김장생(金長生: 1548~1631)이 그의 수제자라는 점을 상기할 때, 17세기 이래 조선 학술사의 발전에 그가 끼친 영향력을 가늠할 수 있겠다.

한시사(漢詩史)에서도 송익필의 위상은 높다. 도학과 문학 양면에서 평가를 받는 것은 그의 도우(道友)인 율곡 이이나 우계 성혼이 미치지 못하는 바다. 『구봉집』을 보면 권1, 권2에 시 450여 수가 실려 있다. 근체시(近體詩)가 절대 다수다.[3] 송익필의 시는 당시풍(唐詩風)의 흥취와 여운을 바탕으로 깔고, 거기에 이취(理趣)를 중시하는 송시풍(宋詩風)을 곁들였다. 성리학과 한시가 만나는 접점 지대에서 나온 '염락풍(濂洛風)'의 한시가 많다. 조선 말기의 시인 매천(梅泉) 황현(黃玹: 1855~1910)은 〈우리 조선 제가의 시를 읽다(讀國朝諸家詩)〉라는 연작시에서 조선을 대표하는 시인 14명[4]을 〈논시절구(論詩絶句)〉 형식으로 평한 바 있다.

노년에 당쟁에 연루되어 평탄치 않았던 분
십 년을 변방에서 부평초 신세 절감했네
송유의 이학에다 당시풍을 겸한 이는

---

3) 오언고시 28수, 칠언고시 8수, 오언절구 39수, 칠언절구 123수, 오언율시 139수, 칠언율시 108수, 오언배율 8수. 총 453수 가운데 절구와 율시가 409수로 전체의 90.3%에 해당한다. 번역으로는 조남권·이상미 공역, 『송구봉 시전집』(박이정, 2003)이 있다.

4) 14명은 佔畢齋 金宗直(1431~1492)으로부터 挹翠軒 朴誾, 訥齋 朴祥, 湖陰 鄭士龍, 穌齋 盧守愼, 玉峯 白光勳, 蓀谷 李達, 龜峯 宋翼弼, 簡易 崔岦, 蘭雪軒 許氏, 石洲 權韠, 東溟 鄭斗卿, 農巖 金昌協을 거쳐 三淵 金昌翕(1653~1722)에 이른다.

손가락 꼽아보니 동방에 이 노인이 있구려[5]

白首鐶奇黨籍中 十年關塞感萍蓬
宋儒理窟唐詩調 屈指東方有此翁

선발 기준은 알 수 없지만, 황현의 시안(詩眼)이 높은 점에 비추어볼 때, 당시에다 송시를 겸한 대표적 인물로 송익필을 꼽은 것은 주목할 필요가 있다. 여기서도 송익필의 위상과 특장을 짐작할 수 있다.

송익필의 학문과 사상에 대한 연구는 괄목할 정도로 진척이 되었다. 2015년에 '구봉 송익필선생 기념사업회'가 창립되어 기폭제 구실을 하였다. 성리학·예학·시세계 세 분야에서 연구가 고르게 이루어지고 있다.[6] 학계가 동경(同慶)해야 할 일이라고 생각한다.

송익필에 대해 관심이 많은 필자는 그의 한시를 즐겨 음미한다. 그의 시세계는 단순하지 않다. 그의 신산(辛酸)한 삶의 이력과 맞물려 시경(詩境) 역시 내면세계로 깊숙이 파고들었다. 그의 삶과 인생철학은 시를 통해 조명하는 것이 좋은 방법일 수 있다고 필자는 믿는다.

본고에서는 한시를 통해 송익필의 내면세계를 고찰하고자 한다. 특히 만년에 시련과 고독 속에서, 어떻게 자아완성을 향해 나아갔는지, 그 성덕(成德) 과정을 살펴보려고 한다. 문학적 관점에서의 연구와는 일정하게 거리가 있음을 미리 밝혀둔다.

---

5) 黃玹, 『梅泉集』권4, 42a, 「讀國朝諸家詩」
6) 연구 업적을 조사하여 연구사를 정리하는 것은 의미 있는 일이 될 것이다. 본고에서는 분량 관계상 이를 생략하고 別稿를 기약한다.

2. 龜峯詩의 특징과 전개 양상

송익필이 살았던 16세기 중반은 사단칠정논변(四端七情論辨)을 중심으로 성리학이 꽃을 피워가던 시기였다. 이 뿐만 아니라 시풍이 바뀌어가던 시기이기도 했다. 이전에 조선의 시풍은 소동파(蘇東坡)·황산곡(黃山谷)·진사도(陳師道) 등의 시를 모범으로 삼은 송시풍이 성행하였으나, 16세기 중엽에 가면 당시풍으로 전환된 흔적이 역력하였다. 화려한 수식, 어려운 전고(典故)가 많지 않은 구봉시에서 당시풍의 영향을 엿볼수 있다.

구봉시는 표현 양식과 율조(律調) 면에서는 성당시(盛唐詩)를 많이 따랐다. 내용상으로는 설리(說理)와 격양(擊壤)을 노래한 것이 상당하다. 당시에다 송시를 겸한 것이라 할 수 있다. 이것은 선유들이 이미 평을내린 바 있고,[7] 이런 평가는 앞으로도 바뀌기 어려울 것이다. 당시풍과송시풍의 서로 다른 면모를 한 작가에게서 볼 수 있다는 점에서 '이중적면모'라고 말할 수 있겠지만, 기실 하나의 시에서 당시풍과 송시풍을 아울러 볼 수 있는 경우가 많다.

필자가 보건대, 구봉시는 당시풍의 시가 주를 이룬다. 소강절이 주도했던 이른바 격양시풍(擊壤詩風)이 그 다음이며 도학(道學)과 설리(說理)를 내용으로 하는 시가 그 다음이다. 송익필의 성리학적 세계관은 굳이 시를 통해 유추할 필요가 없을 정도로 관련 자료가 많다. 다만, 설리시를 통해 압축한 내용을 한 눈에 파악하는 것도 의미는 있다.

우암 송시열은 「구봉 묘갈문」에서 "시는 이백(李白)을 중심으로 했

---

7) 『구봉집』 권10, 14a, 「墓碣文」(宋時烈) "象村評之曰: 材取盛唐, 故其響淸, 義取擊壤, 故其辭理."; 『구봉집』 권10, 27a, 「詩集後序 三首」(鄭曄) "咸曰: 盛唐之淸調, 堯夫之自得兼焉."

다"8)고 평하였다. 송익필은 이백을 학시(學詩)의 중요 기준으로 삼았던 것 같다. 송익필의 시어(詩語)를 보면 이백의 작품에서 영향을 많이 받은 것으로 드러난다. 차운시(次韻詩)와 용운시(用韻詩)가 많은 것도 같은 맥락에서 이해할 수 있다. 이백과 송익필의 시에서 공통적으로 드러나는 사실은 재능을 지니고도 시대를 잘못 만난[懷才不遇] 답답한 심정을 작품에 다수 반영하였다는 점이다. 갈등과 좌절, 이별과 방랑에 관련된 시어들이 두 사람의 작품에 많이 나타난다.9) 또한 이백의 시에 나타나는 낭만적 성격, 감각적 이미지와 주관적 정감을 중시하는 경향 역시 송익필의 시에서 자주 엿볼 수 있다.

먼저 송익필의 당시풍의 시 세 수를 보기로 한다.

풍경 소리 맑게 울리는 새벽녘
지팡이 짚고 벽산을 내려온다
바위에 핀 꽃은 이별이 아쉬운 듯
물을 따라 인간 세상으로 나오는구나10)

殘夜鳴淸磬 携筇下碧山
巖花猶惜別 隨水出人間

봄날 산사(山寺)에서 하룻밤을 보내고 새벽녘에 산을 내려오면서 지은 시로 보인다. 정감을 중시하는 당시의 특성이 잘 드러나 있다. 전구

---

8) 『구봉집』 권10, 10a, 「墓碣文」(宋時烈) "其文主於左馬氏, 詩主於李白."
9) 강구율, 「구봉 송익필의 詩世界와 詩風 연구」, 경북대학교 박사학위논문, 2000, 139쪽.
10) 『구봉집』 권1, 12a, 「下山」

와 결구가 시에 생명력을 불어넣었다. 『속전등록(續傳燈錄)』 권29에 나오는 '落花有意隨流水'(지는 꽃도 뜻이 있어 흐르는 물을 따른다) 구절[11]을 연상케 한다. 또한 당나라 때 시인 저광희(儲光羲: ?~760)의 〈강남곡(江南曲)〉 제3수[12]에서 "떨어지는 꽃잎도 마음이 있는 듯/ 오며 가며 배를 따라 흐르네"(落花如有意, 來去逐船流)라고 한 구절과 의경(意境)이 통한다. 다만 저광희의 시가 '화유의(花有意)'라 하여 속내를 반쯤 감추었다면, 송익필의 시는 '화석별(花惜別)'이라 하여 감정을 시원스럽게 털어놓았다.

밤새 내린 찬 눈 층대에 수북이 쌓였는데
주승은 어느 산에서 묵느라 돌아오지 않는지
작은 탁자 위 향불은 다 타고 바람은 고요하여
소나무 스쳐오는 맑게 갠 달 홀로 보네[13]

連宵寒雪壓層臺 僧到何山宿未廻
小榻香消靈籟靜 獨看晴月過松來

눈이 온 뒤 산사에서 하룻밤 묵으면서 읊은 시다. 눈[目]이 시릴 정도로 하얀 눈[雪], 눈이 갠 뒤에 유난히 맑은 달이 중요한 소재다. 주승(主僧)은 폭설에 막혀 다른 절에서 묵고, 사방을 떠도는 객이 주인이 되어

---

11) '流水無情送落花'가 그 대구라 한다.

12) 『儲光羲集』 "日暮長江裏, 相邀歸渡頭. 落花如有意, 來去逐船流."

13) 『龜峯集』 권1, 17a, 「雲庵, 次友人韻」 참조. 허균의 『鶴山樵談』에는 원문이 "連宵寒雪壓層臺, 僧在他山宿未廻. 小閣殘燈靈籟靜, 獨看明月過松來"로 되어 있다. 제목도 '山雪'로 된 곳이 있다.

'산중설후(山中雪後)'의 정경을 보며 청심(淸心)의 상태를 만끽한다. 허균은 『학산초담(鶴山樵談)』에서 이 시를 평하여 '구격청절(句格淸絶)'이라 하였다.14) 더할 수 없이 깨끗한 것은 자연 풍광만이 아님은 더 말할 나위 없다. 당시의 본을 잘 보여준 시라 하겠다.

> 홀로 일천봉우리 마주하며 졸다가 해지는데
> 저녁 산기운이 비와 함께 발 앞에 떨어진다
> 귓가에 아무 말도 안 들리니 귀 씻을 일 있을까
> 푸른 사슴 찾아와 놀면서 벽천의 물 마신다15)

> 獨對千峯盡日眠 夕嵐和雨下簾前
> 耳邊無語何曾洗 靑鹿來遊飮碧泉

시비성(是非聲) 없는 세상에서 홀로 사는 즐거움을 읊은 시다. 송익필의 시경(詩境)에서 흔히 보이며 중요한 위치를 차지하는 '독(獨)'의 경지를 읽을 수 있다. '독'의 경지는 구봉시에서 변별적이고 특징적인 국면을 이룬다. 이 '독'은 '낙(樂)'으로 이어지고 독락(獨樂)은 자연과의 공락(共樂)으로 귀결된다.16) 승구의 서경(敍景)이 돋보인다.

　다음으로 송시풍의 영향을 살펴보자. 대개 설리시(說理詩)와 격양시(擊壤詩) 두 측면에서 볼 수 있다. 설리시는 자연의 이치를 설파하는 내

---

14) 許筠, 『惺所覆瓿藁』, 부록 『鶴山樵談』 31b 참조.
15) 『구봉집』 권1, 22b, 「山中」
16) 김보경, 「구봉 송익필의 시세계와 '獨'의 경계」, 『한국한시연구』 19, 한국한시학회, 2011 참조.

용의 시를 말한다. 성리학자들이 깨달음을 얻은 상태를 읊은 시를 말하
기도 한다.

> 만물은 애초부터 나의 한 몸에 갖추어졌으니
> 산중에서 이루는 공업을 빈약하다 말하지 말라
> 경륜을 펼 길 오래 끊어져 세속의 꿈일 뿐이고
> 시와 술은 만상 밖의 봄에 오래 머무는구나
> 氣는 열리고 닫힘이 있어 獜과 馬가 다르지만
> 理는 깊고 얕음이 없어 舜과 人이 같다네
> 상운(祥雲)과 폭우는 모두 나로 말미암는 법
> 하늘의 마음이 하계를 고루 덮음을 다시 깨닫네17)

萬物從來備一身 山家功業莫云貧
經綸久斷塵間夢 詩酒長留象外春
氣有閉開獜異馬 理無深淺舜同人
祥雲疾雨皆由我 更覺天心下覆均

구봉시에서 설리시의 위상은 높다. 당시풍의 문학성까지 곁들인 설리
시도 적지 않다. 그러나 위의 시에서 보는 것처럼, 당시풍의 시와는 차
이를 보인다. 이취(理趣)가 뚜렷한 데 비해 '자연스러움'은 덜하다. 메시
지는 결련의 두 구절만으로도 충분하다. 성리학에서의 리기 개념이 들
어감으로써 교설적(教說的) 색채를 띠고 말았다. 이런 점은 설리시의 태

---

17) 『구봉집』권2, 27b, 「偶得寄牛溪」

생적 한계일 수 있지만 구봉시 자체에 기인한 바가 크다. 그러나 다음과 같은 시는 부자연스러움을 최대한 극복하면서 설리시의 본을 보였다고 하겠다.

긴 낮에 새들은 소리가 없고

비온 뒤 산이 더욱 푸르다

일이 드물어 세상이 태평함을 알겠고

사는 곳 고요하니 마음 밝아짐을 느끼겠다

한낮이 되니 온갖 꽃들이 한창 피고

못이 맑으니 모든 물상이 다 비친다

예부터 말이란 얄팍한 법

이 사이의 사정을 묵지하는 게 중요하리[18]

晝永鳥無聲 雨餘山更靑

事稀知道泰 居靜覺心明

日午千花正 池淸萬象形

從來言語淺 默識此間情

도의 본체와 그 작용을 알아 체득한 것을 읊은 시다. 독(獨)과 정(靜)을 추구하여 심체본명(心體本明)을 각성하는 것, 그리고 이것을 말없이 알아차리는 것[默識]을 강조하였다. 독·정(獨靜)을 통해 묵지심융(默識心融)의 경지에 이르면, 말이 떨어져 나가고 사유가 끊기게[離言絶慮]

---

18) 『구봉집』 권2, 12a, 「春晝獨坐」

된다.

내용상 중요한 비중을 차지하는 구봉시의 또 다른 요소는 격양시적 (擊壤詩的) 면모다. 송익필의 시에서는 소옹(邵雍)의 〈격양시〉에 보이는 안분(安分)·무욕(無慾)·탈속(脫俗)·자한(自閑)의 태도를 찾아볼 수 있다. '격양(擊壤)'은 고복격양(鼓腹擊壤)의 줄임말로, 삼대지치(三代之治)의 이상이 구현된 세상이다. 송익필의 시는 '요부(堯夫)의 자득함[堯夫之自得]을 겸했다'19), '뜻을 격양에서 취했다[義取擊壤]'20)는 평가를 받는다. 이런 시는 그 양이 많다. 작품 소개와 분석은 줄이기로 한다.

3. '독(獨)'과 '정(靜)'의 詩的 형상화

송익필의 신세가 영락(零落)한 것은 53세부터다. 1586년(선조 19) 안당(安瑭: 1460~1521)의 후손들이 오랜 송사를 통해 안처겸(安處謙)의 역모가 조작임이 밝혀내자, 신사무옥(辛巳誣獄)을 일으킨 송사련(宋祀連: 1496~1575)의 가족 모두가 안씨 집안의 노비로 환속되었다. 송사련의 아들인 송익필은 그의 형제들과 함께 종적을 감춰 안씨 집안과 동인 일파의 보복을 피하였다. 이산해(李山海)·정철(鄭澈) 등 가까운 벗이 피신처를 제공해 몸을 숨겼고, 문인 조헌(趙憲)이 자주 상소하여 송익필의 억울함을 호소하였다. 마침내 58세 때인 1591년에 관(官)에 자수한 뒤 경상도 남해(南海)에 유배되었다가 이어 평안도 희천(熙川)으로 이배되

---

19) 『구봉집』 권10, 27a, 「詩集後序 三首」 "盛唐之淸調, 堯夫之自得兼焉."(鄭曄)

20) 『구봉집』 권10, 28a, 「詩集後序 三首」 "竹西云: 材取盛唐, 故其響淸, 義取擊壤, 故其辭理."(申欽)

었다. 1593년 9월에 석방된 뒤, 1596년부터 충청도 면천(沔川) 마양촌(馬羊村)에 있는 김진려(金進礪)의 장사(庄舍)에서 우거(寓居)하다가 1599년 세상을 떠났다. 이 시기 그는 불행의 연속이었다. 보통 사람 같으면 견디기 어려운 시련이 계속되었다.

그가 형조에 붙잡혀갔을 때 옥중에서 지었다는 율시의 한 대목을 보자.

일생 동안 고인의 예를 행했건만
사흘이나 군자의 관을 쓰지 못했네
봄꽃이 다 졌을 산 아래 집
새벽꿈에 물과 구름 사이로 돌아가네[21]

一生身服古人禮 三日頭無君子冠
落盡春花山下宅 曉天歸夢水雲間

평생토록 선성현(先聖賢)의 글을 읽고 예법에서 어긋난 행동을 하지 않았던 그가 불의의 사태로 옥에 갇혀 사흘 동안 맨상투바람으로 있었음을 슬퍼한 것이다. 전구와 결구에서는 집에 돌아가고 싶은 마음을 숨김없이 드러냈다. 도학자의 근엄함 속에서도 인간미가 돋보인다.

이 시에 대해 근세 영남의 학자 회봉(晦峯) 하겸진(河謙鎭: 1870~1946)은 『동시화(東詩話)』에서 "이 시는 평소에 몸을 바르게 한 엄격함을 보여주었다. 시 역시 높고 고풍스러워 암송할 만하다. 옥에 갇힌 것

---

21) 『구봉집』 권2, 34b-35a, 「累在秋府」

은 모년의 일로 인해서일 뿐인데, 도를 들을 수 없음이 애석하다"[22]고
하였다. 심재(深齋) 조긍섭(曺兢燮: 1873~1933) 역시 이 시와 관련하여
다음과 같은 시를 남겼다.

일생 동안 고인의 예를 행했건만
사흘이나 군자의 관을 쓰지 못했네
예전엔 구봉의 괴로운 심사 이해를 못했는데
이제 겪고 나서야 그 어려움 알게 됐네[23]

一生身服古人禮 三日頭無君子冠
舊怪龜翁心事苦 如今履及始知難

앞의 두 구는 송익필의 시에서 그대로 옮긴 것이다. 조긍섭은 1919년
3월 일본총독과 동포대중에게 보내는 글을 초안했다가 발각돼 17일간
옥에 갇힌 적이 있었다. 그 일이 있은 뒤 송익필의 심정을 이해하게 되
었다는 것이다. 그 이전에는 도학자가 괴로운 심사를 시로 드러낸 것에
대해서 거부감이 있었음을 시사하였다. 조긍섭의 이 시를 통해 도학자
송익필의 인간미를 다시 확인하게 되었다.

송익필의 말년 심사는 다음의 시가 대변하는 것 같다.

산이란 산 다 보고는 대나무 사립문을 닫아걸었네
고요한 가운데 참으로 얻으니 늘그막에 무엇이 의심되랴

---

22) 하겸진 저, 기태완·진영미 역, 『東詩話』, 아세아문화사, 1995, 183쪽.
23) 조긍섭, 『巖棲集』 권5, 「拘中雜題 八首」

그저 내 분수 안에서 마땅히 해야 할 일을 하고
남들이 알아주고 알아주지 않음은 묻지 않으려네[24]

看盡千山掩竹扉 靜中眞得老何疑
只爲分內當爲事 莫問人知與不知

    세상의 온갖 풍상을 다 겪은 인생 말년의 도학자가 자신에게 주어진
운명의 길을 가겠다는 다짐을 담았다. 송익필의 시를 보면 '홀로 있음
[獨]을 즐김'과 '고요[靜]를 추구함'이 두드러진다. 말년으로 갈수록 이
런 경향이 짙다. 홀로 있음과 고요함을 좋아하는 것은 "거처가 고요하니
마음이 밝음을 알겠다"(居靜覺心明)[25]고 한 데서 단적으로 엿볼 수 있다.
이와 관련하여 다음의 구절들도 그 함의가 깊다.

水逢深處定 물은 깊은 곳을 만나야 자리를 잡고
荷到靜時香 연꽃은 고요한 때라야 제 향기를 풍긴다[26]

花欲開時方有色 꽃은 피려 할 때 바야흐로 색깔을 나타나고
水成潭處却無聲 물은 못을 이루는 곳에선 도리어 소리가 없네[27]

    '독'과 '정'을 시로 승화시킨 것들의 수가 많다. 그만큼 빈도수가 높다

---

24) 『구봉집』 권2, 27b, 「靜中」
25) 『구봉집』 권2, 12a, 「春晝獨坐」
26) 『구봉집』 권2, 10a, 「有托」
27) 『구봉집』 권2, 36a, 「寄牛溪」

는 것이다. 이것은 자의에 의한 것일 수 있고 주어진 환경에 의한 것일 수도 있다. 한 가지 분명한 것은 타의에 의한 어쩔 수 없는 선택으로 끝난 것이 아니라는 점이다. 자존적(自尊的), 자고적(自高的) 차원에서의 적극적인 추구라 할 수 있다. 외물(外物)이 그를 구속할 수 없었고, 그렇다고 그를 폐쇄적으로 만들 수 없었다. 이런 사고를 뒷받침하는 시 두 수를 보자.

-홀로 길을 가다[獨行]-

새 한 마리 하늘가로 사라졌네
고상한 자취를 어디서 찾을까
밤길 갈 땐 조각달을 따르고
아침에 일어나선 외로운 산을 마주보네
장애물이 있으면 간담도 초월처럼 멀게 느껴지지만
사사로운 욕망이 없으면 고인과 지금 사람이 다를까
지팡이 멈추고 때때로 홀로 앉노니
흐르는 물이 바로 나의 지음(知音)일세[28]

一鳥天邊去 高蹤何處尋
夜行隨片月 朝夢對孤岑
有膜肝猶越 無私古亦今
停筇時獨坐 流水是知音

---

28) 『구봉집』 권2, 20a, 「獨行」

기련에서는 하늘 높이 나는 새의 고상한 자취를 은자(隱者)의 삶에 비하였다. 은자에게는 밤길에 길잡이 구실을 하는 달이 있고, 언제나 동무가 되어주는 고산(孤山)이 있음을 승련에서 말하였다. 전련에서는 세상살이에서의 장애물이 사사로운 욕망이라는 점을 시사하면서, 무사(無私)의 상태에서는 고인과 내가 아무런 장애 없이 만날 수 있다는 것이다. 결련에서는 왜 작자 자신이 '혼자만의 시간을 즐기는지' 그 이유를 밝혔다. 고독은 세상과의 단절이나 스스로 고립을 청하는 것이 아니다. 세상을 관조하는 가운데 보다 더 많은 것들과 소통하고 대화를 하며 인생을 음미하기 위한 방편이다. 흐르는 물이 나의 지음(知音)이 된다는 말은 혼자서의 즐거움이 최고조에 달한 것이라 할 수 있다.

-홀로 앉아서[獨坐]-

맑고 시원한 물소리 들리는 걸 보니
창문 너머에 봄물이 일어난 듯
참을 쌓음에 산이 적막하였고
도를 탐닉함에 세월이 가팔랐네
분수가 정해지고 나니 몸 편안하고
정신이 응집되니 뜻과 생각이 맑아지네
멀리 보니 멧부리에서 구름이 나오는데
오고감을 무정함에 맡겨둘까 하네29)

---

29) 『구봉집』 권2, 19b, 「獨坐」

泠泠入耳聲 隔窓春水生
蘊眞山寂寞 耽道歲崢嶸
分定形骸逸 神凝志慮清
遙看雲出岫 來去任無情

산속에 홀로 앉아 자신을 되돌아보면서, 한없는 자기만족을 토로하였다. 달관(達觀)의 경지에서 읊은 득도시(得道詩)라 할 만하다.

기련에서는 산중에서 봄을 맞아 새 삶을 준비하는 부푼 마음을 '불어난 계곡물'에 담아 형상화하였다. 승련에서는 온진(蘊眞), 탐도(耽道)의 나날을 반추하면서 현재 자신의 산중생활, 그리고 가파른 언덕처럼 높아진 세월의 두께를 생각해 보았다. 참을 쌓고 도에 탐닉하는 과정을 거치면서 자연스럽게 정분(定分), 응신(凝神)의 단계로 이어졌음을 전련에서 밝혔다. 마음이 편하지 않으면 몸이 편하지 않고, 마음이 편하지 않으면 뜻과 생각이 맑아질 수 없다는 이치를 설파하였다. 결련에서는 암굴(巖窟)에서 구름이 한가하게 피어나는 모습을 바라보면서[30] '인위(人爲)가 없는 자연스러운 삶'을 말하였다. 선가(禪家)에서 말하는 '무위임운(無爲任運)' 바로 그것이었다. 무욕', '초탈', '달관'의 자세가 엿보인다. 이런 경지는 감정이나 욕심, 충동 따위를 이성적 의지로 눌러 이기는 단계를 이미 넘어선 것이라고 볼 수 있다.

---

30) 陶淵明,「歸去來辭」"雲無心以出岫, 鳥倦飛而知還."

4. 천기발현(天機發現)과 천인합일(天人合一)

'독(獨)'과 '정(靜)'의 추구는 천기발현(天機發現)과 천인합일(天人合一)로 이어졌다. 송익필의 시는 천기론(天機論) 차원에서 말할 수 있을 정도로 '천기'의 의미를 강하게 풍긴다. 먼저 시 한 수를 보기로 한다.

-호젓한 집[幽居]-

봄풀이 자라 암비(巖扉)에 오른 곳
숨어 사니 세상 소식이 드물다
꽃이 나직하니 향기가 베개에 스미고
산이 가까우니 비췻빛이 옷에 물든다
빗방울 가는 것을 못물에서 보겠고
바람 약한 걸 버들가지 끝에서 알겠다
자연의 천기(天機)에 아무 흔적이 없는 곳
담박함이 내 마음과 어긋나지 않는다[31]

春草上巖扉 幽居塵事稀
花低香襲枕 山近翠生衣
雨細池中見 風微柳上知
天機無跡處 淡不與心違

---

31) 『구봉집』권2, 9a, 「幽居」

종래 '천기'는 여러 의미로 사용되어 왔다. 자연의 은밀한 운행, 즉 모든 조화를 꾸미는 하늘의 기밀을 말하기도 하고, 하늘이 부여한 자연 그대로의 모습, 또는 자연의 이법(理法)을 말하기도 한다. 여기서는 이 모두를 포괄한다.

베개에 스미는 꽃의 향기, 옷에 물드는 산의 푸른빛, 너무 가늘어 연못의 물을 봐야만 떨어지는 줄 아는 빗방울, 버들가지 끝에서 확인할 수 있는 살랑 바람 등이 소리 없이 왔다가 흔적도 없이 사라진다. 자연의 미묘한 변화를 감각적으로 포착해낸 솜씨가 실로 일품이다. 이런 자연의 움직임과 변화는 바쁘게 돌아가는 도회지보다 산속에서 혼자 고요히 사는 사람에게 더 가깝게 다가온다. 호젓한 곳에서 살면 자연을 닮으려는 마음이 더 생기게 마련일 것이다.

기련에서는 숨어 사는 탈속(脫俗)의 공간에 봄이 왔음을 알렸다. 승련에서는 베개에 스미는 꽃의 향기, 옷에 물드는 산의 푸른빛을 이끌어 자연이 내게로 다가와 하나가 될 수 있음을 시사하였다. 전련에서는 못에 떨어지는 약한 빗방울을 보고 가랑비가 오는 줄을 알고, 버드나무 가지가 흔들리는 모습을 보고 바람이 가늘게 불고 있다는 사실을 감지한다면서, 자연의 은미한 움직임을 순간적으로 섬세하게 포착해냈다.

도학자는 이것을 외물(外物)의 유혹을 막아내고 천기를 보존하라는 메시지로 읽을 수 있다. 성리학에서 말하는 기선악(幾善惡), 선악이 갈리는 자리로 읽을 수 있지 않을까 한다. 마음에 일어나는 조그마한 움직임까지도 그 기미를 살펴 대처하라는 엄중한 가르침을 자연의 미묘한 변화를 이끌어 은근하게 설파한 점이 돋보인다.

압권은 결련이다. 아무런 흔적을 남기지 않는 담박(淡泊)의 상태에서 천기와 나의 심성(心性)이 합일의 경지에 이를 수 있다는 것이다. 심성과 천기 사이의 연결고리는 바로 '담박'이다. 과연 도학자다운 시상(詩想)이지만 진부하게 느낄 여지를 남기지 않았다. 완성도의 면에서 높은 수준을 보였다.

이밖에 천기발현과 관련된 것을 몇 대목 더 들기로 한다.

해가 정오가 되니 모든 꽃이 한창이고
못이 맑으니 온갖 형상이 드러난다
언어란 것은 본디 얄팍한 법이니
이 속의 실정을 묵묵히 알아야 하리[32]

日午千花正 池淸萬象形
從來言語淺 默識此間情

시간과 공간 속에 발현된 천기는 말이나 글로 알 수가 없다. 언어 문자를 뛰어넘어 그것을 직접 묵지(默識)할 수밖에 없다는 것이다. 청정(淸澄)한 마음으로 자각하는 도리 밖에 없다는 데서 수양에서 구경(究竟)의 경지가 어떤 것인가를 엿볼 수 있겠다.

깊은 버들숲 안개가 물방울 되려 하고
고요한 못에선 백로가 나는 걸 잊어버렸다.
믿음이 있으니 나이 먹는 것도 가벼워라
다툴게 없으니 저 분 하는 대로 맡겨두리[33]

---

32) 『구봉집』 권2, 12a, 「春晝獨坐」
33) 『구봉집』 권2, 6a, 「獨坐」

柳深烟欲滴 池靜鷺忘飛

有恃輕年暮 無爭任彼爲

버들 숲에 안개가 어려 물방울이 뚝뚝 떨어질 정도다. 이런 활발발(活
潑潑)한 자연의 움직임 속에 정밀(靜謐)의 공간이 있으니 바로 고요한
못이다. 이곳에서 백로가 나는 것조차 잊어버렸다. 천기가 발동하는 장
면이다. 천기가 발동하여 막힘없이 흐르는 곳에서 욕심 없이 사는 사람
이 있다. 천명(天命)을 믿으니 나이 먹는 것도 신경 쓸 일 없고 홀로 살
아 남과 다툴 일 없어 하늘이 하는 대로 맡겨둔다는 것이다. 이 정도면
'천기론(天機論)'의 차원에서 말할 수 있을 성싶다.

송익필의 천기론은 조선 후기의 위항문학(委巷文學)에 적지 않은 영
향을 끼쳤을 것으로 짐작된다. 조선 영조 때 정승을 지낸 진암(晉庵) 이
천보(李天輔: 1698~1761)는 위항시인(委巷詩人) 정래교(鄭來僑:
1681~1759)의 『완암집(浣巖集)』 서문을 썼다. 그는 이 글에서 아래와 같
이 위항인들의 천기론을 대변하였다.

> 대저 시는 천기(天機)이다. 천기가 사람에게 깃듦은 그 문지(門地)를
> 가리지 않지만, 외물의 유혹으로부터 담담한 사람만이 잘 발현할 수
> 있다. 궁하고 천한 까닭에 세상에서 말하는 공명(功名)과 영리(榮利)가
> 밖을 건드리지 않고 속을 어지럽히는 바가 없어 그 천(天)을 온전히
> 하기가 쉽다. 또 그 일삼는 바에 대해 좋아하고 온전히 할 수 있으니,
> 그 형세가 그렇다.[34]

---

34) 『완암집』, 〈序〉 "夫詩者, 天機也. 天機之寓於人, 未嘗擇其地, 而澹於物累者能得之. 委巷之
士, 惟其窮而賤焉, 故世所謂功名榮利, 無所撓其外而汩其中, 易乎全其天, 而於所業嗜而且

이는 대체로 중인층인 위항인들은 분망한 세파(世波)에서 초탈하여 시를 짓기 때문에 천기를 더 잘 보존할 수 있다는 말이다. 천기론은 참된 정서를 자연스럽게 표현해야 함을 강조하는 시론이다. 형식에 얽매여 억지로 꾸며내거나 표현상의 모방을 일삼는 것을 경계하며, 무엇보다도 대상을 보고 일어난 정감을 자연스럽게 표현해야 함을 강조한다.

구봉의 천기발현에 이어 천인합일의 경지를 보기로 한다.

-눈 온 뒤 밤에 홀로 앉아[雪後夜坐]-

구슬 같은 한 빛깔이 사방에 끝없으니
새 끊어진 텅 빈 강물에 밤이 분명해지려 한다
마음의 근원이 고요하게 건곤과 합일할 자리
사물까지도 도리어 달이 흔적 남길까 의심한다[35]

瓊瑤一色四無垠 鳥絶江空夜欲分
心源靜與乾坤合 有物還嫌月作痕

이 시는 적정(寂靜) 속에서 내 마음과 천지가 하나가 되는 '심여건곤합(心與乾坤合)'의 경지를 읊은 것이다. 기구에서는 눈 온 뒤의 순백(純白)의 상태를 말하였고, 승구에서는 텅 빈 강물에 새의 발자취가 끊어졌음을 말하였다. 그야말로 아무 흔적이 없는 무적(無跡)의 상태다. 이윽고 밤이 이슥해졌다. 달이 밝게 떠올랐다. 이제 남은 걱정거리는 달이

專, 其勢然也."

35) 『구봉집』 권1, 23a, 「雪後夜坐」

흔적을 남길까 하는 점이다. 전구에서는 내 마음이 천지와 합일하게 되었노라고 하면서, 여러 사물들까지도 숨죽이며 달이 흔적을 남기지 않기를 바랐음을 결구에 담았다. 시적 흥취가 한껏 고조되었다. 이로써 '월백설백오심백(月白雪白吾心白)'36)의 완벽한 합일이 이루어졌다. 언어문자로 나타내기 어려운 경지를 이만큼 묘사하기란 쉽지 않을 것으로 본다.

5. 자족자락(自足自樂)의 삶: 안분지족(安分知足)

송익필의 만년 삶은 한 마디로 '낙천안명(樂天安命)' 넉 자로 요약할 수 있을 것 같다. 하늘의 뜻에 순응하며[順應天意], 주어진 생명을 편안히 받아들이며[安於性命], 날마다 기뻐하며 만족함[怡然自得]이 바로 그것이다. 이런 삶은 도학적 수양에다 타고난 성품이 한 데 어우러진 결과라고 할 수 있을 듯하다.

스스로 만족할 줄 알면[自足] 만사를 스스로 즐기게 된다. 달관(達觀)이 따로 있지 않다. 낙천적인 마음이 아니면 달관하기 어렵다. 송익필의 만년 삶은 이런 인생철학으로 일관되었다. 이점을 잘 보여주는 것이 그의 장편시 〈족부족(足不足)〉이다.37) 칠언고풍 40구, 280언에 달하는 산문시다. '足'(入聲 沃韻) 자로 압운을 일관하여 끝까지 이어나갔다. 이른바 몰운법(沒韻法)이다. 범상치 않은 모습을 보여준다.

---

36) 「江月吟」에서 "江空月亦白 강물이 텅 비니 달 또한 희고/ 月白心亦白 달이 희니 마음도 희구나"(『구봉집』 권1, 9a)라 한 것을 참고하여 필자가 명명하였다.
37) 뒷날 신독재 김집이 이 〈足不足〉에 차운을 하였다. 『신독재전집』 권1, 〈足不足〉 참조.

君子如何長自足　군자는 어찌하여 늘 스스로 만족하며

小人如何長不足　소인은 어찌하여 늘 만족하지 못하는고

不足之足每有餘　부족하지만 만족해하면 늘 남음이 있고

足而不足常不足　족한데도 부족하다 여기면 언제나 부족하네 (A)

樂在有餘無不足　즐거움이 넉넉함에 있으면 족하지 않음이 없지만

憂在不足何時足　근심이 부족함에 있으면 언제나 만족하리오

安時處順更何憂　때에 맞춰 순리대로 살면 무엇을 근심하랴마는

怨天尤人悲不足　하늘을 원망하고 남을 탓하고 부족함을 슬퍼하는
　　　　　　　　구나 (B)

求在我者無不足　내게 있는 것을 구하면 족하지 않음이 없지만

求在外者何能足　밖에 있는 것을 구하면 어찌 만족할 수 있겠는가

一瓢之水樂有餘　한 표주박의 물로도 즐거움은 남음이 있고

萬錢之羞憂不足　만금의 진수성찬으로도 근심이 부족한 법이네 (C)

古今至樂在知足　고금의 지극한 즐거움은 족함을 아는데 있었고

天下大患在不足　천하의 큰 근심은 족함을 알지 못함에 있었네

二世高枕望夷宮　이세 황제 호해가 망이궁에 베개 높이 베고 누울
　　　　　　　　적엔

擬盡吾年猶不足　죽을 때까지 즐겨도 부족할 것으로 여겼었네 (D)

唐宗路窮馬嵬坡　당나라 현종은 마외 언덕에서 길이 막혔을 때

謂卜他生曾未足　다른 삶을 산다 해도 만족하지 않다고 했었지

匹夫一抱知足樂　필부들도 지족의 즐거움을 안고 살거늘

王公富貴還不足　부귀한 왕공이 도리어 부족하다고 여기다니 (E)

天子一坐不知足　천자에 한 번 앉아도 만족할 줄 모르건만

匹夫之貧羨其足　가난한 필부가 족함을 아는 게 부럽구나

不足與足皆在己 만족하지 못함과 만족함은 모두 내게 달린 법

外物焉爲足不足 외물이 어찌 족함과 부족함의 거리가 되리오 (F)

吾年七十臥窮谷 내 나이 일흔에 외진 계곡에 누웠는데

人謂不足吾則足 남들은 부족하다고 해도 나는 족하다네

朝看萬峯生白雲 아침에 만 봉우리에 흰 구름 피는 것을 보노라면

自去自來高致足 절로 갔다 절로 오는 고상한 운치가 만족스럽네 (G)

暮看滄海吐明月 저물녘에 푸른 바다 밝은 달을 토해 내는 것을 보면

浩浩金波眼界足 넓디넓은 금물결에 경계가 만족도 하여라

春有梅花秋有菊 봄에는 매화 있고 가을엔 국화가 있어서

代謝無窮幽興足 피고 짐이 끝없으니 그윽한 흥취가 만족스럽네 (I)

一床經書道味深 책상 가득한 경서에 도의 맛이 깊고

尙友萬古師友足 천고 인물을 벗 삼으니 스승과 벗이 넉넉하네

德比先賢雖不足 덕은 선현들에 견주어 비록 부족하지만

白髮滿頭年紀足 백발이 머리에 가득하니 나이야 풍족하지 (J)

同吾所樂信有時 내 즐길 바를 타와 함께 함에 진실로 때가 있는데

卷藏于身樂已足 그것을 말아 내 몸에 간직하니 즐거움 이미 족하네

俯仰天地能自在 천지를 우러르고 굽어보며 능히 자유자재하니

天之待我亦云足 하늘이 나를 대우하면서 만족한다고 말하리[38] (K)

이 시는 내용별로 단락을 지어 고찰할 수 있다. 크게는 세 단락, 세분

하면 열 단락으로 나누어 볼 수 있겠다. 첫 단락에서는 만족과 불만족에

대한 자신의 생각을 토로한 뒤, '만족하면 군자요 만족하지 못하면 소인

---

38) 『구봉집』 권1, 10a-11a, 「足不足」

이라'고 규정하였다. 둘째 단락에서는 만족, 불만족과 관련하여 성공하거나 실패한 사례를 역사상에서 찾은 뒤, 만족과 불만족은 자신의 마음에 달린 것이라고 주장하였다. 셋째 단락에서는 자연의 질서 속에서 타고난 본성대로 살아가며 만족한 삶을 추구하다보니 천지와 하나가 되었노라고 술회하였다. '자족(自足)을 통해 자락(自樂)을 누리고 나아가 달관의 경지에 이르렀음'[39]을 시사한 대목에서, 이 시의 내용이 사실상 득도시(得道詩)임을 짐작할 수 있겠다.

위 시의 핵심을 추리면 ① 천하 고금을 통해 최고의 즐거움은 족함을 아는데 있었다(古今至樂在知足), ② 외물을 가치 기준으로 삼으면 만족하기 어렵다(求在外者何能足), ③ 만족과 불만족은 내 마음에 달렸다(不足與足皆在己), ④ 내가 즐기는 것을 남과 함께 하면 즐거움이 만족스럽다(同吾所樂樂已足) 이 네 가지로 말할 수 있다. 이 내 가지를 차례로 엮으면 자연스럽게 시 한 수가 될 것 같다.

　　古今至樂在知足
　　求在外者何能足
　　不足與足皆在己
　　同吾所樂樂已足

위의 시에서 우리의 눈길을 끄는 것은 (K) 대목이다.

同吾所樂信有時　내 즐길 바를 타와 함께 함에 진실로 때가 있는데

39) 강구율, 「구봉 송익필의 시세계와 시풍 연구」, 위의 논문, 92쪽 참조.

卷藏于身樂已足 그것을 말아 내 몸에 간직하니 즐거움 이미 만족
　　　　　　　　하네

　송익필의 시를 보면 자연 속에서 독락(獨樂)하거나 자족자락(自足自
樂)하는 내용의 것이 많다. 내향적 측면이 강한 편이다. 그러나 '독(獨)'
과 '정(靜)'을 즐기는 그였지만, 폐쇄적인 쪽으로 흐르지는 않았다. 그는
'독락' 안에서 나름대로 '동락(同樂)'을 추구하였다. 하나는 우주적 동락
이고, 다른 하나는 낙천(樂天)을 통해 타자와의 정신적 동락을 추구하는
것이다. 속세와 유리되거나 사실상 차단된 현실에서 그가 선택할 수 있
는 최상의 방법이었다. 여기에는 천명(天命)이라든지 주체에 대한 강한
믿음이 바탕에 깔려 있다.[40] 위의 (K) 대목은 이런 점을 잘 보여준다.
'信有時'라 할 때의 '때'란 만년을 가리키는 것임에 틀림없을 듯하다. 송
익필은 만년의 고적(孤寂)한 삶을 '우주적 동락'의 기회로 적극 활용하
려 했던 것 같다.
　지족의 즐거움은 유·석(儒·釋)에 따라 다를 리 없다. 고려 후기의 대
선사인 진각국사(眞覺國師) 혜심(慧諶)의 〈지족락(知足樂)〉이란 제목의
유명한 시 역시 같은 맥락에서 읽을 수 있을 것 같다.

　　뜬구름 부귀영화 나에게 무슨 소용이람
　　분수 따라 사는 일생 그대로 좋은 것을
　　수심 안 오는데 술은 왜 필요할까
　　마음 편안한 곳이 영원한 나의 집이지[41]

───────
40) 김보경, 「구봉 송익필의 시세계와 '獨'의 경계」, 위의 논문 참조.
41) 혜심, 『無衣子詩集』 권상, 〈지족락(知足樂)〉

浮雲富貴奈吾何 隨分生涯亦自佳
但不愁來何必酒 得安心處便爲家

6. 맺음말

본고는 시를 통해 송익필의 만년 삶을 고찰한 것이다. 이상에서 논의
한 바를 바탕으로 요약, 정리하여 맺음말에 대신하기로 한다.

1. 송익필은 성리학·예학에서 거봉이었을 뿐만 아니라 한국한문학사
에 중요하게 다루어질 정도로 시학(詩學)에 뛰어났다. 그의 시는 당시풍
과 송시풍을 겸한 것으로 평가를 받는다. 송시에서는 정통 성리학자들
의 시를 가리키는 염락시(濂洛詩)와 소강절 등의 시풍을 대변하는 격양
시(擊壤詩)를 아울렀다. 때로는 세 가지 시풍이 혼재하기도 하였다. 쉽게
얻을 수 없는 경지라 하겠다.

2. 송익필은 이백(李白)의 시를 중점적으로 공부하여 당시풍의 수준
높은 시를 다수 남겼다. 여기서 나아가 당시풍의 시에 송학풍의 이취(理
趣)를 곁들여 상당수의 설리시(說理詩)를 선보였다. 이 뿐만 아니라 도
를 닦아서 얻은 힘, 즉 도력(道力)이 높아짐에 따라 안분(安分)·무욕(無
慾)·탈속(脫俗)·자한(自閑)을 추구하는 시를 선호하여, 이런 내용의 시
를 많이 지었다. 장편 고풍시 〈족부족(足不足)〉은 이를 잘 보여준 시라
하겠다. 이것은 성리학적 수양과 연결되는 것이면서, 한편으로는 만년
의 곤고(困苦)에서 벗어나려는 정신적 의지와 노력의 소산이기도 하다.

3. 격양시의 기풍을 띤 시에서는 삼대지치(三代之治)의 이상을 그리워
하고, 자신에게 씌워진 신분의 굴레를 편안히 받아들이며, 욕심 없이 탈

속하게 살고자 했다. 이것은 일차적으로 도학자의 본래 모습이라는 차원에서 이해할 수 있다. 그러나 보다 근본적으로는 '이렇게 하지 않으면 나를 망치게 된다', '나를 높이는 것은 나 자신이다'라고 하는 자존적(自尊的) 철학이 강하게 숨어 있었다.

4. 송익필은 만년으로 갈수록 삶이 고단하였다. 그의 삶이 고단할수록 정신세계는 더욱 청고(淸高)하여 갔다. 그는 홀로 고요하게 있는 때를 하늘이 준 기회로 생각하였으며, 자신을 깊숙이 성찰하고 수양할 계기로 삼았다. 사실 53세 이전까지 송익필의 삶은 참으로 분망(奔忙)하였다. '서인(西人)의 정치적 대부(代父)'라는 말을 들을 정도로 시사(時事)에 깊숙이 간여하다가 하루아침에 영락(零落)하였다. 이로부터 180도의 전환을 하였는데, 절박한 상황을 '도학자의 본령'으로 풀어냈다. 도학자로서의 모습이 더욱 빛을 발한 시기가 만년이다. 만년의 모습을 시로 형상화하였다. 자신에게 주어진 운명을 편안히 받아들이고 도(道) 한 가지만을 생각하는 낙천안명(樂天安命)의 모습이 시에 무르녹아 있다. 그는 자신을 옥죄는 신분제도에 저항하지 않았다. 운명으로 받아들였다. 그의 시에서는 불공평과 불공정에 대한 개혁 의지는 두드러지지 않는다.

5. 송익필의 시에는 '독(獨)'과 '정(靜)'을 읊은 것이 많다. 만년으로 갈수록 많아진다. 이들 시에는 세속적 욕망을 여의고자 하는 마음이 깃들어 있다. 독거(獨居)와 적정(寂靜)은 주어진 여건에서 나온 측면이 많지만, 이런 생활이 오래 되면서 만년에는 체질화하였다. '시적 형상화'는 실제 생활 그 자체이면서, 그가 추구하는 수양의 방법이기도 하다. 그는 홀로 있음과 고요함에 대해 각별한 의미를 부여하였으며 고적(孤寂)이나 고독을 아쉬워하는 여타의 시들과 차별화한 경향을 보였다. 홀로 고요히 있을 때 체득한 천인합일(天人合一)의 경지를 다수 시로 드러내기

도 하였다.

6. 송익필의 시에 대한 연구는 문학상의 차원에서 머물러서는 안 된다고 생각한다. 도학적 수양이 시로 형상화되었다는 점에서, 구봉시에 대한 연구는 그의 도학과 성리학을 연구하는 또 다른 방편이라고도 할 것이다. 독(獨)-정(靜)-족(足)-낙(樂), 천기발현(天機發現)과 천인합일(天人合一), 이것은 구봉시의 키워드라 하겠다.

【참고문헌】

『구봉집』, 한국문집총간 42

강구율, 「구봉 송익필의 시세계와 시풍 연구」, 경북대학교 박사학위논문, 2000.

김보경, 「구봉 송익필의 시세계와 '獨'의 경계」, 『한국한시연구』 19, 한국한시학회, 2011.

안병학, 「송익필의 시세계와 '靜'의 의미」, 『민족문화연구』 28, 고려대학교 민족문화연구원, 1995.

龜峯 宋翼弼 시(詩)의
군자유(君子儒) 지향[1]

이향배[2]

1. 서 론

조선은 신분제가 엄격하게 적용된 사회이다. 애당초 양반의 신분으로 태어나지 않으면 사회적 진출이 제한되어 출세할 수 있는 길이 적었다. 설사 양반출신이라 하더라도 서얼의 경우는 중인 계층과 다를 바가 없어서 사회적 활동에 한계가 있었다. 그래서 타고난 제주가 뛰어나고 학문적으로 깊은 경지에 도달했더라도 제도권의 진입은 매우 어려웠으며,

---

1) 이 글은 구봉문화학술원 정기학술대회(2021.11.27, 충남대 인문대학 문원강당)에서 발표한 논문을 수정 보완하여 『공존의 인간학』 제9호(2023)에 게재한 글임을 밝혀둔다.

2) 충남대학교 한문학과 교수.

설사 진입했더라도 특별한 경우가 아니면 낮은 관직에 전전하여 일생을 마친 경우가 부지기수이다.

구봉 송익필(1534-1599)은 뛰어난 도학과 경륜을 지니고도 신분의 한계로 인해 불우한 일생을 보낸 인물이다. 그의 부친은 안처겸의 역옥을 고변한 공으로 서얼출신으로서 당상관에 올랐다. 그 덕분에 송익필은 일반 선비처럼 학문을 수학하고 사마시에도 합격할 수 있었다. 그는 타고난 문학적 재능이 빼어나서 이미 당대에 학식뿐만 아니라 시문으로도 명성이 높았다. 이산해(李山海)·최경창(崔慶昌)·백광홍(白光弘)·최립(崔岦)·이순인(李純仁)·윤탁연(尹卓然)·하응림(河應臨) 등과 함께 당대에 팔문장가로 꼽힌 사실은 그가 문학적 창작 능력이 뛰어났음을 말해준다. 뿐만 아니라 학문적으로도 깊은 경지에 도달하여 당시 율곡 이이와 우계 성혼을 비롯하여 당대 일류 명사들이 그를 벗으로서 교유하였다.

그럼에도 불구하고 송익필은 미천한 신분의 한계를 넘어설 수가 없었다. 중앙 정계에 진출할 길이 막힌 그는 평생 전원에서 성리학과 예학 등의 학문을 강독하며 시주(詩酒)로 세월을 보냈다. 은거 생활하는 가운데 그의 가슴속에는 세상에 나가 도를 펴고 싶은 욕망이 남아 있었다. 시를 통해 나라와 백성에 대한 걱정을 지속적으로 표출한 사실이 이를 증명해준다. 이는 평소에 경세에 뜻을 둔 선비로서 포부를 펴지 못한 불울한 감정이 쌓여있다는 반증이기도 하다. 그러나 이러한 감정에 휩싸여 세상을 원망하지 많고 오히려 도학에 정진하여 세상의 영욕을 초탈하는 군자의 삶을 추구하는 면모가 그의 시에 잘 나타나 있다.

따라서 본고는 송익필의 시를 통해 군자의 삶을 지향하는 면모를 살펴보고자 한다. 이는 도학자로서 송익필의 진솔한 삶의 일단을 밝혀주는 계기가 될 수 있다. 그동안 송익필의 문학연구는 주로 시 연구[3]와 문학관 연구[4]로 나누어 볼 수 있다. 연구자들이 다양한 각도에서 송익필의 시문학을 분석하였다. 이러한 선행 연구논문을 참조하면서 군자를 지향한 그의 삶에 초점을 맞추어 한시를 분석하고자 한다.

2. 송익필의 생애

송익필의 부친 송사련은 1521년 안처겸 등의 역적모의를 고변하여 옥사를 일으켰다. 이 공훈으로 인해 송사련은 서얼출신이지만 당상관으로 승진하여 1575년(선조 8년) 사망하기까지 관직을 두루 역임하며 지냈다. 부친이 공신이므로 송익필의 청소년기는 비교적 평온하게 학문을 탐구한 시기라고 볼 수 있다. 송익필은 젊어서 아우 송한필과 함께 향시에 합격하기도 했다. 그러나 25세 때 과거에 응시하였지만 사관 이해수 (李海壽) 등에 의해 송익필이 얼손이라는 이유로 과시를 볼 수 없도록 금고(禁錮)하였다. 이산해 등이 과거를 볼 수 있도록 금고를 풀어주기를 요청했지만 이해수 등은 끝내 들어주지 않았다. 송익필은 과거를 포기

---

3) 강구율, 「귀봉 송익필의 생애와 시세계의 한 국면」, 『동방한문학』 19, 2000.
   강구율, 『구봉 송익필의 시세계와 시풍 연구』, 경북대학교 박사학위논문, 2002.
   김보경, 「구봉 송익필의 시세계와 "독(獨)"의 경계」, 『한국한시연구』 19권, 2011.
   김봉희, 「구봉 송익필 시의 연구', 『한문학논집』 18, 2000.
   명평자, 「구봉 송익필 시의 시풍적 특징」, 『한국사상과 문화』 100, 2019.
   배상현, 「구봉 송 익필의 생애와 시문학」, 『애산학보』 5, 1987.
   송혁수, 『구봉 송익필의 시문학 연구』, 조선대학교 석사학위논문, 1999.
   이상미, 『학이되어 다시 돌아오리: 구봉 송익필의 시세계』, 박이정, 2006.
   임준성, 「구봉 송익필의 시세계 – 시화류와 노장 취향을 중심으로」, 『동아인문학』 33, 2015.
4) 이상미, 「송익필의 문학관」, 『한문고전연구』 13, 2006.

하고 성리학과 예학을 탐구하는 등 학문에 매진하였다.

1566년 안당이 신원되자 송익필은 세상에 대한 뜻을 접고 고양군에 있는 구봉(龜峯)에 은거하였다. 이때부터 학문에 더욱 전념하면서 후학들을 양성하였다. 그의 학문적 조예가 깊어서 율곡 이이와 우계 성혼은 벗으로서 교유하였다. 그의 문집에 수록된 예학과 성리학 관련 저술은 그의 학문적 깊이를 에 관련 저술이 매우 많다. 또한 송익필이 만년에 『현승편(玄繩編)』을 상하로 편찬했는데 주로 율곡 이이, 우계 성혼과 주고받은 편지로 구성되었다. 이는 이이와 성혼이 세상을 떠난 뒤에 송익필이 손수 그들과 교류한 편지를 수습하여 편찬한 것이다.

송익필의 삶에 있어서 가장 중요한 사건은 환천 된 일이다. 그의 나이 52세 때 안처겸 등을 고변한 사건이 무고로 밝혀지자 조정에서는 부친 송사련의 관작을 삭탈하고 안처겸을 신원해주었다. 안처겸 자손들은 조정에 상소하여 송익필 형제들을 자신의 사노(私奴)라고 주장하면서 천적(賤籍)으로 환속시키고 원수를 갚으려고 하였다. 조정에서는 송익필 형제들에게 모두 환천(還賤)하는 처분을 내렸다. 이로 인해 송익필은 졸지에 사류에서 사노로 신분이 바뀌었다. 결국 송익필 가족들은 뿔뿔이 흩어져서 자취를 감추고 객지로 도망 다니는 신세가 되었다. 1589년 12월에 선조는 송익필 형제를 체포하라는 명령을 내렸다. 결국 자수한 송익필은 형조에서 추고를 받고 희천으로 귀양을 갔다. 임진왜란이 일어나자 송익필은 귀양에서 풀려났다.

송익필은 신분의 제약을 받는 상황에서 서인들의 후원자로서 반대세력에게 인식되어 동인들의 정치적 공격을 받았다. 삼사(三司)가 이이를 공격할 때 성혼은 그를 신원하려는 의도에서 재야의 천사(賤士)로 자처하면서 시사를 논하는 것이 어떠냐고 송익필에게 물었다. 송익필은 성혼이 선조의 지우(知遇)를 받아 등용되었으므로 선악이 나뉠 때 선을 주장하여 공의를 펴야 한다고 조언하였다. 이런 사실이 알려지자 송익필은 더욱 간사한 무리들에게 미움을 받았다. 게다가 동인들은 율곡 이이를 변론한 중봉 조헌과 묵재 이귀의 상소문이 모두 송익필의 사주에서 나온 것으로 판단하여 더욱 그를 비난하였다.

세인들의 온갖 비난을 한 몸에 받은 송익필은 은둔생활을 하며 학문 탐구에 더욱 매진하며 후진을 양성했다. 김장생(金長生), 김집(金集), 정엽(鄭曄), 서성(徐渻), 정홍명(鄭弘溟), 강찬(姜燦), 허우(許雨), 김반(金槃) 등이 그의 제자이다. 이들은 당시 기호학을 대표하는 학자들이다. 송익필이 영남학과 쌍벽을 이루는 기호학의 융성에 일조한 사실을 알 수 있다.

또한 송익필은 시주와 자연을 즐기며 자신의 소회를 읊었다. 송익필의 시적 창작 능력은 이미 허균도 인정한 바 있다. 허균은 송익필이 시를 잘한다고 칭송하고 〈산설(山雪)〉이 구격(句格)이 맑고 뛰어나다고 평가하였다.[5] 신흠은 "재주가 높고 뜻이 넓으며 취지가 빼어나고 격조가 뛰어나다. 성정에서 나와서 화려하게 꾸미지 않았으며 천득(天得)에 근본하여 색채로 꾸미지 않았다"[6]고 하였다. 이러한 평가로 볼 때 송익필은 도학자로서 뿐만 아니라 풍격이 높은 시를 창작하는 시인으로서도 매우 인정받았음을 알 수 있다.

---

5) 허균, 『성소부부고』 제26권, 부록1, 「鶴山樵談」. 宋翼弼者 亦能詩 山雪曰連宵寒雪壓層臺 僧在他山宿未廻 小閣殘燈靈籟靜 獨看明月過松來 句格淸絶.

6) 신흠, 『상촌고』, 권36, 〈書龜峯詩後〉. 才高而意曠° 趣逸而調絶° 出於性情而不侈以文也° 根於天得而不絢以色也

3. 한시를 통해 본 군자유 지향

1) 경세제민의 꿈과 좌절

유학은 도를 닦아서 안으로 성인을 지향하고 밖으로 경세제민을 추구하는 학문이다. 구봉 송익필도 유자로서 도를 닦아서 자신은 성인을 지향했고 세상에 나가서 경세제민을 실현하는데 뜻을 두었다. 그가 추구한 경세제민의 전범은 바로 하'은'주 삼대의 정치였다. 이는 조광조가 삼대의 이상 정치를 실현하려고 추진한 사실과 일맥상통하는 점이 있다.

송익필은 율곡 이이에게 편지를 보내서 유자에게 중요한 것은 행동거지를 반드시 도에 맞게 하되 조금도 이익이나 공을 계산하는 생각이 없어야 하고 삼대 사업을 자신의 책임으로 삼아야 한다고 강조했다.[7] 유자가 국가의 재상이 되면 당연히 삼대의 정치를 실현해야 한다고 생각한 것이며, 그것을 실현하지 못할 경우 재상의 지위에 있어서는 안 된다고 주장하였다. 이는 이이에게 도학정치의 적극적인 실현을 강조하는 내용으로 삼대정치를 표준으로 삼아 제시한 말이다. 송익필은 〈산중(山中)〉[8]에서 자신의 뜻을 다음과 같이 읊었다.

悅忽人間夢, 황홀한 인간세상의 꿈
逍遙物外仙. 소요함은 물 밖의 신선이라
身生秦漢後, 몸은 진한의 뒤에 태어났지만

---

7) 송익필, 『구봉선생집』, 권5. 〈答叔獻書〉. 所貴乎儒者, 一行一止, 必以其道, 無一毫謀利計功之念, 不以三代事業爲己任, 則不敢在其位.
8) 상동, 권1. 〈山中〉.

神合禹湯先. 정신은 우와 탕에 합치되네

송익필이 은거생활을 했지만 도가적 삶을 지향하지 않고 도학을 지향하는 유자임을 알 수 있게 해준다. 우임금은 치산치수를 통해 백성을 구제한 인물이며 탕 임금은 하나라 걸의 폭정에서 백성을 구제한 임금이다. 자신의 정신이 우탕과 합치된다고 토로한 사실은 삼대의 정치를 전범으로 삼아 당시의 세상을 구제하려는 포부를 우회적으로 밝힌 대목이라 할 수 있다.

또한 담양부사로 임명되어 가는 김여물(金汝吻)을 전송하는 시에서 송익필은 "동진에 사안(謝安)이 생각나고, 서경에 부유한 백성이 생각난다.[東晉思安石, 西京念富民]고 하였다. 이 시구는 김여물에게 담양부사로 가서 백성들을 잘 다스리라고 당부하는 말이기도 하지만 자신의 경세 사상을 보여준 구절이기도 하다. 송익필이 조정에서 정치를 할 때 제일먼저 백성들을 경제적으로 풍유롭게 만들어주어야 함을 말한 것이다. 이러한 경세 의식은 평소에 송익필이 경제제민의 꿈을 품고 있었음을 의미한다.

현실적으로 송익필은 신분의 제한으로 인해 세상에 나갈 수가 없었다. 그렇지만 그는 세상에 대해 늘 관심을 가지고 걱정하고 있었다. 희천(熙川)에서 귀양살이 할 때 임진왜란이 일어났다는 소식을 들었다. 난리를 피하여 명문산(明文山)으로 들어가서도 그는 백성을 걱정하였다. 다음 시는 〈산중유감(山中有感)〉 중 일부이다.

茹芝憂世道, 지초 먹으며 세도를 걱정하고
臥石念民生. 바위에 누워 백성을 염려하는데

汎濫誰兼濟, 어지러운 세상 누가 구제할까

深藏愧獨成. 깊이 숨어서 홀로 이룸이 부끄러워라[9]

송익필에게 임진왜란은 유학자로서의 한없는 좌절감을 맛보게 한 사건이다. 그는 언제나 세도와 백성을 진정으로 걱정하였지만 전쟁 중인 세상을 구제할 수 없는 자신의 처지를 부끄럽게 생각하였다. 경세에 뜻을 둔 진정한 유자라면 당연히 일어날 수 있는 회포이다. 유자로서의 책임의식을 엿볼 수 있는 동시에 난세에 무기력한 자신에 대한 좌절감도 은연히 표출했다고 말할 수 있다.

임진왜란 시기에 지은 그의 작품은 백성들에 대한 걱정이 지속적으로 나타나고 있다. 〈남적방극, 북적우지, 여동지장은거해상, 의기운, 감제(南賊方劇, 北寇又至, 與同志將隱居海上, 依其韻, 敢題)〉[10] 두 수를 지었는데 첫째 수에서 "어느 산하에 짐승과 물고기 없으랴, 다만 우리 백성 살 곳 없어 한스러워라.[何山無獸水無魚, 獨恨吾民不奠居.]"라고 했으며, 〈증인 귀자장사(贈人 歸自長沙)〉[11]에서는 "부질없이 시서 읽고 세상 난리 만나니, 백성들에게 미칠 공력 없어 탄식하네[謾讀詩書逢世亂, 歎無功力及生靈.]"라고 하였다. 이처럼 송익필은 난리를 당해 고통을 겪는 백성을 걱정하고 이를 구제할 수 없는 자신의 처지를 비관하였다.

이러한 우민의식은 그가 경세에 뜻을 둔 진정한 유자로서 백성과 나라에 대해 어떻게 생각하고 있는지를 보여준다. 그는 비록 정계에 진출할 수 없는 신분이고 현실적으로 곤궁한 처지이지만 백성에 대한 유자

---

9) 상동, 권2. 〈山中有感 壬辰正月, 到熙川, 七月, 避海寇入明文山, 是熙川地也〉.

10) 상동, 권3. 〈南賊方劇, 北寇又至, 與同志將隱居海上, 依其韻, 敢題 二首〉.

11) 상동, 권2. 〈贈人 歸自長沙〉.

로서의 책임의식은 투철하였다. 송익필은 난리가 수습되지 못하는 현실을 매우 안타까워하면서도 자신이 세상에 나갈 처지는 아니었기에 세상의 난리를 빨리 전정시킬 수 있는 대장부가 나오기를 바란 것이다.

人間此日多艱事, 이 세상 오늘날 어려운 일 많은데
天下何時有丈夫. 천하에 언제쯤 장부가 있으랴
濟世未能終避世, 세상 구제도 못하고 끝내 세상을 피하니
桃源休說是仙區. 무릉도원이 신선 지역이라 말하지 마소[12]

송익필은 세상을 구제할 장부의 출현을 학수고대하면서 동시에 경세제민을 하지도 못하고 은둔하고 있는 자신에 대한 자괴감을 드러냈다. 사실 이 시기에 송익필은 노년기에 해당하여 사회적 활동이 쉽지도 않다. 그는 국난을 겪고 있는 현실을 매우 안타까워한 것이다.

어려움이 많은 현실을 타개할 대장부는 다른 사람이 아니라 조정에서 임금을 보필하며 나라를 경영하는 신하들이다. 그러나 임진왜란이 일어난 지 세월이 한참 지났지만 수습을 제대로 못하고 있었다. 심지어는 왜군이 들어오자 술과 음식으로 적군을 맞이하여 위로하는 일까지 발생했다는 소식을 듣고 송익필은 두 수의 시를 지어 탄식하였다.

첫째 수에는 "노종도는 백성을 안정시켰는데, 산길에는 모든 관리 흩어졌구나[魚頭安萬姓, 鳥道散千官.]"라고 하여 난리를 수습할 책임자가 도망간 사실을 풍자하였다. 마지막에는 "도성 가는 길에 마음 상하니, 한나라 의관이 보이지 않네[傷心京洛路, 不見漢衣冠]"라고 하여 피폐해

---

12) 상동. 〈南賊方劇, 北寇又至, 與同志將隱居海上, 依其韻, 敢題 二首〉.

진 도성거리를 보고 탄식하였다.13) 두 번째 시는 난리를 제대로 수습하지 못하는 당시 현실을 비판한 작품이다.

> 萬命危朝露, 만백성 목숨이 아침이슬보다 위태로워
> 千門鎖夕陽. 모든 집들은 석양에 굳게 닫혔구나
> 酒迎新部曲, 새 고을에서 술로 적군 맞이하고
> 血濺舊農桑. 옛 농토에 백성의 피를 뿌리누나
> 白羽追黃屋, 깃발들이 임금 수레를 따르고
> 金聲入玉堂. 쇠북 소리가 옥당에 들어가는 데
> 唯聞全佞幸, 오직 간신들만 온전한 소식 들리고
> 不見效忠良. 충량을 다하는 신하 보이지 않네14)

이 시를 보면 송익필은 임진왜란을 당해 안타깝고 비참한 현실과 조정의 무능한 대응을 비판적으로 읊었다. 백성들은 목숨이 위태로워 적군을 술로 맞이하는 경우도 있었고 농토는 왜군에게 죽임을 당한 사람들의 피로 물들었다. 임금은 의주로 몽진을 떠나고 퇴각하는 소리가 홍문관에 들려오지만 조정의 대응은 무기력하였다. 송익필은 간신들만 온전하게 지내고 충량의 신하가 보이지 않는다고 질책하였다. 이는 양병설을 주장한 이이와 왜국 사신을 처단하라고 도끼 상소를 한 조헌을 염두에 둔 질책이기도 하다.

---

13) 상동. 〈聞百官在道多亡, 經亂蹿時, 未見中興之策, 傷歎敢題 二首, 聞都民以酒食勞賊迎降云, 悲哉〉.

14) 상동. 〈聞百官在道多亡, 經亂蹿時, 未見中興之策, 傷歎敢題 二首, 聞都民以酒食勞賊迎降云, 悲哉〉.

한 때 송익필은 유자로서 세상 경륜에 뜻을 품었던 인물이다. 그러나 현실은 자신의 뜻과는 달리 펼쳐졌다. 송익필은 "세상 경륜을 자신의 임무로 삼았건만, 진퇴가 천시에 달린 줄을 몰랐구나.[浪把齊治爲己任, 不知舒卷屬天時.]"15)라고 하여 경륜을 펼칠 수 없는 현실에 대한 안타까움을 드러냈다. 그럼에도 불구하고 "땅에 떨어진 왕풍은 지금 누가 계승하며, 물에 잠긴 보정은 돌아오지 않아 탄식하네.[王風墜地今誰繼, 寶鼎沈河歎不還.]"16)라는 시구에서 볼 수 있듯이 위기에 처한 나라에 대한 근심을 지속적으로 표출하였다.

이처럼 백성과 나라를 걱정하는 모습은 적극적으로 사회에 참여하려는 유자로서의 의식세계를 잘 보여주었다. 송익필은 삼대의 至治를 실현하려는 도학 정치에 뜻을 둔 도학자였다. 그러나 전란으로 인한 백성들의 고충과 무너진 종사를 보고 자신이 구제하고 싶은 심정이 간절하지만 현실은 바라만 볼 수밖에 없는 일개의 포의였다. 신분의 제약으로 인해 官界에 진출하여 세상에 경륜을 펴려는 꿈이 좌절되었기 때문에 송익필은 도학정신에 기반하여 현실 비판과 우민정신을 시로 표출했다고 볼 수 있다.

2) 도학(道學)에 침잠

구봉 송익필은 평생 도학의 실천에 노력하였다. 그는 서인의 배후 인물로서 반대세력인 동인들의 비난을 한 몸에 받았다. 뿐만 아니라 부친의 안처겸 역모 고변 사건이 무함으로 밝혀지자 송익필은 천민의 신분으로 전락할 수 있는 위협도 받았다. 결국 국문을 받고 희천까지 귀양갔

---

15) 상동. 〈亂離後, 友人以山莊相贈詩以謝之, 三首〉.
16) 상동. 〈人有口誦杜牧之洛陽長句者, 愛慕之, 敢次〉.

다 풀려나기도 했다. 형조에서 풀려나서 지은 〈누재추부(累在秋府)〉17)
에서는 "나이 40세가 넘어 마음이 비로소 안정되어, 처한 환경을 받아들
이니 죽어도 편안하지 [年逾四十心初定, 素位猶存死亦安]"라고 읊었다.

　세인(世人)들의 모욕과 비판을 받은 송익필은 고향을 떠나 정처 없이
타향에서 떠돌았다. 사람들의 비난을 염두에 두지 않았지만, 사회적 활
동은 제약을 받았다. 결국 이런 상황은 그로 하여금 더욱 사람들을 피하
게 만들었다. 유자로서 세상에 나가 경륜을 펼치려는 생각은 가슴속에
묻어 둘 수밖에 없었다. 객지에서 떠돌며 자신의 심회를 읊은 〈객중 이
수(客中 二首)〉18)를 보면 이런 심정이 잘 드러나 있다.

　　有路吾何適, 길이 있지만 나는 어디로 갈까
　　無家夢不歸. 꿈속에도 돌아갈 집이 없어라
　　避人非避世, 사람을 피하지 세상을 피함은 아니며
　　言志豈爲詩. 뜻을 말하니 어찌 시를 지으랴
　　道在才難試, 도가 있지만 재주를 쓰기 어렵고
　　時危計轉違. 위태한 때 계획이 더욱 어긋나서
　　出圖嗟已矣, 하도가 나오기는 끝나버렸으니
　　浮海慕先師. 바다에 떠서 선사를 본받으리

　송익필은 타향에서 방황하는 자신의 처신에 대해 사람을 피하는 것
이지 세상에서 도망한 것이 아니라고 하였다. 그는 궁벽한 산골에 있더
라도 한시도 세상을 잊은 적이 없다. 언제나 진정한 선비로서 세상을 걱

17) 상동. 〈累在秋府〉.
18) 상동. 〈客中 二首〉.

정하고 이상 세계를 구현하려는 뜻이 있었다. 세상을 일신할 만한 경륜과 도를 갖춘 송익필이었지만 세상은 그를 받아주지 않았다. 그의 신분으로 능력을 발휘할 수 있는 세상은 없었고 오히려 자신에게 온갖 비방만 몰려들었다. 세상에 도를 펼칠 수 있는 길이 완전히 차단된 상황에서 그는 공자처럼 바다로 떠나가고 싶은 의지를 표출하였다.

이는 역설적으로 세상에 대해 도를 펼치고 싶은 강한 욕망의 표현이다. 자신의 포부가 좌절된 상황에서 심리적으로 분노가 치밀어 오르고 불울한 상태가 될 수가 있다. 그렇지만 송익필은 자신의 감정을 잘 소화하고 마음을 너그럽게 절제하고 있다. 학문을 통해 천리에 밝고 수양을 깊이 한 사람이 아니라면 이렇게 할 수가 없다. 〈정중 이수(靜中 二首)〉[19]에서 "마음이 편안하니 몸은 절로 태평하고, 분수가 정해졌는데 무엇을 바라랴.[心安身自泰, 分定又何希.]"라는 구절이 이를 증명해준다.

과거로 입신출세할 길은 이미 막혔고 사회에 나가 활동할 수 있는 모든 진로가 차단된 상황에서 송익필이 마음을 쓸 곳은 학문이었다. 송익필은 더욱 성리(性理)에 관한 모든 서적을 취하여 밤낮으로 읽고 연구하였다. 그의 도학은 이미 깊은 경지에 도달하여 율곡 이이와 우계 성혼과 토론할 정도였다. 성리학을 통해 인간을 이해하였고 이에 근거하여 평등의식을 표출하였다. 〈우득기우계(偶得寄牛溪)〉[20]를 보기로 한다.

萬物從來備一身, 만물의 이치가 본래 몸에 갖추어졌으니
山家功業莫云貧. 산가의 공업이 빈약하다 말하지 마소

---

19) 상동. 〈靜中二首〉.
20) 상동. 〈偶得寄牛溪〉.

經綸久斷塵間夢, 경륜은 세속의 꿈속에 끊긴지 오래고

詩酒長留象外春. 시와 술로 형상 밖의 봄에 오래 머물렀지

氣有閉開猶異馬, 열고 닫힘이 있는 기는 기린과 말이 다르고

理無深淺舜同人. 깊고 얕음 없는 이치는 순과 사람이 같지

祥雲疾雨皆由我, 상서로운 구름 풍우가 모두 나로 말미암으니

更覺天心下覆均. 천심이 아래에 균등하게 덮음을 깨달아야지

　　인간의 본연지성에는 만물의 이치가 모두 갖추어져 있다. 이 본성은 성인과 일반 사람이 하늘로부터 똑같이 부여받았다. 유학의 수양공부는 기질을 닦아 온전한 본성을 발로하는데 핵심이 있다. 수양은 도학자에게 있어서 가장 중요하고 궁극적인 학문탐구 목적이다. 맹자의 논리로 보면 인작(人爵)과 천작(天爵) 중에 천작을 추구하는 것이 바로 도학자이다. 천작의 추구에 있어서 가장 방해 요소가 바로 자신의 타고난 기질 문제이다. 사람마다 능력이 달라서 개인의 특성이 드러나게 하는 중요한 요소가 기질이지만 모든 악이 발생하는 근원도 기질에 있다. 본성이 잘 발현할 수 있도록 기질의 변화는 수양의 궁극적인 목적이다. 결국 기질로 인한 희노애락 감정을 천리에 맞게 조절하는 것은 자신에게 달려 있다. 이는 누구에게나 똑같으며 하늘은 모든 사람 앞에 사사로움이 없는 평등한 존재이다.

　　이러한 송익필의 사고는 성리학의 일반적인 이론에 기인한다. 그럼에도 불구하고 우계 성혼에게 마지막 구절처럼 굳이 표현한 것은 인작을 기준으로 사람을 평가하는 당시 세태에 대한 비판을 암시해준다. 인작으로 볼 때 반상의 제도와 귀천의 신분이 있지만 천작으로 볼 때는 덕을 기준으로 성현유사(聖賢儒士)가 있다. 송익필은 성리학적 논리에 의거

하여 천작을 지향하였다. 인작은 타고난 신분과 여러 가지 상황에 의해 능력이나 덕과 상관없이 얻을 수도 있지만 천작은 지위에 상관없이 하늘 앞에 공평하게 인정받을 수 있다. 송익필의 마지막 구절은 당시 신분제의 차별에 대한 반항으로 평등의식이 기저에 있는 심정에서 발로된 것이 아닐까.

〈문경보, 주필별친구(聞京報, 走筆別親舊)〉21) 시는 장편 고시로 송익필의 호방한 시풍이 잘 드러난 작품이다. 이 시에서 그는 천지를 바라보며 자신을 돌이켜본다. 어려서부터 선사(先師) 즉 공자를 사모하면서 일등을 사양치 않고 지선에 그치려고 노력했다고 술회했다. 그런데 옛날과 지금의 도가 달라져서 헛된 명성에 비방만 더했다고 토로하였다.22) 마지막 부분에서는 다음과 같이 결론을 맺고 있다.

求生固非道, 살기를 구함은 진실로 도가 아니며
輕死亦非義. 가볍게 죽는 것도 의리가 아니며
其間有至理, 그 사이에 지극한 이치가 있으니
毫差謬千里. 미묘한 차이에 천리나 어긋나지
休將禍與福, 장차 재앙과 복록을 가지고
於學爲勸沮. 학문을 권하거나 주저하지 마소23)

질투와 시기로 인해 세인들의 근거 없는 비방이 몸에 따르지만 자신

---

21) 상동, 卷1.〈聞京報, 走筆別親舊〉.
22) 상동. 萬世在吾後, 百世在吾上, 此身立其中, 浩然一俯仰. 事業豈不大, 無窮非與是. 少小
　　慕先師, 孶孶勤佇跂. 不讓第一等, 一欲止所止. 今古異其道, 虛名增謗毁.
23) 상동.

은 도의에 따라 사생을 결정하려고 노력해야 함을 밝힌 것이다. 사생을 결정할 때 한 치의 오차가 생긴다면 그 결과는 천지차이로 달라진다. 그래서 선비는 처신해야 도리를 잘 판단해야 한다. 사실 송익필은 사리의 분석 능력이 타고났다. 택당 이식도 송익필의 학문적 자질에 대해 천성적으로 영민한 자질을 타고났으며 분석 능력이 정밀하여 다른 사람들이 미칠 수가 없다고 인정한 바가 있다.[24] 화복의 논리를 가지고 학문을 권하거나 주저하면 사리분석력이 떨어져서 사욕에 치우칠 수 있다. 이는 출세의 수단이 아니라 진정으로 학문을 탐구해야 함을 말해준다.

이런 측면에서 조헌은 진정으로 송익필을 매우 존중하였다. 송익필이 천민으로 환원될 위기에 처하자 조헌은 상소문을 올려 그를 변호하며 중지시키려고 노력하였다. 일찍이 조헌은 송익필에 대해 학문이 깊고 경서에 밝아서 부친의 허물을 덮을 수 있었다고 극찬하였다.[25] 부모의 잘못을 자식이 덮어줄 수 있는 것은 자손의 학식과 덕망이 얼마나 높은가에 달려 있다. 사실 송익필의 출처는 조헌과 상통하는 면이 있어서 그를 적극적으로 응원하였다. 그만큼 송익필은 세상에 도를 펼치기 위해 진정으로 노력하였다.

또한 송익필이 진정으로 학문하는 친구로 인정하는 사람은 이이와 성혼이었다. 특히 이이와는 친분이 각별하였다. 〈유회(有懷)〉[26]를 보면 이이는 송익필과 함께 고인(古人)을 기약하여 도학을 추구하였다. 고인

---

24) 이식, 『택당별집』 권15, 「追錄」. 宋龜峯翼弼, 交遊牛栗, 天資透悟, 剖析精微, 人所不及.

25) 조헌, 『중봉선생문집』, 권5, 〈辨師誣兼論學政疏 丙戌十月公州提督時〉. 乃若宋翼弼, 雖是祀連之子, 而到老勵書, 學邃經明, 行方言直, 足蓋父愆.

26) 송익필, 『구봉선생집』, 권1. 〈有懷〉. 吾友謂吾曰, 古人吾可期. 有爲卽其人, 古今無異時. 出言戒無信, 行身惟不欺. 成己又成物, 吾道其在玆. 吾友忽先逝, 大志中道虧. 好學今也無, 傷心非爲私. 相觀更無質, 隻影吾亦衰.

의 도란 자신도 인격적으로 완성하고 다른 사람도 이루어주는 것 즉 성기(成己)와 성물(成物)의 도였다. 그는 이이가 죽은 뒤에 학문을 좋아하는 사람이 없다고 슬퍼하였다.

송익필은 빈주(賓主)가 도치된 물정을 보고 자주 탄식하였다. 잘못된 세태를 보고 개탄을 했지만 그는 세태를 관조하면서 그 속에서 천리를 관찰하였다. 〈정중유감(靜中有感)〉27)을 보면 이런 사실을 알 수 있다. 세태를 보고 무언가 깨달음이 있을 때는 항상 홀로 앉아서 형체가 없는 천리를 마음속으로 묵묵히 이회했다. 사실 송익필의 학문적 포부는 대단히 컸다. 〈자탄 병신춘(自歎丙申春)〉28)을 보기로 하자.

可惜韋編三絶後, 안타까워라 가죽 끈 세 번 끊어진 뒤에
古今誰復讀義經. 예나 지금 누가 다시 주역을 읽었던가
白圭無點爲眞寶, 흠이 없는 백규는 참으로 보물이지만
淡色黃金豈太平. 맑은 색 황금에 어찌 태평해지랴
休讓人間第一事, 인간 세상 제일의 일은 사양치 말고
期成天下不爭名. 천하에 다툴 수 없는 이름을 꼭 성취하리
扁舟白髮乾坤老, 조각배에서 천지간에 늙어 가는데
滄海波深歲月驚. 푸른 창파 깊은데 세월이 놀랍게 하네

공자는 가죽 끈이 세 번이나 끊어지도록 『주역』을 읽고 하늘이 몇 년을 더 살게 해주어 주역 공부를 마칠 수 있게 해준다면 큰 허물이 없을

---

27) 상동. 〈靜中有感〉. 物情每歎賓爲主, 世態難堪假不歸. 固有命焉求豈得, 莫非天也更何疑. 値會意時常獨坐, 到無形處只心知. 遠山自保天然色, 鏡裏何嫌學畫眉.

28) 상동. 〈自歎丙申春〉.

수 있게 되리라고 말했다.29) 공자의 제자 남용(南容)은 『시경』 「억(抑)」
에 나오는 백규(白圭)장을 읽어서 오점이 없기를 노력하였다. 송익필이
이 두 가지를 거론한 것은 학문을 통해 인격을 완성하기 위해 노력함을
보여준 것이다. 경련의 말은 인을 통해 본성을 완성하여 성인의 덕을 이
루는 것을 말한다고 추론해볼 수 있다. 송익필이 지향했던 학문의 궁극
적인 목표는 바로 자신의 인격을 완성하여 완전한 인간으로 성장하는데
있었다.

3) 군자유의 지향

송익필은 도학자로서 경륜을 펼쳐서 요순 정치를 실현하려는 포부가
있었다. 치열한 동서분당과 미천한 신분으로 인해 자신의 포부가 좌절
되었을 때 그는 인간적으로 갈등이 심했을 것이다. 송익필은 심리적 갈
등과 불울한 회포를 효율적으로 극복할 수 있었던 것은 무엇일까. 그의
시에는 자신도 어찌할 수 없는 외적 환경에 비관하기 보다는 숙명으로
받아들이며 도학에 매진하면서 더 높은 차원으로 지향하는 모습이 보인
다.

사실 송익필은 자신에게 주어진 환경 속에서 평생 도학자로서의 삶
을 충실하게 살아가려고 노력한 인물이다. 그는 수기치인의 도를 닦고
세상과 백성을 위해 누구보다도 깊게 고민하였다. 율곡 이이와 우계 성
혼과 도의지교를 맺을 정도로 학문적으로는 깊은 경지에 도달하였다.
뿐만 아니라 벗을 맺었으면 지위에 상관없이 공평하게 상대하였다. 그
는 고도(古道)로써 자처하여 정승이나 귀인이라도 벗을 하면 모두 평등

---

29) 『논어』, 「술이」, 子曰假我數年, 卒以學易, 可以無大過矣.

한 예를 행하여 '자(字)'를 부르고 관직명을 쓰지 않았다. 이를 받아주지 못한 많은 사람들이 속으로 욕하였으나 송익필은 개의하지 않았다.[30] 고도의 추구는 그로 하여금 낙천적인 군자의 삶을 지향하게 하였다.

군자의 삶을 지향한 송익필은 소인과 군자의 차이점을 '천(天)'을 기준으로 설명하였다. 일반적으로 군자와 소인은 덕을 기준으로 구분하였다. 덕이 적은 사람은 소인이고 덕이 많은 사람은 군자이다. 덕은 도를 실천하여 얻은 결과물이라고 할 때 도의 근원은 하늘이다. 그래서 송익필은 〈천(天)〉[31]에서 다음과 같이 읊고 있다.

君子與小人, 군자와 소인이

所戴惟此天. 이 하늘을 이고 있지만

君子又君子, 군자와 군자는

萬古同一天. 만고에 동일한 하늘이지

小人千萬天, 소인은 천만가지 하늘이라

一一私其天. 일일이 하늘을 사사로이 여겨

欲私竟不得, 사사로이 하나 끝내 못 얻고

反欲欺其天. 도리어 하늘을 속이려 드는데

欺天天不欺, 하늘을 속여도 하늘이 속지 않으니

仰天還怨天. 하늘 보며 되려 하늘을 원망하네

無心君子天, 마음이 없음은 군자의 하늘이며

至公君子天. 지극히 공평함은 군자의 하늘이라

---

30) 송시열, 『송자대전』, 권172, 「龜峯先生宋公墓碣」. 先生以古道自處, 雖公卿貴人, 旣與之友, 則皆與抗禮, 字而不官, 人多竊罵, 而亦不以爲意也.

31) 송익필, 『구봉선생집』, 권1. 〈天〉.

窮不失其天, 곤궁해도 하늘을 잃지 않으며

達不違其天. 출세해도 하늘을 어기지 않아서

斯須不離天, 잠시라도 하늘을 떠나지 않아야

所以能事天. 잘 하늘을 섬기는 바이니

聽之又敬之, 그것을 듣고 또 공경하여

生死惟其天. 죽으나 사나 오직 하늘뿐이라

旣能樂我天, 이미 나의 하늘을 즐긴다면

與人同樂天. 남과 함께 하늘을 즐겨야지

군자와 소인이 다 같이 하늘을 이고 산다. 여기서 하늘은 물리적인 하늘이 아니라 천리나 천도이며 사람에게 있어서는 본성이라고 할 수 있다. 그래서 군자의 하늘은 일관되어 만고에 똑같다. 군자는 하늘이 지극히 공평하고 무심하며 궁달에 관계없이 그 하늘을 따른다. 그에 비해 소인은 사심으로 하늘을 대하고 있기 때문에 사람마다 하늘이 다르며 하늘을 속인다. 사욕으로 하늘을 쟁취하려고 하지만 얻지도 못하며 결국 하늘을 원망하는 것이 소인이다. 그래서 송익필은 하늘을 잘 섬겨서 한 순간이라도 하늘에서 벗어나서도 안 되며 죽으나 사나 공경하고 순응해야 할 대상이 바로 하늘이라고 하였다. 결국 송익필은 나의 하늘을 잘 즐길 수 있어야 다른 사람과 함께 하늘을 즐길 수 있다고 강조하였다.

세상은 천운이 변환하여 흥망치란(興亡治亂)과 길흉화복(吉凶禍福)이 지속적으로 갈마든다. 그 속에서 살아가는 사람들의 삶은 그 양태가 다양하다. 대부분의 사람들은 일신의 안위와 이익을 위해 살아간다. 그러나 군자의 삶을 지향하는 유자는 천리를 알아서 그에 맞게 처신하려고 노력한다. 송익필이 자신이 처한 불우한 시대환경 속에서 군자의 삶을 잃지 않는 길은 하늘의 순리에 따를 수밖에 없다. 자신의 불우한 처지를 노력을 한다고 해서 벗어날 수 없는 상황에서 송익필이 할 수 있는 것은 도의 탐구를 통해 자신의 내면세계로 침잠하는 일이었다.

송익필은 〈서회(書懷)〉32)에서 "도를 믿고서 중용의 지킴을 따랐고, 명성을 버리고 외물의 구함을 끊었지[信道遵中守, 遺名斷外求.]"라고 읊었으며, 〈우신평 차인인(寓新坪, 次隣人)〉에서는33) "하늘을 믿고 마음으로 자득하며, 분수에 편안히 하여 외물을 구함이 없네[信天心自得, 安分物無求]"라고 읊은 사실이 이를 보여준다.

이러한 내면세계로의 침잠은 천리를 즐기는 낙천의식으로 표출되었다. 〈낙천(樂天)〉34)은 4언구 고시체로 지은 작품이다. 이 작품에서 송익필은 군자의 길을 제시하고 있다. 하늘은 지극이 어진 존재로 사사로움이 없다. 그래서 하늘을 따르는 자는 편안하지만 어기는 자는 위태롭다. 우리 삶의 모두가 천리인데 소인은 늘 근심하지만 군자는 하늘을 즐거워한다고 설명하였다. 군자는 신독(愼獨)을 하고 몸을 닦으며 천명을 기다려서 갈등도 없다. 그래서 정성을 보존하고 하늘을 즐기면 천지에 부끄러움이 없는 사람이 된다고 하였다.35)

또한 송익필은 군자와 소인의 중요한 차이점이 만족하는가의 여부에 달려 있다고 하였다. 그는 장편 고시로 〈족부족(足不足)〉36)을 지었는데 만족하는 여부를 기준으로 군자와 소인의 차이점을 읊었다. 이시의 내

---

32) 상동, 권2.〈書懷 廣寒樓前水皆西流〉.

33) 상동.〈寓新坪, 次隣人〉.

34) 상동, 권1.〈樂天〉.

35) 상동. 惟天至仁, 天本無私. 順天者安, 逆天者危. 痾癢福祿, 莫非天理. 憂是小人, 樂是君子. 君子有樂, 不愧屋漏. 修身以俟, 不貳不夭. 我無加損, 天豈厚薄. 存誠樂天, 俯仰無怍.

36) 상동.

용을 간략하게 요약하면 소인은 외물에서 구하기 때문에 항상 만족하지 못하여 넉넉해도 항상 부족하며 근심하고 남의 탓을 한다. 이에 비해 군자는 도를 즐기기 때문에 늘 만족하여 부족하거나 가난해도 여유가 있다. 그래서 송익필은 지극한 즐거움이 만족하는데 있고 천하의 근심거리는 만족하지 못하는데 있다고 설파하였다.[37]

결국 송익필은 만족하는가의 여부가 모두 자신에게 달린 문제로 보고 외물이 나를 만족시켜주지 못한다고 강조하였다. 자신은 70세의 나이로 두메산골에 살고 있지만 만족한다고 말했다. 그의 만족하는 삶은 풍월강산의 자연을 자유롭게 만끽하고 경서를 통해 고인과 벗하는 방식이었다. 이처럼 자연을 정관(靜觀)하며 삶을 만족하는 태도는 〈독좌송루(獨坐松樓)〉[38], 〈교거술회(郊居述懷)〉[39], 〈독좌(獨坐)〉[40] 등의 작품에서도 쉽게 확인할 수 있다. 그러면서 그는 마지막으로 만족하는 삶의 효과를 다음과 같이 읊었다.

德比先賢雖不足, 선현에 비해 덕이 부족하더라도
白髮滿頭年紀足. 흰머리 가득 찬 머리에 수명이 풍족하며
同吾所樂信有時, 나와 함께 즐거워함 때가 진실로 있어서

---

37) 상동. 君子如何長自足, 小人如何長不足. 不足之足每有餘, 足而不足常不足. 樂在有餘無不足, 憂在不足何時足. 安時處順更何憂, 怨天尤人悲不足. 求在我者無不足, 求在外者何能足 一瓢之水樂有餘, 萬錢之羞憂不足. 古今至樂在知足, 天下大患在不足.

38) 상동. 〈獨坐松樓〉. 雲散前宵雨, 樓高霽色明. 一年今夜月, 千里未歸情. 籟諂羣峯小, 庭虛曲水淸. 阨窮猶自適, 無愧笑書生.

39) 상동. 〈郊居述懷〉. 數滴梧桐雨, 高眠曉氣淸. 家貧花自發, 人臥草偏生. 寂寞心無累, 繁華夢亦驚. 省中眞有悟, 身外總虛名.

40) 상동. 〈獨坐〉. 芳草掩閑扉, 出花山漏遲, 柳深煙欲滴, 池靜鷺忘飛. 有恃輕年暮, 無爭任彼爲. 升沈千古事, 春夢自依依.

卷藏于身樂已足. 몸에 보장한 즐거움이 너무 풍족하며

俯仰天地能自在, 천지를 돌아보고 자유로울 수 있으니

天之待我亦云足. 나에 대한 하늘의 대우도 풍족하리라

이 시에 형용된 시경(詩境)은 세속의 물욕을 초탈하고 자신에게 주어진 삶을 만족하는 진정한 도학자의 면모이다. 송익필은 천리를 즐기고 자유를 누리는 것에 대해 만족하였다. 이미 세속에 대한 욕망은 사라진 모습이다. 그가 한 때 세인들의 비방도 받으며 굴곡진 삶을 살아왔지만 자신의 운명으로 받아들이고 진정한 자아를 찾아 자족하며 세상사에 초탈하였다. 이는 자신의 처지를 비관하지 않고 진정으로 천리를 즐기며 군자유를 지향하는 도학자의 길을 보여주고 있다고 할 수 있다.

4. 결론

이상으로 구봉 송익필의 한시를 통해 그가 군자유를 지향하고 있는 면모를 밝혀냈다. 송익필은 신분적 제한을 받아 과거를 통한 정계의 진출이 막혀있었다. 이로 인해 세상을 경륜할 만한 깊은 도학과 뛰어난 역량을 소유했음에도 포부를 펼칠 수 있는 길이 없었다. 그는 자신의 불우한 처지를 비관하지 않고 성인의 학문을 탐구하는데 매진하였다. 예학과 성리학에 힘써서 깊은 경지에 도달한 그는 율곡 이이와 우계 성혼을 비롯하여 당대 문사들과 벗으로 교류하였고 많은 후학들을 배출하였다.

당시 팔문장가로 불릴 정도로 송익필은 문학적 능력도 뛰어난 인물이었다. 특히 자연과 이기성정의 묘합을 서술하는 염락풍의 한시 창작은 당대의 비평가들도 송익필을 인정하였다. 그는 온갖 험난한 인생길을 파란만장하게 걸으며 자신의 감정을 진솔하게 시로 읊었다. 본고는 한시에 보인 자신의 불울한 처지를 도학으로 승화시키며 군자유를 지향하는 측면을 분석하였다.

송익필의 한시에는 도학자로서의 포부와 좌절의 시정이 드러나 있었다. 그는 경세제민을 위해 삼대정치를 실현하려는 포부를 가지고 있었다, 그러나 미천한 신분으로 인해 그의 포부는 펼 수 있는 길이 없었다. 그의 한시에 고스란히 드러난 경세제민의 포부와 좌절은 도학자로서의 내면세계를 잘 보여주었다. 그는 유자로서 책임의식이 발로되어 임진왜란을 당해 고통을 겪는 백성과 무너져 가는 국가를 진정으로 걱정하고 있었다.

신분제 사회를 극복하지 못한 송익필은 정치에 뜻을 접어두고 도학에 침잠하였다. 그는 이익이나 명성에 관계없이 진정으로 학문을 추구하는 도학자로서의 길을 충실하게 걷고자 하는 심정을 한시로 읊었다. 자신의 불울한 감정을 절제하고 도학에 매진하여 신분의 한계를 초월하여 인간이 동등하다는 평등의식을 드러냈다. 그리하여 그는 도학적 내면세계를 시로 읊으며 천리를 즐기고 인격을 완성하는데 노력하였다. 그의 한시를 통해 볼 때 학문에 정진하여 궁극적으로 도달하려는 목표가 성인이었다.

또한 송익필은 고도(古道)를 추구하여 입신출세를 지향하는 삶보다 차원이 높은 군자의 삶을 추구하였다. 고도에 의해 사람을 공평하게 상대한 그는 시를 통해 군자와 소인의 속성을 낱낱이 밝혔다. 도를 믿고 분수에 편안하여 자신의 하늘을 즐기는 군자의 삶을 추구한 것은 송익필이 세상에 대한 불울한 감정을 승화시킬 수 있었던 유일한 길이었다.

이는 천리에 맞게 처신하는 군자유를 지향하여 만족하는 삶을 추구하는 도학자적 모습이었다.

이처럼 송익필의 한시에는 온갖 고난을 겪으며 세속적인 명예를 버리고 도학자로서의 온전한 삶을 지향하는 면모가 잘 드러나고 있었다. 당시 신분제의 한계 속에서 미천한 가문 출신인 그가 온갖 차별과 멸시를 받았지만 학문을 통해 이를 극복하고 현실을 받아들이며 당당하게 살아가는 도학자의 내면세계를 잘 보여주고 있었다.

【참고문헌】

송익필, 『구봉집』.

조헌, 『중봉선생문집』.

이식, 『택당집』.

송시열, 『송자대전』.

강구율, 「귀봉(龜峯) 송익필(宋翼弼)의 생애와 시세계의 한 국면」, 『동방한문학』
　　19, 2000.

강구율, 『구봉 송익필의 시세계와 시풍 연구』, 경북대학교 박사학위논문, 2002.

김보경, 「구봉 송익필의 시세계와 "독(獨)"의 경계」, 『한국한시연구』 19권, 2011.

김봉희, 「구봉 송익필 시의 연구」, 『한문학논집』 18, 2000.

명평자, 「구봉 송익필 시의 시풍적 특징」, 『한국사상과 문화』 100, 2019.

배상현, 「구봉(龜峯) 송익필(宋翼弼)의 생애와 시문학」, 『애산학보』 5, 1987.

송혁수, 『구봉 송익필의 시문학 연구』, 조선대학교 석사학위논문, 1999.

이상미, 『학이되어 다시 돌아오리: 구봉 송익필의 시세계』, 박이정, 2006.

이상미, 「송익필의 문학관」, 『한문고전연구』 13, 2006.

임준성, 「구봉 송익필의 시세계-시화류와 노장 취향을 중심으로」, 『동아인문학』
　　33, 2015.

『삼현수간(三賢手簡)』에 나타난 구봉 송익필의 서예미학(書藝美學)[1)]

유기원[2)]

1. 서론

구봉(龜峰) 송익필(宋翼弼)은 중종 29년(1534)에서 선조 32년(1599)사이에 살았던 도학가요 성리학자이며, 16세기인 조선전기 기호예학(畿湖禮學)의 근저를 마련한 유학자이다. 자(字)는 운장(雲長), 호(號)는 구봉(龜峰), 시호(諡號)는 문경(文敬)이며, 본관은 여산(礪山)으로, 부친 송사련과 모친 연일 정씨 사이에서 조선 중종 29년(갑오,1534) 4남 1녀 중 3남으로 출생하였다.[3)]

---

1) 이 글은 구봉문화학술원 정기학술대회(2021.11.27, 충남대 인문대학 문원강당)에서 발표한 논문을 수정 보완하여, 『동서철학연구』 제102호(2021)에 게재한 글임을 밝혀둔다.

2) 대전대학교 교수.

3) 『龜峯先生集』 권10, 「附錄」, 〈行狀〉: "先生姓宋 諱翼弼 字雲長 礪山人 高麗貞烈公松禮之後 高祖根 曾祖小鐵 祖璘 直長 娶順興安氏某官某之女 生僉樞君 是爲先生之考 娶延日鄭氏 生四子一女 長諱仁弼 次諱富弼 次卽先生 而雲谷居士翰弼季鷹 其季也 先生以嘉靖甲午二月

그가 활동한 16세기 중·후반의 조선은 사상과 문학적인 융성의 시대를 맞이하게 되어 '목릉성제(穆陵盛際)'4)라 이르는 시기이기도 하였다. 문학적으로 고려시대의 불교 중심에서 조선 초기 왕권을 강화시키기 위해 정치적으로 유교를 도입하면서, 신유학인 성리학에 대한 이해가 심화되어 사림 중심의 학파가 형성되었고, 율곡과 퇴계를 대표로 하는 독창적인 조선성리학이 뿌리내린 시기이다. 이처럼 율곡과 퇴계의 성리학이 양대산맥을 이루게 되지만, 시간이 지나면서 점차 사변(思辨) 중심의 공헌한 한국적인 성리학이 정착되어 영남·기호학파로 학계가 나뉘어 갔다. 이 같은 제반 상황을 극복하고 새로운 질서 정립을 위해서 그 이론적 기반을 제공할 수 있는 새로운 사상체제의 정립을 요구하게 된다. 이는 곧 사회 변화와 국가적 위기상황에서 왕권을 유지하며 민심을 순화시키고 윤리강상을 재건하고자 하는 시대적 요구와 일치되어 조선예학의 뿌리를 내리는 계기가 되었다.5)

송익필은 이와 같은 역사적 시대배경 속에서 율곡과 우계와 더불어 서로 학문을 닦고 이끌어주는 강마지교(講磨之交)를 맺은 도학자이며, 율곡성리학이 체계를 잡는데 우계와 더불어 보인(輔仁)한 성리학자이다. 아울러 기호예학의 종장이라 일컬어지는 김장생(金長生)과 김집(金集)을 가르쳐서 명실공히 조선예학의 뿌리를 내리게 한 교육가이며 예학자이다. 이처럼 송익필은 천품의 자질이 뛰어나고 학문에 투철하게 힘써서 경서에 밝고 조선유학사에 지대한 공을 남긴 일세의 유종(儒宗)

初十日卯時生"

4) 목릉은 선조의 능 이름(陵號)이며, 문학적 융성기인 임진란 전후의 선조시대를 말한다.

5) 배상현, 「조선조 기호학파의 예학사상에 관한 연구 -송익필,김장생,송시열을 중심으로-」, 고려대학교 박사학위논문, 1991, p.143.

이라 불린6) 유학자이다.

송익필의 서예는 한국서예사에서 조명하는 부분이 극히 적다. 송익필의 현존하는 글씨를 살펴보면 『삼현수간(三賢手簡)』과 같이 뜻을 전달하기 위한 간찰종류로, 남에게 보이기 위한 현판이나 서예작품으로 남아있는 것이 극히 적다. 이는 신분문제와 불우했던 인생 역경으로 인한 은둔과 도피생활의 영향으로 보인다.

송익필은 유학자로서 서예에 관한 스승에서부터 그 계보를 이은 제자까지 확인할 수 없으며 송익필 서체의 근원을 확인하기 위해서는 조선시대의 서예사와 연결하여 중국에서 받은 영향을 알아보고 그 근원을 유추해야 한다. 또한 추사 김정희나 석봉 한호와 같이 서예를 예술로 승화시키기 위해 연경으로부터 각종 서예가의 글씨를 접하고 연마한 흔적들이 없기 때문에 그 예술성을 논하기에 남겨진 글씨들이 매우 한정적이다.

선조들 가운데 여러 가지 서체를 익히고 현판이나 작품들로 남긴 학자들이 있는 반면, 기록을 위한 목적으로 당시 유행하는 해서나 행초서를 익혀 소자로 본인만의 필치로 쓰는 학자들이 많이 있었는데 송익필은 후자에 해당된다고 보는 것이 타당할 것이다.

여기서 송익필은 유학자로써 문자를 예술로 승화시킨 서예가 아닌 기록을 위해 정확한 자형을 익히고 글로 남긴 학자로써 연구해보려고 한다.

따라서 2장에서는 고려 말에서부터 조선시대의 서예의 흐름을 알아보며 왕희지체, 구양순체, 송설체, 한석봉체가 어떻게 자리 잡게 되었는

---

6) 『龜峯先生集』 권10, 「附錄」, 〈請褒贈狀-庚午六月十五日忠淸監司洪啓禧〉: "龜峯 宋翼弼之 號 ……以其朋友師弟之盛 稱道論述之辭 參互以觀 則翼弼邁學高才 實是一代之儒宗."

지를 알아본다. 3장에서는 『삼현수간』에 대한 설명과 그 안에 엮어져 있는 송익필의 초서 간찰을 두 시기로 나누어 살펴보고, 송익필 초서의 특징을 왕희지 척독과 비교분석해 본다. 시기를 나누는 기준은 송익필의 집안이 노비로 전락되어 뿔뿔이 흩어지게 된 1580년대를 기준으로 전·후로 나누어 본다. 『삼현수간』에 나타난 송익필의 서체에서도 그의 글씨변화를 살펴볼 수 있는 기준을 주변 환경과 심적 영향이 크게 작용했을 것으로 추론해 보았다.

현재 송익필의 서예세계에 관해 그의 서예관과 유묵들, 그리고 왕희지체와 자형을 비교한 1건의 연구7)가 있으며 논자기준의 연구는 주관적인 입장임을 밝히고 차후 그의 사상과 연관된 심도 있는 연구가 진행될 것이라 예상한다.

『삼현수간』에 나타난 그의 글씨가 보물로 지정이 되었지만 그 내용에 치중되어 서체의 우수성이 알려지지 않은 것은 아쉬운 부분이다. 따라서 송익필 초서의 형성배경과 초서체의 전개양상에 대해 살펴보도록 하겠다.

2. 조선시대의 서예

조선시대의 서예흐름을 보면 고려 말 유입된 조맹부의 송설체와 송설체의 연미함을 제거하여 고아한 품격을 되찾기 위한 왕희지체, 그리고 송설체의 특징을 가미한 단아정려한 석봉체로 크게 나누어 볼 수 있다.

7) 정태희, 「구봉의 서예연구-三賢手簡을 중심으로-」, 한국사상문화학회, 『한국사상과 문화』 제81집, 2016.

1232년 고려는 몽고에게 무너진 후 역대 고려의 왕들은 자주성을 회복하기 위해 송문화를 더욱 철저하게 수용하려고 노력하였다. 대표적으로 충선왕이 재위 5년 1314년에 원나라 도읍 연경에 설치한 만권당(萬卷堂)을 볼 수 있다. 고려사절요에는 만권당에 대해 다음과 같이 기록하였다.

원 나라 황제가 상왕에게 연경(燕京)에 머무를 것을 명하였다. 상왕이 연경의 저택에 만권당(萬卷堂)을 짓고, 글 잘하는 선비 염복(閻復)·요수(姚燧)·조맹부(趙孟頫)·우집(虞集) 등과 더불어 교유하며 고증하고 연구하면서 스스로 즐기며, 호종한 신하들로 하여금 윤번으로 교대하게 하였다.8)

고려에서는 익재(益齋) 이제현(李齊賢, 1287~1367) 등 연소신예(年少新銳)한 학자들을 불러 서로 교류하게 하여 송문화의 진수를 고려학자들이 직접 전수받을 수 있게 하였던 것이다. 이때 고려학자들은 주자성리학은 물론 조맹부의 서화까지도 직접 전수받아 국내로 유입되었고 행촌(杏村) 이암(李嵒)9) 같은 송설체의 대가들이 고려 말에 출현하게 되었

8) 『龜峯先生集』권10, 「附錄」, 〈請褒贈狀-庚午六月十五日忠淸監司洪啓禧〉高麗史節要 卷之二十四 / 忠肅王, 甲寅元年 元 延祐元年: "元帝 命上王留京師 上王構萬卷堂于燕邸 招致文儒閻復 姚燧 趙孟頫 虞集等 與之從遊 以考究自娛 令從臣 輪番而代."

9) 이암(李嵒, 1297년 ~ 1364년)은 고려 말의 문신이다. 본관은 고성(固城), 호는 행촌(杏村), 시호는 문정(文貞)이다. 행촌이란 호는 자신이 유배되었던 강화도의 마을 이름을 따서 지었다. 원래 이름은 이군해(李君侅), 자는 익지(翼之)이며 후에 이름을 암(嵒), 자를 고운(古雲)으로 고쳤다. 이암은 백이정(白頤正, 1247년~1323년) 문하에서 수학하며 당시 최고 서체로 추앙받던 조맹부의 송설체를 터득하여 13세에 명필이 되었다. 2년 후이 소식을 들은 원나라의 무종(武宗)이 이암에게 불교의 연화경(蓮華經)을 써서 바치라고 명하자 이암은 10첩을 써서 보냈다. 무종이 '천하일필(天下一筆)'이라 칭찬하고 1첩을 돌려주었다. 현재 그 연화경의 반쪽이 후손에게 전해지고 있다. 근래에 일제 강점기

지만 전면적인 확산과 유행은 조선시대부터이다.

조선 초기의 서예는 고려 말에 널리 쓰인 왕희지체, 구양순체 외에 원에서 수용된 조맹부의 송설체가 크게 유행하며 법첩이 지속적으로 간행되면서 송설체가 보급되기 시작한다. 세종(1397~1450) 성시(盛時)에는 안평대군(安平大君, 1418~ 1453)이 송설체의 진리를 터득하여 일가를 이룸으로써 송설체를 국서체화(國書體化)에 이르니, 집현전 학사들이 모두 안평대군의 송설체를 따라 쓰게 되었다. 박팽년(朴彭年, 1417~1456)과 강희안(姜希顔, 1418~1465)등이 그 대표적인 인물들이다.10)

안평대군은 세종의 아들로서 왕실의 풍부한 자료를 바탕으로 그의 재기가 합쳐져서 자유분방한 서풍을 구사하여 국내·외에서 높이 평가받았다. 안평대군 주변에는 왕실사람들 외에 집현전 학사 등 젊은 문인들이 모여들어 서예유파를 형성하며 조선 초기 서예를 한 차원 높이 이끌었다.11)

16세기 초의 조선서예는 송설체의 토착화 과정과 함께 조맹부가 지향 했던 왕희지 등의 고법으로 되돌아가려는 움직임이 대두되기 시작했다. 당시 조선사회에 새로운 세력으로 등장한 도학자들은 성리학의 사유세계를 통해 새로운 이상세계를 구현하고자 하였으며, 이들의 생활태도 또한 근엄한 행동규범을 추구하였기 때문에 글씨에서도 근정(謹正)하고 단아한 풍격이 주류를 이루며 송설체의 연미함을 탈피하여 왕희지의 고아(古雅)한 품격을 되찾으려는 경향을 보였다.12)

반출 문화제 환수 등 사회적 관심에 따라 그의 글씨에 대한 연구와 평가가 활발해지고 있다. 이암은 서예가로서 뿐만 아니라 시와 그림에도 뛰어났다.

10) 崔完秀,『澗松文華』33,「韓國書藝史鋼」, 한국민족미술연구소, 1998.

11) 이성배,「매죽헌 성삼문의 서예와 그 정신」, 동방사상과 문화 제2집, 2008, p.229.

12) 16세기 조선 서예의 동향에 관해서는 다음의 논고를 참고하였다.

이후 세조의 왕위찬탈로 안평대군을 비롯한 집현전학사들이 사사되고 집현전이 폐쇄되면서 송설체의 발전이 위축되는 시기가 있으나, 이후 성종(成宗, 1457~ 1497)의 성리학 부흥정책을 계기로 성종의 송설체 숭상과 사림세력이 송설체를 좇아쓰게 되면서 송설체는 다시 국서체의 위치로 돌아온다.

중종반정(中宗反正, 1506)으로 다시 기용된 사림들은 옛 법으로의 복귀를 주장하며 진법(晉法)을 추구한다. 자암(自庵) 김구(金絿)13)가 대표적인 서가로 당시 송설체의 큰 흐름을 바탕으로 송설체의 특징인 연미한 서풍을 제거하고 왕희지체의 고아한 품격을 되찾으려고 하였다. 이는 조선 성리학의 기반을 확립한 유학자들의 표본이 되는 글씨가 되었으며, 대표적으로 본고에서 논하고자 하는 송익필을 포함하여 청송(聽松) 성수침(成守琛, 1493~1564)과 퇴계(退溪) 이황(李滉, 1501~ 1570)이 있다. 이황과 함께 조선 성리학의 쌍벽을 이룬 율곡(栗谷) 이이(李珥, 1536~1584) 또한 활기찬 운필로써 자신만의 서풍을 이루었고 조헌(趙憲), 김장생(金長生) 등 그의 학풍를 쫓은 기호학파에 의해 전수 되었다. 우계(牛溪) 성혼(成渾, 1535~ 1598)은 부친 성수침의 창고한 서풍을 이어 받았다.

여기서 율곡학풍을 따르던 석봉(石峯) 한호(韓濩, 1543~1605)14)가 전

李完雨, 「조선중기서예의 흐름」, 『조선중기서예』, 예술의 전당, 1993, p.248.
李完雨, 「16세기조선시대의 초서에 대하여」, 『국제서학연구』, 2000, 東京:書學書道史會編, 2000, pp.508~519.

13) 조선 중기의 문신으로 자는 대유, 호는 자암(自庵)과 삼일재, 시호는 문의, 본관은 광산(光山)이다. 글씨가 뛰어나 조선 전기 4대 서예가로 유명하며 서울 인수방에 살아서 그의 서체를 인수체라 했다. 사후 선조 때 이조참판에 추증되고 예산의 덕잠서원, 군산의 봉암서원 등에 배향되었다. 문집에는 《자암문집》, 작품에 《이겸인묘비》, 《자암필첩》, 《우주영허첩》 등이 있다.

14) 조선 중기의 서가로 호는 석봉(石峯)이다. 개성서 출생하여, 일찍부터 왕희지(王羲之),

통적인 송설체에 특장을 가미하여 단아청려(端雅淸麗)한 서풍을 가진 석봉체를 이루어낸다. 왕실과 사림, 사자관까지 석봉체를 배우면서 국서체의 자리는 석봉체로 넘어간다.

그러나 송설체의 존재는 보수적인 명문구가(名門舊家)에 의해 가법으로 지켜나가거나 석봉체의 영향을 받은 연미함을 더욱 제외한 송설체 대가들이 나타나며 조선식 송설체로서 자리 잡게 된다.

3. 『삼현수간』에 나타난 송익필 초서의 특징

본고에서 중점으로 분석할 『삼현수간』은 조선전기의 대학자인 율곡 이이, 우계 성혼, 구봉 송익필 세분의 편지모음집이다. 우계와 율곡이 구봉에게 보낸 편지와 구봉이 보낸 답장을 아들 취대(就大)가 모아서 정리한 것으로 원(元), 형(亨), 리(利), 정(貞) 총 4첩으로 구성되어 있으며 원본 크기는 가로 27cm 세로 37.5cm 이다. 편지를 교환한 시기는 1560년부터 시작하여 이후 죽기 전인 1593년까지 계속된다. 즉 세 분이 20대 중반부터 35년간 교유를 한 것이다. 구봉은 율곡과 우계라는 유년시절부터 뜻을 같이하는 친우들이 있어 도의지교(道義之交)를 맺고 교유했다.

송익필은 서문에서 "나 송익필은 우계 성혼, 율곡 이이와 가장 친하게

안진경(顔眞卿)의 필법을 익혔고 해서·행서·초서 등 각 서체에 능했다. 중국 서체의 모방에서 탈피하여 호쾌하고도 강건한 서풍을 이루어 후의 김정희(金正喜)와 더불어 조선 서도의 쌍벽으로 되었다. 그의 서풍은 '석봉체'라 불리어 세상에 널리 쓰여졌으나 조선 서도의 형식화의 원인으로도 되었다. 필적으로는 『석봉서법』, 『석봉천자문』등의 목판본과 『행주전승비』(1603), 『선죽교비』등의 비가 있다.

지냈다. 지금 둘 다 세상을 떠나고 나만 살아있다. 몇 날이나 더 살다가 죽을 것인가? 아들 취대(就大)가 지난 전쟁인 임진왜란으로 흩어지고 없어졌지만 남아있는 두 친구의 편지와 내가 답장한 글, 잡다한 기록을 약간 모아 나에게 보여 주었다. 모두 모아서 서첩으로 만들고 죽기 이전에 보고 느끼는 자료로 삼기로 하였다. 또 우리 집안에 전하고자 한다. 1599년 봄에 송익필 씀"이라고 하였다.

또한『삼현수간』의 글씨는 남에게 보이기 위해 쓴 것이 아니라 자연스럽게 각자의 개성이 드러나게 썼는데 이는 한국서예사에 있어서 중요한 의미를 갖는다.

임창순(1914~1999)은 세 사람의 글씨에 대해 이렇게 말했다.

송익필의 초서는 기운이 넘쳐흐르고, 이이는 재기발랄하며, 성혼은 아버지 청송 성수침의 글씨를 이어받아 온화하면서 힘이 있다.

『삼현수간』에 있는 구봉의 간찰은 모두 초서로 되어 있으며 그 글씨만으로도 서예사적으로 중요한 자료가 되며 특히 그의 초서는 한 글자도 흐트러짐 없이 정연하여 마치 초서교본(草書教本)을 대하는 듯 느껴진다.[15]

현재 한국 서예사와 그의 서예에 대해 언급되어 있는 부분은 극히 일부분이다. 본고에서는 정태희의 연구[16]를 바탕으로 송익필의 서체를 시대의 흐름상 특징과 왕희지의 영향을 받은 부분을 중점으로 논하면서

15) 김창경,『구봉송익필의 도학사상』, 책미래, 2014, p.8.
16) 정태희, 「구봉의 서예연구-三賢手簡을 중심으로-」, 한국사상문화학회,『한국사상과 문화』제81집, 2016.

송익필 서예의 특징들을 알아보고자 한다. 송익필의 서예를 보면 자형이나 장법의 변화가 크게 나타나지 않지만 『삼현수간』을 시대별로 나타나는 송익필의 초서의 특징을 중심으로 살펴보며, 첩(帖)으로 제작하면서 당시 율곡의 간찰에 대한 회상을 적은 글씨와 소실된 부분에 대해 표시한 글씨까지 1560년 간찰부터 1599년 구봉이 마지막으로 남긴 서문의 글씨까지 각 서찰의 시대별 글씨의 변화를 고찰해 보겠다.

1) 시대별 송익필 초서의 특징

(1) 1560~1570년대

구봉은 타고난 재질과 학문적 성취에 비해 비극적인 가계사로 유학자로서 경세의 뜻을 펼치지 못하였다. 유년시절에 이미 시에도 소질을 보여 '산속의 초가지붕에 달빛이 흩어지네' 라는 시구를 읊었고, 더 나이가 들어 아우 한필(翰弼)과 함께 초시(初試)에도 높은 등수로 합격(發解高等)이 되어 명성을 얻었다.[17]

송익필의 생애 전반기에는 신분제도로 제약을 받지 않았고 사회·경제적으로 구속을 받지 않으며 사대부들과 교류하고 학식과 문장으로 이름이 나기 시작했다. 당시 이이, 최립, 백광훈, 윤탁연, 이산해, 이순인 등과 함께 8문장가로 명성이 드높았다.[18]

『삼현수간』에 수록된 첫 간찰은 1560년도 간찰로 조금 이른 1558년 별시에 응한 이후 송익필의 삶에 변화가 생기기 시작한다. 그는 특별한

---

17) 『宋子大全』 권172, 「墓碣」, 〈龜峯先生宋公墓碣〉: "年七八歲 詩思清越 有山家茅屋月參差之句 稍長 與弟翰弼俱發解高等 自是聲名著聞."

18) 『孤竹遺稿』, 「孤竹詩集後叙」, 〈孤竹詩集後叙[朴世采]〉: "少與玉峯白光勳 游學松川梁公靑蓮李公之門 未弱冠 同栗谷李先生 龜峯宋翼弼東臯崔岦諸才子 唱酬于武夷洞 世號八文章楔"

사우(師友)의 도움 없이 1558년(25세, 명종13)에 아우 한필과 함께 별시에 합격한다. 그러나 하지만 그는 당시 사관이었던 이해수(李海壽)[19]에 의해 조모인 감정(甘丁)이 천첩소생이라는 이유로 과거응시 자격박탈에 해당하는 정거(停擧)를 당하게 된다.[20]

하지만 당시 송익필은 〈천도책(天道策)〉의 해답에 대해 율곡이 구봉을 추천할 정도로 선비들 사이에 문장과 학식이 널리 알려지기 시작한 시기였다. 1560년(27세, 명종15)에 구봉에 은거하여 학문연구와 후학을 양성하며 구봉선생(龜峰先生)[21]이라 불리게 되었다.

1569년 부친 송사련의 무고로 일어난 신사무옥(辛巳誣獄, 1521, 중종16)에 대한 추국이 시작되고 1575년(42세, 선조8)에 결국 부친 송사련이 죽자 신사무옥으로 죽은 안당(安瑭)[22]에게 시호가 내려지며 25세 별시에서 겪은 정거보다 더욱 어려운 상황을 맞이하게 된다. 이러한 가세가 기울어 가는 상황 속에서 송익필은 율곡과 우계와의 학문적 교류를 지

---

19) 본관은 전의(全義). 자는 대중(大中), 호는 약포(藥圃)·경재(敬齋). 광양현감 이맹희(李孟禧)의 증손으로, 할아버지는 신천군수 이창형(李昌亨)이고, 아버지는 영의정 이탁(李鐸)이며, 어머니는 용인이씨(龍仁李氏)로 이종번(李宗蕃)의 딸이다. 1594년에 대사성을 거쳐 부제학에 이르렀다. 성격이 강직·단아하고 특히 시와 예서에 뛰어났다. 이조판서에 추증되었다. 저서로는『약포집』이 있다.

20)『龜峯先生集』권10,「附錄」,〈行狀〉:"史官李海壽等 以爲祀連旣爲罪人 褫其賞職 其子乃孼孫也 不當冒法赴擧 與同僚議停擧以錮之 山海等求釋不得."

21)『조선왕조실록』,「선조수정실록」권23,〈선조 22년, 12월 1일 11번째-송익필형제의 추문을 형조에 전교하다〉:"翼弼復從李珥 成渾 講論道學 識見通透 論議英發 開門授徒 從學者日盛 號稱龜峯."

22) 본관 순흥(順興). 자 언보(彦寶). 호 영모당(永慕堂). 시호 정민(貞愍). 1480년(성종 11) 성균시(成均試)에, 이듬해 친시문과에 병과(丙科)로 급제하고, 사관(史官), 1499년(연산군 5) 사성(司成)이 되어《성종실록(成宗實錄)》편찬에 참여했다. 1507년(중종 2) 이과(李顆)의 옥사(獄事)를 다스려 정난공신 3등이 되고, 호조·병조·공조·이조판서를 거쳐 1518년 우의정, 이듬해 좌의정에 올랐다. 이때 기묘사화(己卯士禍)에 화를 입게 된 유신(儒臣)들을 구하려다 파직, 1521년 신사무옥(辛巳誣獄)으로 아들과 함께 사사(賜死)되었다.

속하며 학문으로 인정을 받아가고 있었다.

이 시기는 이학적 심미기준으로 서예를 이해하고 평하려는 인식이 점차 주류를 이루는 경향을 볼 수 있다. 특히 정자와 주자의 이학적(理學的) 서론(書論)을 받아들여 글씨를 단순한 서사 대상으로 보지 않고, 수양의 대상으로 보는 등 내면의식을 강조하면서 마음과 글씨는 일치해야한다는 경향이 나타나고 있음을 보여주고 있다.[23]

일찍이 서한(西漢)의 양웅(揚雄, B.C.53~A.D.18)은 『법언(法言)』 문신편(問神篇)에서 글씨를 마음의 그림이라 한 것에 대해 이러한 견해를 내놓았다.

> 말은 마음의 소리이고 글씨는 마음의 그림이다. 소리와 그림의 형태에서 군자와 소인이 보여 진다. 소리와 그림이 군자와 소인의 정을 움직이는 원인이 아니겠는가?[24]

이는 글씨가 정신적인 소산물이란 뜻이다. 즉 인격이 투영되어 나타나는 예술이라는 의미이다. 따라서 서격(書格)의 높고 낮음은 기(技)보다는 인격에 중점을 두어 품평의 기준으로 삼아왔다. 이는 서예의 미적 요소인 점과 선에 의한 결구가 단 순한 손재주의 교(巧), 또는 불교(不巧)에 있는 것이 아니고 쓰는 사람의 '심(心)' 즉 정신을 근본으로 중시하는 내면세계에 크게 기인한다는 의미이다.[25]

---

23) 李家源, 『韓國漢文學史』, 晉成文化社, 1986, p.200.

24) 吳明南, 『書論精髓』, 美術文化院, 2003, p.11 인용: "言心聲也 書心畵也 聲畵形君子小人見矣 聲畵者 君子小人之所以動情乎?"

25) 鄭台喜, 『中國書藝文化史』, 美術文化院, 2008, p.382.

또한 송익필의 글씨도 마음의 표현이기 때문에 글씨를 씀에 있어 요구되는 점획의 구사나 운필의 태도, 결체(結體)의 방법이나 서체선택, 마묵(磨墨) 등의 행위에 예학의 자세로 일관하였다. 송익필 초서의 특징을 보면 이런 서론과 같이 그 글씨가 항상 엄정하며 굳센 마음을 표현하고 있음을 보여준다.

여기서 송익필의 서체를 살펴보면 이 시기 특징들을 볼 수 있다.『삼현수간』에 구봉의 20대중반부터 40대까지의 글씨는 총 7개가 있다. 20대 중반의 서찰은 율곡에게 보낸 2통이 있으며 40대의 서찰은 우계와 許公澤에게 보낸 5통이 있다. 비교적 젊은 시절의 글씨이며 유년시절부터 배운 글씨의 특징들이 나타나는 시기이다.

『삼현수간』 1581년 利18〈도1〉, 1585년 貞9〈도2〉의 초서 간찰(簡札)을 살펴보자.26) 일반적으로 간찰은 서예작품으로 쓴 글씨가 아니다. 서예가로서의 예술적 흥취가 잘 드러나지 않지만, 평소의 자연스러운 필획을 살필 수 있는 좋은 자료가 된다. 종종 내용상 심정부분을 상대적으로 글자 크기를 크게 강조하여 내용상 심정을 표현하여 간찰에서 볼 수 있는 특징이 있다. 방과 원이 조화를 이루고 있으나 전반적으로 원세(圓勢)가 두드러지며 자연스러운 필치를 보이는데, 이것은 송익필 초서에서 공통적으로 볼 수 있는 특징이다.

하지만 이 시기의 초서의 기필부분을 보면 50대 이후 노년기와 다른 부분이 나타난다. 첫 번째 특징을 보면, 전체적인 글씨의 장법이 근정하며 단아한 느낌이 나지만 글자의 기필부분이 공통적으로 무겁게 처리되어 있다. 20대는 그 필법을 연마하였다 하더라도 아직 미숙하며 더욱 무

---

26) 임재완 옮김,『세분선생님의 편지글-삼현수간-』, 호암미술관, 2001, 참조.

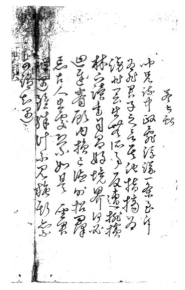

〈도1, 송익필 『삼현수간』利18, 1581.〉

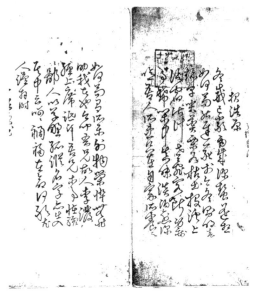

〈도2, 송익필 『삼현수간』貞9, 1585.〉

르익어야 하는 시기이다. 이것은 운필하기 위해 더 많은 필압이 필요하다는 것을 의미한다.

정태희는 "송익필의 초서는 '지극히 정밀한' 해서법의 기초 위에서 세워졌다고 사료된다."[27]라고 이야기하였는데 이 부분과 상통하는 부분이다.

초서는 운필속도를 빠르게만 쓰는 서체가 아닌 기필에서부터 시작된 필압을 통한 탄력으로 붓 끝을 놓치지 않고 운필하여 필세와 필의의 흐름과 각 글자간의 공간을 연결하는 서체로, 서예에서는 최고난이도의 운필법을 필요로 한다. 이 시기 초서의 기필부분이 무거운 것은 해서의 필법으로 정확한 획을 운필하고 필속의 지속(遲速)을 주기위해 더 많은 필압이 필요하였을 것으로 추측된다.

두 번째, 노년기의 글씨에 비해 글씨의 획에 살이 붙어 있어 전체적인 장법에 부드러운 느낌이 난다. 여기서 살보다는 근육이라고 표현해도 무방할 것으로 보인다. 이것은 송익필의 필법과 운필이 아직 능숙하지 못한 것을 보여주는 것이며 서찰을 쓰는 글씨와 붓을 의식하면서 쓰다 보니 필압을 더 누르고 운필 속도가 느리다는 것을 의미한다. 또한 장법에 부드러움은 송익필이 주로 사용한 외척법[28]의 영향으로 살찐 획이

---

27) 정태희, 「구봉의 서예연구−三賢手簡을 중심으로−」, 한국사상문화학회, 『한국사상과 문화』 제81집, 2016, p. 232.

28) 최은철, 『서예술사전』, 도서출판 서예문인화, 2014, pp.721~728.
심윤묵의 『서법총론』에서는 무릇 필치가 긴밀하고 수렴된 것은 내엽이고, 그렇지 않은 것은 외척이다. 내엽은 상대적으로 법도가 근엄하고 함축된다. 외척의 용필은 대부분 내달리는 듯한 정감과 편안한 마음상태에서 흥을 따라 변화를 일으키며 휘호함으로써 형성되는 한묵 정취이다. 이러한 외척의 용필은 행초에 알맞다. 내엽법과 외척법은 비록 정감과 의상의 표현에 제약을 주지만 또 정감과 의상의 표현을 제약하기도 한다. 또 기교와 방법에 속하는 것이기도 하므로 내엽과 외척은 반드시 기법과 점획에 표현된 상태와 효과면을 함께 살펴야 한다. 창작에서 내엽법과 외척법은 어느 한 가지도 경시해 서는 안 되며, 이들을 마음대로 선택할 수 있어야 천변만화하는 작품을 할 수 있고 자태가

나타난 가능성이 크다. 향세(向勢)의 형세를 취하여 밖으로 발산하는 분위기를 내며 다소 너그러운 느낌을 주고, 골기보다는 근력이 주로 드러난다.

(2) 1580~1590년대

1580년대는 동서의 당쟁이 격화되면서 송익필에게 큰 변화가 찾아온 시기이다. 東人들은 당시 병조판서이던 율곡을 탄핵하고 1584년에 율곡이 죽게 된다. 또한 율곡과 우계의 배후조정이라 하고 송익필을 서인의 모주(謀主)라 하며 동인들의 공격이 시작된다. 1586년 (53세, 선조19)에는 안당의 아들 안처겸이 신원되고, 부친 송사련의 관직이 삭탈된 후 식솔 70여명은 노비로 환천 되어 흩어지게 되었다.

송익필도 정철(鄭澈, 1536~1593), 김장생 등의 도움으로 도피생활을 시작한다. 이후 거의 격년단위로 구속과 유배를 당하며 1593년 송익필의 나의 60세에 마지막 유배에서 풀려나게 된다.

1594년에는 둘째형 송부필과 아우 송한필이 죽고 난 후 1596년 충남 당진에 우거하였으며 1598년에는 도의지교를 나눈 우계가 죽고, 아내 성씨를 잃게 된다.

1599년 66세에 아들 취대에게 우계와 율곡을 비롯한 여러 교유들과 주고받은 편지글을 정리하게 하여 『현승편』을 엮었고 그해 8월 면천의 집에서 별세하였다. 별세한 1599년에 『삼현수간』의 원고인 『현승편』을 엮으며, 구봉은 인생을 회고하며 변화가 없던 그의 글씨에도 의미심장한 심정이 담겨졌을 것이다. 집안이 노비로 환천되고 유배를 가게 되고,

다양하게 할 수 있다.

가족들의 죽음과 학문을 닦고 이끌어주는 강마지교(講磨之交)로 교유한 율곡과 우계의 죽음이 가장 큰 상심이었을 것이다.

『삼현수간』에 50대부터 60대까지의 글씨는 총 29개가 있다. 50대의 서찰이 대부분으로 총 28통이 있으며『삼현수간』을 엮으며 쓴 서문 1통이 있다. 서문의 글씨와 그 이전의 1580년대의 서찰글씨를 모두 비교해 보아야 하나 이 시기는 구봉의 노년기 글씨의 특징을 중점으로 살펴보려 한다. 그러기 위해서『삼현수간』의 서문을 중심으로 원숙한 노년기 시절의 글씨의 특징들을 고찰해 보겠다.

『삼현수간』서문인 1599년 元서문〈도3〉은 구봉의 노년기 글씨를 대표하는 글씨라고 볼 수 있다. 일반적인 서찰을 쓸 때와 다르게『삼현수간』에 대한 서문을 적으면서 정확한 운필과 장법을 고려하였을 것이며 책의 얼굴과도 같은 글씨이기 때문에 더욱 송익필 초서의 특징을 잘 나타내었을 것이다

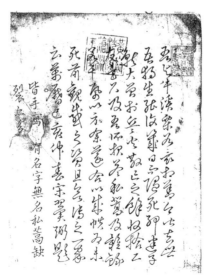

〈도3, 송익필『삼현수간』元 서문, 1599.〉

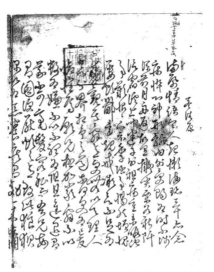

〈도4, 송익필『삼현수간』利14, 1585.〉

그래서 50대 간찰인 1585년 貞14〈도4〉는 그 흐름이 쾌활하며 시원하고 연면이 많이 들어가 있으며 운필에 속도감이 나타나는 자연스러운 간찰의 장법인 반면, 서문의 글씨는 각 글자의 결구와 필세가 엄정함이 느껴지며 획에 골기가 드러나 있으며, 지면의 공간을 계산하고 행간의 공간을 시원하게 구성하여 안정감 있고 완숙한 장법을 구사하고 있다.

그리고 서문의 마지막 두 행은 초서가 아닌 해서에 가까운 행서로 운필한 부분이 특이하다. 이러한 장법과 결구, 획은 이 서문이 한 지면에 공간을 계산하여 쓴 송익필의 서예작품이라고 보아도 무방할 것이라 사료된다.

서문을 자세히 살펴보면 먼저 예학의 자세로 일관한 송익필 서예를 함축하여 담아낸 획으로 군더더기 없는 청아하며 골기가 살아있는 획을 운필하였다. 점에서부터 획 하나하나를 가볍게 운필하지 않고 수필부분에서도 날림이 없이 마무리 하였으며 배세와 향세를 적절히 운용하였다.

  이 형태는 1560~1570년대 글씨에서 무겁게 보이던 기필부분과 살찐 획들이 노년기의 원숙함을 통해 탈속한 것으로 보인다. 또한 지극히 정밀한 해서의 필법을 기본으로 쓰는 초서의 자형구성 방법을 그대로 사용하고 있으면서 숙련된 초서자형으로 흐름이 끊어지지 않고 중량감 있는 붓 끝은 골기 있으며, 가는 획의 느낌과는 반대로 전체적인 장법에 무게감을 주고 있다. 이렇게 서예작품으로도 볼 수 있는 이 서문에서 송익필이 인생을 통해 완성된 초서의 획과 결구, 그리고 장법까지 살펴볼 수 있는 것이다.

〈표1, 1599년『삼현수간』을 엮을 때 추가로 적은 문장〉

元18	元21	貞21	貞5	元23	元20	亨8	元15	亨18
							貞19	元20

이 서문 외에 송익필의 글씨가 남아 있는 부분이 11곳이 있다. 앞에서 언급하였듯이

『삼현수간』을 엮으면서 간찰에 대한 답신이 기록된 출처를 적거나, 간찰이 부분적으로 누락되거나 찢어진 부분, 편지의 내용에 대해 회상한 부분을 추가적으로 기록해 놓은 글씨가 있다.(표1) 이 글씨들은 서문의 필치와는 다르게 태세의 변화가 나타나고 운필에 속도감이 있으며 쾌활한 장법으로 구성되어 있다. 노년기 송익필의 자연스러운 필치를 확인하기에는 서문보다는 오히려 이 글씨들이 더욱 명확할 수도 있다.

이 글씨들 중에 특이한 부분은 1583년 율곡이 쓴 편지에 대해 회상하며 적은 글씨이다.(도5)

위 편지는 율곡이 병이 처음 발생했을 때의 편지다. 죽는다는 것을 먼저 안 것이다. 그리고 한 달 후에 세상을 떠났다. 매양 이 편지를 볼 때마다 마음이 아프다.29)

구봉의 말로는 이 편지를 받고 한 달 뒤에 세상을 떠났다고 하는데 이 편지를 쓴 시기는 연대가 없지만 1583년으로 추측할 수 있는 근거를 제시하고 있다. 이 글씨가 특이한 부분은 송익필의 심정을 이야기한 부분이 있기 때문이다. 유년시절부터 함께 한 친우의 마지막 서찰을 다시 읽으며 과거를 회상하는 감정과 친우를 보낸 슬픔 심정을 이야기하고 있다. 이런 심정에서의 글씨는 단순한 서사 대상으로 보지 않고, 수양의 대상으로 보며 내면의식을 강조하면서 마음과 글씨는 일치해야한다는

---

29)『龜峰集』권5,「玄繩編」: "此爲始病之書 先知任運遷化 而後月長逝 每一開見 悲慟如初."

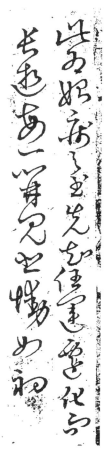

〈도5, 1599년 율곡의 죽음을 회상하며 적은 글(貞5, 1585)〉

예학의 관점에서 살펴본다면 일반적으로 나타난 송익필의 필치와는 다르다는 것을 알 수 있다.

이 글씨는 이 시기의 다른 글씨들과 다르게 획이 가늘고 원필로 운필하였으며 배세보다는 향세의 운필이 많이 나타난다. 슬픔 심정에서의 글씨는 속도가 빠르지 않을 것이며 강하게 운필하지 않아 나타나는 형태로 보인다. 또한 서문의 형식처럼 연면을 많이 사용하지 않는 점도 확인할 수 있다.

친우의 죽음을 회상하며 쓴 이 글씨는 송익필의 마음이 글씨에 드러난 귀한 글씨로 볼 수 있는 것이다.

2) 왕희지와 송익필의 척독(尺牘) 비교

이제까지 『삼현수간』에 실린 송익필의 초서간찰의 특징에 대해 알아보았다. 이러한 송익필의 서예는 서론에서 언급한 당시 익혔던 왕희지의 글씨를 자신만의 서체로 만들어가는 과정을 서술한 것이라고 볼 수 있다. 여기에서는 왕희지의 대표적인 척독을 선별하여 송익필의 글씨에 영향을 준 부분을 알아보고자 한다.

왕희지는 중국 동진(東晉)의 서예가로 중국 고금(古今)의 첫째가는 서성(書聖)으로 존경받고 있다. 해서·행서·초서의 각 서체를 완성함으로써 예술로서의 서예의 지위를 확립하였다. 예서(隸書)를 잘 썼고, 당시 아직 성숙하지 못하였던 해·행·초의 3체를 예술적인 서체로 완성한 공적이 있으며, 현재 그의 필적이라 전해지는 것도 모두 이 3체에 한정되어 있다.

오늘날 전하여오는 필적만 보아도 그의 서풍(書風)은 전아(典雅)하고 힘차며, 귀족적인 기품이 높다.

왕희지는 「제위부인필진도후(題衛婦人筆陣圖後)」에서 행초서에 대해 이야기하였다. 행초서는 진서(眞書)처럼 엄중한 법도를 유지하고, 반드시 연속할 필요성이 없다는 것을 주장하였고 한 글자 안에서도 용필을 다양하게 구사하도록 하여야 하며, 서체 사이의 상호 관련성에 유의하여 초서는 그 서체로 변화하기 이전의 서체인 전서, 팔분, 예서의 필의(筆意)가 섞이게 써야 한다는 것 등 을 강조하였다. 왕희지는 초서를 쓸 때에는 진서(眞書)를 쓰듯이 하고 진서를 쓰는 데는 초서를 쓰듯이 해야 한다고 하여 글씨를 배우는 사람을 위해서 후대에도 통용할 수 있는 법칙을 세웠다. 초서를 쓸 때의 시간이 비교적 빠르기 때문에 상호간의 거리가 항상 일정하지 않다. 초서를 임모할 때는 규칙을 더욱 엄격하게 지

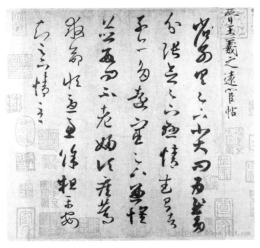

〈도11, 원환첩〉

켜야 한다. 법도를 지킨 후 숙련된 기교로 쓰는 글씨는 다양한 변화를 보여 고인의 최고 경지에 닮아 가지만 형태는 닮지 않아 나만의 개성 넘치는 글씨가 된다고 이야기하였다. 초서에 대한 왕희지의 생각은 그의 글씨에 그대로 반영되어 단아하며 법도가 있으면서 변화롭고 기운생동한 서풍을 표현하고 있다.

11〈도, 원환첩〉

왕희지의 척독집(尺牘集)30)의 글씨들에서 초서로 쓴 척독은 13종, 탁본된 첩(帖)31)은 4종이 있다. 이 장에서는 그 중 묵적으로 남아 있는《원환첩(遠宦帖)》,《공시중첩(孔侍中帖)》,《매지첩(妹至帖)》,《쾌설시청첩첩(快雪時晴帖帖)》총 4종의 척독을 송익필의 『삼현수간』초서와 장법32)을 중심으로 비교해 보고자 한다.

(1) 왕희지의 척독

가. 원환첩(遠宦帖)

《원환첩》(도6)은 크기는 세로 24.8cm, 가로 21.5cm다. 현재는 대만 타이베이의 국립고궁박물관에 소장되어 있다. 이 글은《법서요록(法書要

---

30) 중국법서선12, 『왕희지척독집 상,하』, 이현사, 1993.

31) 옛 사람들의 유명한 필적을 돌 또는 나무(판목)에 새기고 탑본하여 글씨를 익히거나 감상할 목적으로 만든 책. 단일 종류를 각한 것을 단첩(單帖)이라 하고, 여러 종류를 모아 만든 것을 집첩(集帖) 또는 휘첩(彙帖)이라 한다. 보통 법첩이라 하면 집첩을 가리키나, 넓은 의미로는 진적본, 임모본(臨模本), 비갈(碑碣) 탁본의 전장(剪裝:책이 될 만큼 글줄을 도막내어 편집한 것)도 포함하여 학습과 감상에 편리한 체제로 만든 것을 통틀어 말한다.

32) 장법은 서예에서 각 글씨가 어우러져있는 작품전체의 모습이라고 할 수 있다. 글자 사이에 내재되어 있는 연관관계를 행기(行氣)라는 부분으로 작품의 연속성을 볼 수 있고, 각 글씨가 이어져 작품에 흐르는 리듬을 통해 강한 느낌의 장법이나, 단아한 느낌의 장법을 찾아볼 수 있다. 또한 각 글자의 기울기와 연결관계, 자간의 공간과 호응관계를 통해 전체적인 장법을 볼 수 있다.

錄)》권10, 우군서기(右軍書記)에서 처음 보인다.《선화서보(宣和書譜)》를 《원환첩》이라고 부른다.

《성별첩》이라고도 불리는 이 편은 쌍구곽(雙口槨)을 채우기 위해 먼저 먹줄로 윤곽을 그린 후 먹물을 채우는 방식으로, 고대 법서 복제의 한 방법으로 복원한 모본이다. 권에는 송휘종 수금서제 및 내부 인장이 있고, 김장종(金章宗)「군옥중비(群玉中秘)」,「명창어람(明昌御覽)」이 원·명·청대 여러 소장인을 찍었다. 이것은 익주자사 주무(周撫, 293~365)에게 보내는 희지의 편지로, 세당(世唐)의《십칠첩(十七帖)》판본에도 실려 있으나, 판본의 선이 딱딱하고 필법의 세밀한 변화가 없어 이미 왕희지의 원래 모습을 잃어버렸다고 한다.《원환첩》의 내용은 이렇다.

> 떠날 때 올린 글을 보았습니다. 그대에 관한 크고 작은 일들이 상세히 갖추어져 있어서 위로 됩니다. 헤어진지 오래되었습니다. 그대를 생각하는 마음 더욱 간절합니다. 무창(武昌)의 여러 자식들은 또한 대부분이 먼 곳으로 벼슬을 하러 갔다고 합니다. 모두가 안부는 물어오는가요? 나이 든 아내가 근래 병이 심해 생명조차 겨우 부지하니 항상 걱정됩니다. 나머지는 그럭저럭 평안합니다. 그대의 정이 지극함을 알겠습니다.33)

《원환첩》의 초법은 간략함이 주를 이루며, 간략하게 얽혀 있으면서도 간결하지 않으며 행간에 여유가 있다. 붓의 맥락을 잘 설명하여, 원전(圓轉), 방절(方折), 연대(連帶), 경중(輕重), 제안(提按) 등 왕희지 초서 선

---

33) "省別具足不小大問 爲慰 多分張 念足下懸情 武昌諸子 亦多遠宦 足下兼懷 並數問不 老婦頃疾篤 救命 恆憂慮 余粗平安 知足下情至."

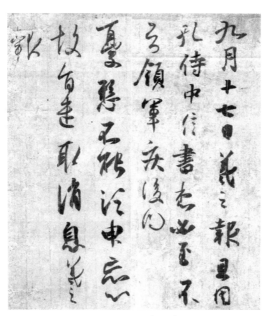

〈도12, 공시중첩〉〉

질의 풍부함을 보여 준다. 또한 구조와 장법에서 크기변화와 상하좌우
의 참치(參差) 등의 요소도 글씨의 운동감을 증가시켜, 생동감이 넘쳐나
게 한다. 전체적으로 글자의 태세와 대소의 변화를 주어 변화롭고 자간
을 넓게 포치하면서 연면을 많이 사용하지 않은 작품이다.

나. 공시중첩(孔侍中帖)

당나라 궁궐에서 만들어진 정교한 모본으로 전체 9행 형태로 남아있
으며 앞부분의 3행이 《애화첩(哀禍帖)》, 후반 6행이 《공시중첩》이다.(도
7) 『9월 17일첩』이라고도 한다. 과거에는 뒤에 세 줄을 《우현첩(憂縣帖)》
이라고 하는 의견도 있었지만, 지금은 이 여섯 줄에서 하나의 서간으로
보고 있다. 지봉(紙縫)에 「연력칙정(延曆勅定)」의 인기(印記)가 있고,《상

란첩(喪亂帖)》과 더불어 왕서의 서풍을 전하는 최상품으로 생각된다. 내용은 다음과 같다

9월 17일 희지알림: 공시중에서 믿을만한 서찰이 있으니 군사를 거느리고 반드시 올 것이다. 병든 군사들이 알지 못하여 후에 물어볼 수 있어, 근심을 잠시도 잊을 수 없으니, 취소하고 휴식을 취하도록 하시오. 희지 알림.34)

《공시중첩》은 6행으로 주로 행초서인데, 결체가 단단하면서도 추세약동(勢勢若動)이 빠르고 기민하며, 풍만한 장법으로 中和의 아름다움이 잘 나타나 있다. 일본 마에다 육덕회(育德会)에 소장되어 있다.

다. 매지첩(妹至帖)

《매지첩》(도8)은 당나라 모본35)으로. 가로 25.3cm, 세로 5.3cm다. 일본 도쿄의 나카무라 도미지로 개인 소장품은 1973년 처음 공개됐다. 첫머리의 매지(梅至) 두 글자에서 따온 이름으로 2줄, 17

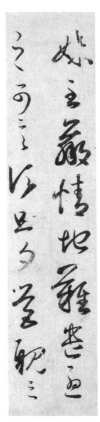

〈도13, 매지첩〉

---

34) "九月十七日羲之报 : 且因孔侍中信書 想必至 不知領軍疾後問 憂懸不能須 申忘心 故旨遣 取消息 羲之报."

35) 당대의 독특한 모본기술이다. 왕희지 작품 중 정확한 원본은 확인되는 것이 없으며 이후 모본으로 제가된 것 중 당나라 궁정에서 만든 모본이 가장 뛰어나다. 당나라 때 모본은 오늘날의 영인본과 효과가 비슷하다.

자, 초서 작이며 작품은 제발과 소장인이 없고 저술도 보이지 않는다. 그 내용은 이렇다.

> 여동생은 지독히 여위지만, 정든 땅은 떠나보내기 어렵고, 근심은 이
> 루 말할 수 없어 아침저녁으로 걱정하며 기다린다.[36]

첫 글자는 필세와 자형이 모두 오른쪽으로 기울어져 있고, 둘째 글자는 오른쪽으로 내려와 위아래로 한 번 올라가면 언앙정이(偃仰敧正)하며 풍부하게 변한다. 왕희지는 서론에서 "무릇 글씨는, 귀평이 안온하도다. 먼저 붓을 써야 하고, 언(偃)이 있으면 앙(仰)이 있고 한쪽을 높게 세우면 한쪽은 기울기를 주고 작은게 있으면 크게 있고, 긴게 있으면 짧은게 있어야 한다." 고 말했다. 작품 전체가 원세(圓勢)를 중심으로 힘차게 살아있다.

라. 쾌설시청첩(快雪時晴帖)

《쾌설시청첩》(도9)은 종이본인 묵적(墨跡)이 타이베이 고궁박물관에 소장되어 있다. 전문 4줄로 28자로 내용은 대설이 처음 개었을 때 친지에게 유쾌한 마음을 전한다는 내용의 편지로 쓰여졌다.

> 희지 절합니다. 많은 눈 내리더니 지금은 맑아져서 좋습니다. 편히 잘
> 지내시리라 생각합니다. 일에 성과가 없어 공연히 힘만 든 셈입니다.
> 이만 줄입니다. 왕희지 절함. 산음의 장후에게[37]

---

36) "妹至羸 , 情地難遣 , 忧之可言 , 須旦夕營耽之."
37) "羲之頓首 快雪時晴佳 想安善 未果爲結力 不次 王羲之頓首 山陰張候."

〈도14, 쾌설시청첩〉

　왕희지가 말년에 의연하게 직무를 그만두고 은둔하고 자연스런 생활을 추구한 점도 그의 서예술에 개인의 성품을 가장 잘 표현하고 드러낼 수 있는 매개체로 만들었다. 전아하고 섬세한 세련미와 엄밀한 법도를 지녔지만 필치로 꼿꼿한 그의 천혜의 진솔한 성격을 보여주는 척독이다.

　사람의 인사말. 그 속에는 행이나 해서, 흐르거나 멈추거나 하는 독특한 리듬이 있다. 그 글씨는 원기왕성하고 고아하여 한 획도 소홀히 하지 않고, 한 글자도 의미 있는 여유로움을 드러내지 않는 이가 없다. 무게 중심이 변화롭지만 장법이 고르게 안정되고 균형 잡힌 미를 잃지 않는다.

　《쾌설시청첩》은 결체가 네모난 형태를 중심으로 평온하고 균형이 잡

혔으며, 행서에 해서의 필치가 담겨 있으며, 초서의 변화무쌍하고 경쾌한 리듬감이 넘친다. 글의 '희지돈수'는 행초로 시작하며, '산음장후'는 행해체로 마무리하는 장법을 보인다.

장법에서 첫 줄 위아래의 '행기(行氣)'는 일관되고, 각 글자의 가로획은 기울어진 각도가 대체로 같으며, 같은 줄 글자의 무게중심도 같은 중선상에 있다. 행간이 탁 트여 무게중심이 좌우로 치우치는 변화가 있고, 자연스럽게 매듭을 지어 미감이 풍부하다.

『쾌설시청첩』은 진적 여부를 두고 논란이 있는데, 이 첩은 북송 때 왕희지의 묵적으로 여겨져《선화서보(宣和書譜)》에 묵적으로 기록되어 있다.

(2) 왕희지와 송익필의 초서비교

위에서 살펴본 왕희지의 척독 4종은 송익필의 초서와 비슷한 장법과 결구, 그리고 획을 가지고 있다. 결구와 획에 대한 비교과 장법의 일부 특징은 정태희의 논문에 분석이 되어 있다. 본고에서는 장법위주로 왕희지의 영향을 받은 부분과 그 차이점을 살펴보고자 한다.

비교할 수 있는 송익필의 글씨는 『삼현수간』1581년 利18 간찰과, 불확실하지만 1985년 貞9 간찰, 그리고 1599년 책을 엮으면서 1985년 貞5 간찰에 쓴 추가 글씨로 비교해 보고자 한다.(표2)

우선 세 개의 간찰에 대해 알아보면, 1581년 利18 간찰은 율곡에게 보낸 것으로 율곡이 올린 소에 대해 '안으로는 자신의 인격을 손상시키고, 밖으로는 여러 사람의 시기를 초래하는지요' 라는 내용이다.[38] 9행

---

38) 『龜峰集』권5, 「玄繩編」: "聞兄疏中政亂浮議一條 至斥爲非君子之言 其他指摘 爲謗非一云 出無所事 反遭排擯 林下讀書 自有好境界 何必遲回眷顧 內損己德 外招羣忌 古人出處

利18-부분	貞9-부분	貞5

86자로 구성되어 있으며 글씨와 글씨를 이어쓰는 연면(連綿)의 형식이 10곳에 나타나는데 다른 서찰보다 그 수가 적은다. 내용이 길지 않아 연면이 적은 것으로 보인다. 1985년 貞9[39] 간찰은 우계에게 보낸 것으로 겨울 추위를 걱정하며 안부를 묻는 내용이다.[40] 13행 134자로 구성되

　　恐不如是 聖君禮遇雖殊 計不見施 斯亦不可謂知遇."

39) 편지 쓴 연대는 없지만 내용상 1585년으로 추정.

40) 『龜峰集』 권5, 「玄繩編」: "冬威已嚴 兩成深蟄 遙想如何 苟能遲一死於今冬 則明春趁早 哭奠栗谷枯土 投溪上信宿伏計 世亂客斷 身病事稀 閑中眞味 淡泊愈深 噫 吾人所患 只在 自家所養之如何 苟有所樂 外物榮悴無非助我者也 今聞吾兄故人李潑 經席上 詆斥吾兄等 事 怪駭怪駭 鄙人以草野孤蹤 名字亦出入其中云 呵呵 禍福在命 何敢尤人 謹拜謝."

어 있으며 연면의 형식이 30여 곳에 나타난다. 마지막으로 1599년 책을 엮으면서 1985년 貞5 간찰에 쓴 추가 글씨는 당시의 서찰을 보면서 율곡이 세상을 떠났음을 안타까워하는 내용이다.41) 25자 2행으로 구성되어 있으며 연면은 5곳에서 보인다.

이 세 가지 서찰의 글씨를 보면 공통적으로 나타나는 부분이 있다. 서체는 초서이지만 엄정한 느낌이다. 획 하나하나를 날림이 없이 정확한 필법으로 표현하였고, 특히 기운생동함과 동시에 자형과 리듬이 비교적 평화롭다. 원필장봉(圓筆藏鋒)을 위주로 하여 붓을 들거나 거두거나 고르게 안정되고, 가볍고 무겁거나, 빠르거나, 혹은 느리게 누르는 것이 적절하게 운필하였다. 이는 왕희지가 표현하는 장법과 비슷한 부분이 있다.

왕희지는 『제위부인필진도후(題衛夫人筆陣圖後)』에서 초서의 속도, 용필법, 각체 사이의 필의 문제 등을 제시하였다.

> 서를 익히고자 한다면 또 다른 법이 있다. 반드시 앞에서는 느리게 쓰고 뒤에서는 빨리 써야만 글자의 체형(體形)과 세장(勢狀)등이 마치 용과 뱀이 서로 얽혀 있듯이 끊어지지 않게 된다. 그러면 모름지기 모나고 기울어지며 일어났다 엎드렸다 변화하게 된다.42)

이 말은 글자의 완급을 조절하여 필세의 유려함과 변화를 꾀할 수 있다고 한 것이다. 또 바르게 써야하지만 변화를 주는 부분에 대해 언급하

---

41) 『龜峰集』, 卷之五, 「玄繩編」: "此爲始病之書 先知任運遷化 而後月長逝 每一開見 悲慟如初."

42) 王羲之, 『歷代書藝論文選』, 「題衛婦人筆陣圖後」, p.27: "若欲學草書又有別法須緩前急後字體 形勢狀等龍蛇相鉤連不斷仍須稜側起復伏."

였다.

> 둘째, 용필은 곧 가지런하거나 고르지 않게 해야 하고, 대소의 글자에
> 똑같이 한 글자를 쓸때마다 비록 점찍을 곳이 있어도 남은 글자를 다
> 써서 모두 마친 다음에 점을 찍어야 한다. 그 점은 반드시 붓을 공중으
> 로 멀리 던지듯이 하여 찍는다.43)

용필의 자연스러움을 위해서는 글자의 대소를 섞어서 조화롭게 써야
함을 강조한 것이다. 변화를 주면서 그 속도를 이야기하는 부분도 있다.

> 급하게 써서 먹이 종이에 배어들지 못하게 하면 안 된다. 급하면 의사
> 가 천박 하게 되며, 붓은 곧장 지나가게 된다. 오직 장초(章草)와 장정
> (章程), 행압(行狎)등의 서체는 이 필세로 쓰지 않는다. 다만 격석파(擊
> 石波)을 쓰는 것은 결파(缺波)이다. 또 팔분에는 또 준미파(尾波)가 있
> 는데 종요(鍾繇)의 태산명(泰山銘)과 위문제수선비(魏文帝受禪碑)에
> 이미 이러한 서체가 있다.44)

이를 요약하면, 행초서는 진서처럼 엄중한 법도를 유지하고, 반드시
연속할 필요 성이 없다는 것을 주장하였다. 대소 글자의 조화 속에서 속
도의 묘를 살리면 다양하고 자연스런 조형미는 나타날 수 있다는 것이

---

43) 王羲之, 『歷代書藝論文選』, 「題衛婦人筆陣圖後」, p.27: "用筆亦不得使齊平 大小一等.每
   作一字 須有點處 且作餘字 總竟然後安點 其黑顯空中 遙擲筆作之."
44) 王羲之, 『歷代書藝論文選』, 「題衛婦人筆陣圖後」, p.27: "亦不得急 令墨不入紙 若急作
   意思淺薄 而筆卽直過 惟有章草及章程行狎等 不用此 勢 但用擊石波者 缺波也 又八分更
   有一波謂之隼尾波 卽鍾公泰山銘及魏文帝受禪碑中已有此体."

다.[45)]

이렇게 위에 왕희지가 말한 부분을 바탕으로 왕희지의 영향을 받은 송익필의 글씨에서 장법 변화를 비교해 보면 곡직의 변화를 통해 강유의 조화가 뛰어나고, 골기있는 획과 엄정함이 기운비동(氣韻飛動)한 장법으로서 공통적인 부분으로 나타나는 것을 볼 수 있다.

장법상의 차이점으로 본다면 왕희지 글씨의 공간은 넉넉하게 구성되어 있다. 하지만 송익필의 자간과 행간은 왕희지보다 공간이 넉넉하지 않으며, 특히 문장이 길수록 송익필의 서간은 그 공간이 더욱 긴밀해 진다. 종이 한 장이 귀하던 시절의 서찰은 대부분 같은 형식으로 쓰였을 것이며『삼현수간』의 다른 글씨들 모두 유사한 장법으로 구성되어 있다. 송익필은 글자의 대소는 강조하였으나 획의 비수(肥瘦)는 크게 나타나지 않으며 명정(明淨)한 윤필(潤筆)이 돋보이고, 획간(畫間)의 공간을 좁거나 짧게 처리하여 상대적으로 속도감이 드러나 보이는 결구를 취했다. 중봉을 유지하면서 광초적 운필이 흐트러지지 않고 절제된 형식을 보여 송익필 특유의 획법이 곳곳에서 나타나고 있다.[46)]

장법은 사람의 전체적인 외모같은 첫 인상이라고 할 수 있다. 글씨도 전체적인 모습을 처음 봤을 때 다양한 모습을 가지고 있고, 비슷한 느낌을 가지고 있다는 것은 장법상 구성형식이 비슷하다는 것을 의미한다. 이렇게 왕희지와 송익필의 척독을 비교해 보며 비슷한 느낌이 있음을 확인하며 송익필의 초서가 형성되는데 왕희지의 글씨에 영향이 있음을

---

45) 김병기, 「書法, 書道, 書藝 어떤 명칭을 사용할 것인가?」,『書藝學 硏究 』제8호, 한국서예학회, 2006, p.19.

46) 정태희, 「구봉의 서예연구-三賢手簡을 중심으로-」, 한국사상문화학회,『한국사상과 문화』제81집, 2016, p.253.

확인해 볼 수 있었다.

4. 결 론

이제까지 조선시대 서예의 흐름을 알아보고 송익필이 글씨에 대해 어떠한 관점을 취했는지 『삼현수간』에 실린 송익필의 간찰을 1580년을 기준으로 전·후의 초서글씨를 분석하였으며, 송익필 서예에 영향을 미친 왕희지의 척독과 비교하여 송익필 초서의 특징을 고찰해 보았다.

조선전기 서예사의 큰 흐름 속에서, 특히 고려 말 조선 초이래 유행하던 조맹부 서풍의 연미함을 극복하면서, 16세기 왕희지체를 통해 조선화 된 글씨를 추구한 사람이 바로 송익필이었다고 할 수 있다. 글씨도 예학과 심법을 요체로 하는 도학의 연마와 실천의 연장으로 여겼던 만큼 종래의 화려 연미한 결구와 필법, 골력(骨力)이 부족한 송설체보다 전아(典雅)한 풍격의 왕희지 서풍을 선호했던 것이다. 조선의 예학을 일으켜 이후 17세기 사상계를 풍미하였던 예학의 선구자로서 글씨도 마음의 표현이기 때문에 글씨를 씀에 있어 예학의 자세로 일관하였다고 보여 진다.

이러한 그의 자세는 『삼현수간』에 실린 시대별 간찰을 통해 확인할 수 있었다. 진서(眞書)를 바탕으로 쓰여진 초서의 장법이나 결구, 획이 유행에 따라 변하지 않았으며 자신을 대변하는 듯 엄정하고 기운비동(氣韻飛動)한 서풍을 원숙한 필치로 완성한 모습을 볼수 있었다. 20대 중반의 초서에서 기필부분이 무겁고 필속이 느리며 살찐 획들이 많았던 모습에서, 1599년의 노년기 글씨에서는 청아하며 골기가 살아있는 획을 운필하였다. 또한 숙련된 초서자형과 골기가 있으면서 중량감 있는 붓 끝은 중후한 장법을 보이며 송익필의 인생을 통해 완성된 초서의 획과 결구, 그리고 장법까지 살펴볼 수 있었다.

특히 책을 엮으면서 율곡에 대한 회상을 적은 부분은 마음과 글씨는 일치해야한다는 예학의 관점을 대변하는 좋은 예가 되었다. 당시 송익필의 슬픔을 표현하듯이 수(瘦)획과 향세, 그리고 부드러운 운필과 연면이 적은 장법은 친우의 죽음을 회상하며 마음이 글씨에 드러난 귀중한 글씨임을 확인하였다.

이러한 글씨에 영향을 확인하기 위해 왕희지의 척독 4종과 비교하였다. 왕희지가 표현하고자 했던 곡직과 강유의 조화, 골기있는 획과 엄정함, 기운비동(氣韻飛動)한 장법이 공통적인 부분으로 나타났으나, 송익필은 왕희지의 글씨를 그대로 답습한 것이 아닌 송익필 특유의 독자적인 서풍을 형성한 것을 확인하였다. 글자의 크기나 태세는 변화가 크지 않으면서, 공간을 이용하여 속도감을 표현하였고, 특히 중봉을 유지하면서 진서를 기본으로 한 초서 운필은 뛰어나다.

삼현수간에서 송익필의 초서간찰은 서풍에 큰 변화가 없어 분석하는데 많은 어려움이 있었다. 서예를 배운 스승에 대한 기록이 없어 조선시대 서예의 흐름에 맞추었으며, 비교할 수 있는 다른 서예작품들이 극히 적어 초서간찰 내에 한정될 수 밖에 없는 점이 아쉬움이 남는다.

정태희도 '그의 기년작이 나올 때만이 다양한 서예세계를 전체적으로 조망할 수 있으며, 보다 세밀한 연구가 지속될 수 있을 것이다.'[47] 라고 이야기 하였다. 다만 '당시나 후대 사람들에게 도학자 글씨의 전형으로

---

47) 정태희, 「구봉의 서예연구-三賢手簡을 중심으로-」, 한국사상문화학회, 『한국사상과 문화』 제81집, 2016, p.259.

보급되면서, 시대서풍을 주도해 가는데 결정적인 역할을 하였다고 사료된다.'라고 언급한 부분을 참고로, 차후 기년작이 발견될 때까지 송익필의 서예는 '도학자 글씨의 전형'이라는 부분에서 제자인 김장생과, 그 문하인 김집, 송준길, 송시열 등의 계보로 글씨에 미친 영향을 논제로 연구해 볼 가치가 있을 것으로 사료된다.

【참고문헌】

1. 원전류

『三賢手簡』,

『龜峯先生集』

『宋子大全』

『孤竹遺稿』

『조선왕조실록』

2. 단행본류

김창경,『구봉송익필의 도학사상』, 책미래, 2014.

吳明南,『書論精髓』, 美術文化院, 2003.

李家源,『韓國漢文學史』, 晉成文化社, 1986.

李完雨,「조선중기서예의 흐름」,『조선중기서예』, 예술의 전당, 1993.

임재완 옮김,『세분선생님의 편지글-삼현수간-』, 호암미술관, 2001.

王羲之,『歷代書藝論文選』,「題衛婦人筆陣圖後」.

鄭台喜,『中國書藝文化史』, 美術文化院, 2008.

중국법서선12,『왕희지척독집 상,하』, 이현사, 1993.

최은철,『서예술사전』, 도서출판 서예문인화, 2014.

3. 연구논문류

김병기,「書法, 書道, 書藝 어떤 명칭을 사용할 것인가?」,『書藝學 研究』제8호, 한
　국서예학회, 2006.

배상현,「조선조 기호학파의 예학사상에 관한 연구 –송익필,김장생,송시열을
　중심으로-」, 고려대학교 박사학위논문, 1991.

이성배,「매죽헌 성삼문의 서예와 그 정신」, 동방사상과 문화 제2집, 2008.

李完雨, 「16세기조선시대의 초서에 대하여」,『국제서학연구』, 2000, 東京:書學書
    道史會編, 2000.

정태희, 「구봉의 서예연구-三賢手簡을 중심으로-」, 한국사상문화학회,『한국사
    상과 문화』제81집, 2016.

崔完秀,『澗松文華』33,「韓國書藝史鋼」, 한국민족미술연구소, 1998.

부록1. 【구봉 송익필 학술연구 자료 목록】

〈실록 및 문집류〉

- 『조선왕조실록(宣朝修正實錄)』 20卷, 선조19年(1586 丙戌 / 명 만력(萬曆) 14年) 10月 1日(壬戌), 「주학 제독관으로 제수된 조헌이 붕당의 시비와 학정의 폐단을 논한 상소문①」
- 『조선왕조실록』, 宣修 20卷, 19年(1586 丙戌 / 명 만력(萬曆) 14年) 10月 1日(壬戌) 4번째 기사 , 「주학 제독관으로 제수된 조헌이 붕당의 시비와 학정의 폐단을 논한 상소문⑤」
- 『조선왕조실록』, 宣祖 22卷, 21年(1588 戊子 / 명 만력(萬曆) 16年) 1月 5日(己丑) 1번째 기사, 「조헌의 상소를 소각하고 내리지 않았는데 거기에 실린 동·서 각인들의 관계와 행실」
- 『조선왕조실록』, 宣修 23卷, 22年(1589 己丑 / 명 만력(萬曆) 17年) 12月 1日(甲戌) 11번째 기사 , 「송익필 형제의 추문을 형조에 전교하다」
- 『조선왕조실록』, 宣祖 23卷, 22年(1589 己丑 / 명 만력(萬曆) 17年) 12月 16日(己丑) 2번째 기사 , 「송익필·송한필 형제를 체포하여 추고하라고 전교하다」
- 『조선왕조실록』, 宣祖 25卷, 24年(1591 辛卯 / 명 만력(萬曆) 19年) 12月 1日(癸巳) 2번째 기사, 「다시 송한필을 국문하다가 이성에 유배하고 송익필은 희천에 유배하다.
- 『조선왕조실록』, 宣祖 25卷, 24年(1591 辛卯 / 명 만력(萬曆) 19年) 10月 21日(癸丑) 2번째 기사, 「헌부가 사대부의 집에 드나들며 시비를 논한 사노 송부필·송익필·송한필의 죄를 청하다」」
- 『조선왕조실록』, 仁祖 8卷, 3年(1625 乙丑 / 명 천계(天啓) 5年) 2月 20日(己亥) 4번째 기사, 「병조 판서 서성, 부호군 정엽 등이 망사 송익필의 신원을 청하다」
- 『조선왕조실록』, 顯宗改修實錄 20卷, 9年(1668 戊申 / 청 강희(康熙) 7年) 12月 5日(己巳) 4번째 기사, 「현감 홍백순의 마을에 정표하고 당상직을 추증하다」
- 『조선왕조실록』, 英祖 2卷, 卽位年(1724 甲辰 / 청 옹정(雍正) 2年) 12月 17日(丙戌) 3번째 기사, 「정진교 등의 상소로 친행한 뒤 내시가 혼백을 받들어 내어 혼전의 정결한 땅에다 매안하다」
- 『조선왕조실록』, 英祖 74卷, 27年(1751 辛未 / 청 건륭(乾隆) 16年) 12月 11日(癸卯) 3

번째 기사, 「고 봉조하 김유경에게의 추증·정려와 서기·송익필에의 추증 등을 논의하다.」

- 『조선왕조실록』, 正祖 6卷, 2年(1778 戊戌 / 청 건륭(乾隆) 43年) 8月 1日(戊午) 2번째 기사, 「서얼의 상서 치록을 요구하는 삼남 유생 황경헌 등의 상소」
- 『조선왕조실록』, 고종 38년 신축(1901, 광무 5) 12월 27일(기미, 양력 2월 5일), 〈孔子를 대성선사로 고쳐 쓸 것 등의 의견을 진달하는 봉상사 제조 김태제의 상소.〉
- 『홍재전서(弘齋全書)』, 정조, 卷之 제171권, 일득록(日得錄) 11, 「인물(人物) 1」(직제학(直提學) 신 박우원(朴祐源)이 을사년(1785, 정조9)에 기록한 것이다.)
- 『홍재전서(弘齋全書)』, 卷之제173권, 일득록(日得錄)13, 「인물(人物) 3」
- 『연려실기술』 제18권, 「선조조 고사본말(宣祖朝故事本末)」, 선조조의 명신, 송익필(宋翼弼)
- 『연려실기술』 제13권, 선조조 고사본말(宣祖朝故事本末), 동서(東西) 당론(黨論)이 나누어지다 (구봉에 대한 평가, 시대적 배경)
- 『연려실기술』 제13권, 「선조조 고사본말(宣祖朝故事本末)」, 〈동인(東人)의 용사(用事)〉
- 『연려실기술』 제8권, 「중종조 고사본말(中宗朝故事本末)」, 〈신사년 안처겸(安處謙)의 옥사 《기묘당적보》와 《황토기사(黃兎記事)》를 합쳐 기록하였다〉
- 계갑일록 『계갑일록(癸甲日錄)』, 우성전(禹性傳) 지음, 「선조16년, 1583, 만력11년 계미, 8월16일 을축」
- 『우계집(牛溪集)』 속집(續集) 제4권, 「간독(簡牘)」, 〈조여식(趙汝式) 헌(憲)에게 보내다〉
- 『우계집(牛溪集)』, 〈우계연보보유(牛溪年譜補遺)〉 제1권, 「덕행(德行)」
- 『우계집(牛溪集)』 속집(續集) 제5권, 「간독(簡牘)」, 〈이경로(李景魯) 희참(希參) 에게 보내다〉
- 『우계집(牛溪集)』 속집(續集) 제4권, 「간독(簡牘)」, 〈조여식(趙汝式) 헌(憲)에게 보내다〉
- 『우계집(牛溪集)』 속집(續集) 제2권, 「간독(簡牘)」, 〈송운장(宋雲長) 익필(翼弼) 에게 보내다〉
- 『우계집(牛溪集)』 與宋雲長書丁丑十一月 ; 송운장(宋雲長)에게 보낸 편지 정축년 12월, 인성왕후(仁聖王后)[1]의 상이 있었다.

---

1) 인종(仁宗)의 비(妃)로 성은 박씨(朴氏)이고 본관은 나주(羅州)인데, 금성부원군(錦城府

- 『우계집(牛溪集)』 答宋雲長書 己卯十二月
- 『우계집(牛溪集)』 제6권, 「잡저(雜著)」, 〈은아전(銀娥傳)〉
- 『栗谷先生全書』, 卷之二十九, 「經筵日記」二
- 『栗谷先生全書』, 卷之三十七, 「附錄 五」, 〈祭文 二〉 (율곡에 대한 송익필(宋翼弼)의 제문(祭文))
- 『栗谷先生全書』 卷之三十七, 附錄五, 〈挽辭(二)송익필〉, 1814년(율곡에 대한 송익필의 만사)
- 『사계전서(沙溪全書)』 제27권, 가례집람(家禮輯覽), 상례(喪禮); (구봉예학)
- 『사계전서(沙溪全書)』 제41권, 의례문해(疑禮問解) ○ 제례(祭禮)시제(時祭); 〈지자(支子)가 스스로 제사 지낼 수 있는 경우〉 (구봉예학)
- 『沙溪全書』 제43권, 「附錄」, 〈年譜〉; ○ 구봉(龜峯) 송익필(宋翼弼) 선생에게 나아가 종학(從學)하였다. 경신년(1560, 명종15) 선생 13세 조.
- 『사계전서(沙溪全書)』 제44권, 부록(附錄), 연보(年譜)
- 『사계전서(沙溪全書)』 제46권, 부록(附錄), 거의록(擧義錄), 정묘년(1627, 인조5); 송이창(宋爾昌)
- 『사계전서(沙溪全書)』 제48권, 부록(附錄), 행장(行狀), 송시열(宋時烈)지음
- 『사계전서(沙溪全書)』 제2권, 서(書), 구봉(龜峯) 송 선생(宋先生)께 올림(성리학, 인심도심설)
- 『사계전서(沙溪全書)』 제1권, 소(疏), (스승의 억울함을 풀고자 논변하는 소 을축년 2월 ○ 병조 판서 서성(徐渻), 대사헌 정엽(鄭曄), 청천군(菁川君) 유순익(柳舜翼), 제용감 정(濟用監正) 심종직(沈宗直)이 연명(聯名)으로 올림)
- 『사계전서(沙溪全書)』 제49권, 부록(附錄), 묘지명(墓誌銘) [김상헌(金尙憲)]
- 『사계전서(沙溪全書)』 제49권, 부록(附錄), 신도비명(神道碑銘) (장유(張維) 지음)
- 『사계전서(沙溪全書)』 제49권, 부록(附錄), 시장(諡狀), 송준길(宋浚吉) 지음
- 『상촌선생집』 제28권, 신도비명(神道碑銘) 11수, 관찰사 강공 신도비명(觀察使姜公神道碑銘)
- 『상촌선생집』 제37권, 제발(題跋) 19수, 귀봉의 시 뒤에 쓰다[書龜峯詩後] (구봉의 한시, 시풍)

院君) 박용(朴墉)의 딸이다. 중종 19년(1524) 세자빈(世子嬪)에 책봉되어 가례(嘉禮)를 올리고 1544년 인종이 즉위하자 왕비가 되었으며, 존호(尊號)는 공의효순(恭懿孝順)이고 능호는 효릉(孝陵)이다.

- 『석담일기(石潭日記)』卷之上, 율곡, 만력 이년 갑술(萬曆二年甲戌) 1574년(선조 7)
- 『계곡선생집(谿谷先生集)』제3권, 잡저(雜著) 76수, 장유(張維)지음, 송귀봉의 현승편 뒤에 쓰다[書宋龜峯玄繩編後],
- 『계곡선생집(谿谷先生集)』제12권, 〈묘갈(墓碣) 16수(首), 〈가선대부 행 첨지중추부사 오위장 김공 묘갈명(嘉善大夫行僉知中樞府事五衛將金公墓碣銘) 병서〉
- 『계곡선생집(谿谷先生集)』제14권, 비명(碑銘) 8수(首), 〈사계 김선생 신도비명(沙溪金先生神道碑銘) 병서〉
- 『청음집』, 제37권, 「행장(行狀) 6수(六首)」, 〈판중추부사 서공 성(徐公渻)의 행장〉
- 『청음집』, 卷之 제30권, 「묘갈명(墓碣銘) 14수(十四首)」, 〈영천 군수(榮川郡守) 송후 이창(宋侯爾昌)의 묘갈명 병서〉
- 『청음집』, 卷之 제14권, 「상량문(上樑文) 2수(二首)」, 〈사계서원(沙溪書院) 상량문 (진잠(鎭岑)에 있다)〉
- 허균, 『성소부부고(惺所覆瓿藁)』제26권, 부록 1, 학산초담(鶴山樵談)

(구봉의 한시, 시풍)

- 『송자대전(宋子大全)』제172권, 묘갈명(墓碣銘), 구봉 선생(龜峯先生) 송공(宋公) 묘갈(墓碣)
- 『송자대전(宋子大全)』부록(附錄) 제15권, 어록(語錄) 2, 정찬휘(鄭纘輝)의 기록
- 『송자대전(宋子大全)』부록(附錄) 제10권, 연보(年譜) 9, 숭정(崇禎) 59년 병인. 선생 80세
- 『송자대전(宋子大全)』제212권, 어록(語錄), 사계 선생(沙溪先生) 어록
- 『송자대전(宋子大全)』제208권, 행장(行狀), 사계(沙溪) 김 선생(金先生) 행장
- 『송자대전(宋子大全)』제207권, 행장(行狀), 중봉(重峯) 조 선생(趙先生) 행장
- 『송자대전(宋子大全)』제182권, 묘지명(墓誌銘), 신독재(愼獨齋) 김 선생(金先生) 묘지명 병서(并序)
- 『송자대전(宋子大全)』제137권, 서(序),《수몽집(守夢集)》서
- 『송자대전(宋子大全)』제130권, 잡저(雜著),《율곡별집(栗谷別集)》의 정오(訂誤),《태극문답(太極問答)》을 주자(朱子) 문하(門下)의《옹계록(翁季錄)》에 모방함
- 『송자대전(宋子大全)』제67권, 서(書), 박화숙(朴和叔)에게 보냄 – 신유년(1681) 12월 14일⇒ 태극문답에 대한 우암의 평가
- 『송자대전(宋子大全)』제31권, 서(書), 송명보(宋明甫)에게 답함 – 신해년(1671)
- 『신독재전서(愼獨齋全書)』제8권, 묘표(墓表), 죽은 아우 참판(參判) 반(槃) 의 묘표
- 『한수재선생문집(寒水齋先生文集)』, 부록(附錄), 「잡저(雜著)」, 황강문답(黃江問答), 〈

한홍조(韓弘祚)] 영숙(永叔)은 바로 한홍조인데 예산(禮山)에 살았다〉

• 『연암집』 제3권, 「공작관문고(孔雀館文稿)」, 〈서얼 소통(疏通)을 청하는 의소(擬疏)〉
(구봉에 대한 평가, 시대적 배경)

• 『오주연문장전산고』, 「經史篇 4, 經史雜類2, 其他典籍」, 〈小華叢書辨證說〉

• 『임하필기(林下筆記)』 제23권, 「문헌지장편(文獻指掌編)」, 〈중국의 사신이 천도책
(天道策)을 알아보다〉

• 『청성잡기』 제3권, 「성언(醒言)」, 〈큰 인물들의 위용〉; 영원군(寧原君) 홍가신(洪可
臣)과 아우 홍경신(洪慶臣)의 송구봉(宋龜峯) 일화.

• 『청성잡기』 제3권, 「성언(醒言)」, 〈전화위복〉

• 『택당선생 별집(澤堂先生別集)』, 제15권, 「잡저(雜著)」, 〈추록(追錄)〉

안방준, 『혼정편록(混定編錄三)』 권3, 갑신년(1581, 선조 17) 5월, 〈대사헌 정철(鄭澈)이
차자를 올렸는데〉

• 『기축록』, 하(己丑錄下), 황혁, 〈기축년 겨울 광주 진사 정암수 등이 사류를 무함한
소(己丑冬 光州進士丁岩壽等誣陷士類疏)〉

• 『청장관전서』, 卷之 제53권, 「이목구심서 6(耳目口心書 六)」 (구봉 후세평가)

명곡 최석정, 『明谷集』, 卷之 十五, 「疏箚」, 〈陳予官求才之方箚〉

『구봉선생집(龜峯先生集)』 송익필(宋翼弼) / 『토정유고(土亭遺稿)』 이지함 / 『고청유
고(孤靑遺稿)』 서 기 / 『우계집(牛溪集)』 성 혼 / 『율곡전서(栗谷全書)』 이 이 / 『송강집
(松江集)』 정 철 / 『중봉집(重峯集)』 조 헌 / 『풍애집(楓崖集)』 안민학(安敏學) / 『사계유
고(沙溪遺稿)』 김장생 / 『청음집(淸陰集)』 金尙憲 / 『충암집(沖庵集)』 김정(金淨) / 『수
몽선생집(守夢先生集)』 정 엽 / 『약봉유고(藥峯遺稿)』 서 성 / 『상촌집(象村集)』 신 흠 /
『기암집(畸庵集)』 정홍명(鄭弘溟) / 『계곡집(谿谷集)』 장 유(張維) / 『고죽유고(孤竹遺
稿)』 최경창 / 『신독재전서(愼獨齋全書)』, 김 집 / 『병계집(屛溪集)』 윤봉구 /

〈단행본〉

『한국사상논문선집 89권 - 성혼·송익필』, 불함문화사, 1999.

『牛溪 龜峯 兩先生文庫』, 성혼 ; 서일원 共著, 서울 : 雅盛文化社, 1976.

『세 분 선생님의 편지글』, 이이 ; 성혼 ; 송익필 [공]지음 ; 임재완 옮김, 서울 : 三星文
化財團 호암미술관 학술총서, 2001.

『李浚慶, 盧守愼, 金麟厚, 李之函, 奇大升, 宋翼弼 外』, 이준경, 同和出版公社, 1972.

『鄭澈·宋翼弼 (外)』 ; 三唐派詩人(外) 정철, 불함문화사, 2002.

『成渾 宋翼弼』, 송익필, 불함문화사, 1999.

『타고난 멍에를 짊어지고 산 철학자』, 이종호, 일지사, 1999.

조남권·이상미 공역,『송구봉시선집』, 박이정출판사, 2003.

이상미,『학이 되어 다시 오리 ―구봉 송익필 시세계―』, 박이정출판사, 2006.

김창경,『구봉 송익필의 도학사상』, 책미래, 2014.

구봉문화학술원 편저,『잊혀진 유학자 구봉 송익필의 학문과 사상』, 구봉문화학술총
　　서 제1집, 책미래出, 2016.

구봉문화학술원 편저,『구봉 송익필 학문, 기호유학에서의 위상』, 구봉문화학술총서
　　제2집, 책미래出, 2018.

구봉문화학술원 편저,『구봉 송익필의 학문적 지평』, 구봉문화학술총서 제3집, 책미
　　래出, 2020.

구봉문화학술원 편저,『구봉 송익필 철학과 문학』, 구봉문화학술총서 제4집, 책미래
　　出, 2023.

〈학위논문〉

• 강구율,『龜峯 宋翼弼의 詩世界와 詩風 硏究』, 慶北大學校 大學院 국어국문학 고전
　전공, 박사학위논문, 2002.

• 배상현,『조선조 기호학파의 禮學思想에 관한 연구 ― 송익필, 김장생, 송시열을 중
　심으로』, 고려대학교 대학원, 박사학위논문, 1991.

• 한기범,『사계 김장생 신독재 김집 禮學硏究』, 충남대학교 대학원, 박사학위논문,
　1991.

• 김창경,『구봉 송익필 도학사상 연구』, 충남대학교 대학원, 동양철학전공 ,박사학
　위논문, 2011.

• 유기영,『구봉 송익필의 詩 연구』, 고려대학교 교육대학원, 한문교육전공 ,석사학
　위논문, 1985.

• 송혁수,『龜峯 宋翼弼의 詩文學 硏究』, 조선대학교, 한문교육전공, 석사학위논문,
　1999.

• 김용식,『구봉(송익필)의 心性觀에 대한 연구』, 고려대학교 대학원 철학과, 석사학
　위논문, 1981.

• 홍웅표,『龜峯 宋翼弼 硏究』, 忠南大學校 敎育大學院 , 사회교육전공, 석사학위논
　문, 1993.

• 최영성,『구봉 송익필의 思想硏究 ― 性理學과 禮學의 關聯性을 中心으로 ―』, 성균
　관대학교 대학원, 석사학위논문, 1992.

- 문정자, 『구봉 송익필 시문학 연구』, 단국대학교 대학원, 석사학위논문, 1989.
- 최영희, 『宋翼弼 詩의 心象과 靜의 문제』, 고려대학교, 석사학위논문, 2003.
- 이상미, 『龜峯 宋翼弼 詩 硏究』, 성신여자대학교 대학원, 석사학위논문, 1997.
- 김민정, 『龜峯 宋翼弼의 濂洛風詩 硏究』, 경남대학교 교육대학원, 석사학위논문, 2007.
- 이소정, 『龜峯 宋翼弼의 禮學思想 硏究 - 祭禮를 중심으로』, 成均館大學校 大學院, 석사학위논문, 2001.

〈일반논문〉

- 강구율, 『구봉(龜峯) 漢詩에 나타난 盛唐의 정조 연구』, 한국사상문화학회, 「한국사상과 문화」 제10집, 2000.
- 강구율, 「귀봉(龜峯) 송익필(宋翼弼)의 생애와 시세계의 한 국면」, 동방한문학회, 『동방한문학』 제19집, 2000.
- 강구율, 「구봉 송익필의 생애와 문학세계」, 구봉문화학술원, 『구봉문화학술원 학술총서』 제1집, 2016.
- 강구율, 「구봉詩에 나타난 강절詩 양상과 그 의미」, 구봉문화학술원, 『구봉문화학술원 학술총서』 제2집, 2018.
- 강보승, 「구봉 송익필의 수양론에 대한 일고찰(一考察)」, 구봉문화학술원, 한국철학사연구회, 『한국철학논집』 제77호, 2023.
- 고영진, 「송익필과 김장생·김집 예학 연구」, 구봉문화학술원, 『구봉문화학술원 학술총서』 제3집, 2020.
- 곽신환, 「송익필의 『태극문』 논변」, 충남대학교유학연구소, 『유학연구』 제33집, 2015.
- 금장태, 「구봉송익필의 人間과 思想」, 원광대 종교문제연구소, 『한국철학종교사상사』, 1990.
- 김경호, 「구봉의 이기심성론; 수파와 수월 은유를 중심으로」, 충남대학교유학연구소, 『유학연구』 제50집, 2020.
- 김동희, 「구봉의 묘합적 사유 -퇴계와 율곡의 묘합적 사유와의 비교-」, 구봉문화학술원, 『구봉문화학술원 학술총서』 제3집, 2020.
- 김문준, 「구봉과 사계 김장생의 학문전승」, 구봉문화학술원, 『구봉문화학술원 학술총서』 제2집, 2018.
- 김봉희, 「구봉 송익필 詩의 연구」, 『漢文學論集』, 2000.

- 김선원, 「송익필(宋翼弼)과 공인(恭人) 남원 윤씨」, 대한지방행정공제회, 『지방행정』, 2001.
- 김성언, 「귀봉 송익필의 한시에 나타난 격양 이학의 의미」, 한국한시학회, 『한국한시 작가연구』, 2001.
- 김세정, 「세계를 보는 두 개의 시선, 구봉성리학과 양명심학」, 한국양명학회, 『양명학연구』 제68호, 2023.
- 김익수, 「우암(尤庵) 송시열(宋時烈)의 직철학(直哲學)과 교육문화」, 한국사상문화학회, 『한국사상과 문화』, 2008.
- 김창경, 「龜峯 宋翼弼의 性理學에 대한 철학적 검토」, 한국사상문화학회, 『한국사상과 문화』 제54집, 2010.
- 김창경, 「구봉 송익필의 도학적 수기론」, 충남대학교유학연구소, 『유학연구』 제24집, 2011.
- 김창경, 「『三賢手簡』을 통해서 본 구봉·우계·율곡의 道義之交와 學問交遊 – 구봉을 중심으로」, 충남대학교 유학연구소, 『유학연구』 제27집, 2012.
- 김창경, 「다양한 색깔의 유학 –고청 서기와 구봉 송익필-」, 충청남도역사문화연구원, 『내포문화총서』 권3, 2015.
- 김창경, 「구봉 송익필 직(直)사상의 기호유학에서의 전승연구」, 한국동서철학회, 『동서철학연구』 제78호, 2015.
- 김창경, 「구봉, 우계의 도의실천연구 –은아전을 중심으로-」, 우계문화재단, 『우계학보』 제34호, 2016.
- 김창경, 「고청 서기와 구봉 송익필 선비정신의 본질과 의의」, 한국동서철학회, 『동서철학연구』 제80호, 2016.
- 김창경, 「龜峯 宋翼弼의 율곡학설에 비판에 대한 연구」, 한국사상문화학회, 『한국사상과 문화』 제93집, 2018.
- 김창경, 「龜峯 宋翼弼 학문의 전북지역 유학발전 영향에 관한 연구」, 한국사상문화학회, 『한국사상과 문화』 제100집, 2019.
- 김현수, 「畿湖禮學의 形成과 學風 : 栗谷·龜峯의 特徵과 傳承을 중심으로」, 『儒學研究』 25, 충남대유학연구소, 2011.
- 명평자, 「구봉 송익필 시의 시풍적 특징 고찰」, 한국사상문화학회, 『한국사상과 문화』 제100집, 2019.
- 문정자, 「구봉 송익필의 시세계」, 근역한문학회, 『한문학논집』, 1991.
- 박학래, 「구봉 송익필에 관한 연구 현황 및 과제」, 충남대학교유학연구소, 『유학연

구』제36집, 2016.

• 배상현, 「송익필(宋翼弼)의 문학과 그 사상」, 한국한문학회, 『한국한문학연구』, 1982.

• 배상현, 「구봉 송익필(宋翼弼)과 그 사상에 대한 연구」, 동국대학교 경주대학, 『논문집 제1집』, 1982.

• 裵相賢, 「宋翼弼의 生涯와 詩文學」, 애산학회, 『애산학보』제5집, 1987.

• 배상현, 「雲谷 宋翰弼의 思想과 詩文學攷」, 『한국사상과 문화』창간호, 한국사상문화학회, 1998.

• 성태용, 「구봉 송익필의 철학사상」, 구봉문화학술원, 『구봉문화학술원 학술총서』제1집, 2016.

• 손흥철, 「구봉 송익필『태극문』의 태극에 관한 연구」, 경사대학교남명학연구소, 『남명학연구』제51집, 2016.

• 손흥철, 「구봉과 율곡의 학문과 교유」, 동양철학연구회, 『동양철학연구』제93집, 2018.

• 안병학, 『송익필의 시세계와 정의 (靜) 의미』, 고려대학교 민족문화연구원, 「민족문화연」구, 1995.

• 어강석, 「龜峯 宋翼弼의 自得과 知足의 詩世界」, 구봉문화학술원, 『구봉문화학술원 학술총서』제3집, 2020.

• 유기원, 『『三賢手簡』을 통해서 본 구봉 송익필의 서예미학(書藝美學)」, 한국동서철학연구회, 『동서철학연구』제102호, 2021.

• 유지웅, 「기호성리학 계승1세대학자들의 구봉성리학 수용양상」, 충남대학교유학연구소, 『유학연구』제36집, 2016.

• 이상미, 「송익필(宋翼弼)의 문학관(文學觀)」, 한국한문고전학회(구.성신한문학회), 『한문고전연구(구.성신한문학)』, 2006.

• 이상미, 「구봉(龜峯) 송익필(宋翼弼)의 道家的 성격고찰(性格考察)」, 한국한문고전학회(구.성신한문학회), 『한문고전연구(구.성신한문학)』, 2007.

• 이선경, 「구봉과 우계의 학문과 교유」, 한국공자학회, 『공자학』34호, 2018.

• 이소정, 「구봉 송익필의 이기심성론 연구 – 예학과의 연관성을 중심으로 –」, 한국철학사연구회, 『한국철학논집』, 2001.

• 이영자, 「구봉 송익필의 경세사상」, 한국철학사연구회, 『한국철학논집』59권, 2018.

• 이정훈, 「전북지역 전승 송구봉 설화의 현황과 그 의미」, 국어문학회, 『국어문학』

제67권, 2018.

- 이종성, 「구봉 송익필의 도가사상에 나타난 이상적 인격과 삶의 지평」, 새한철학회, 『철학논총』 제94집, 2018.
- 이향배, 「『비선귀봉선생시집』의 비평에 대하여」, 어문연구학회, 『어문연구』 제72권, 2012.
- 이향배, 「구봉(龜峯) 송익필(宋翼弼) 한시를 통해 본 군자유(君子儒) 지향」, 전주대학교 한국고전학연구소, 『공존의 인간학』 제9집, 2023.
- 임준성, 「구봉의 시 세계-詩話類와 老莊 취향 중심」, 동아인문학회, 『동아인문학』 제33호, 2015.
- 전성건, 「구봉 송익필 심론의 합리성과 적의성에 대한 연구」, 충남대학교유학연구소, 『유학연구』 제62집, 2023.
- 정태희, 「구봉의 서예연구-三賢手簡을 중심으로-」, 한국사상문화학회, 『한국사상과 문화』 제81집, 2016.
- 조성욱, 「사회적 영향에 의한 지명 변화의 원인과 과정 -전북 진안군 지명을 사례로-」, 한국지역지리학회, 『한국지역지리학회지』, 2007. (운장산 지명관련 연구)
- 진성수, 「구봉 송익필의 수양론 연구」, 동양철학연구회, 『동양철학연구』 제87집, 2016.
- 최영성, 「구봉 송익필의 학문·사상과 한국유학사에서의 위상」, 우계문화재단, 『우계학보』 제23호, 2004.
- 최영성, 「우계와 구봉 송익필」, 우계문화재단, 『우계학보』 제30호, 2011.
- 최영성, 「한시를 통해 본 송익필의 내면세계 - 만년의 시련과 고독, 그리고 자아완성 -」, 한국철학사연구회, 『한국철학논집』 제74권, 2022.
- 하지영, 「구봉(龜峯) 송익필(宋翼弼)의 예 담론과 그 의미 -서모(庶母) 논쟁을 중심으로 -」, 동방한문학회, 『동방한문학』, 2007.
- 한기범, 「구봉 송익필의 예학사상」, 한국사상문화학회, 『한국사상과 문화』 60, 2011.
- 황수영, 「구봉 송익필과 남당 한원진의 직(直)사상 연구와 현대적 의의」, 한국동서철학회 『동서철학연구』 제107호, 2023.
- 한의숭, 「성혼과 송익필의 「은아전(銀娥傳)」 서술 양상과 그 의미」, 민족문학사학회, 『민족문학사연구』, 2004.
- 황의동, 「역경 속의 진유 구봉 송익필」, 구봉문화학술원, 『구봉문화학술원 학술총서』 제1집, 2016.

- 황의동, 「기호유학의 산실 파주와 구봉 송익필」, 구봉문화학술원, 『구봉문화학술원 학술총서』 제2집, 2018.
- 황인덕, 「전설로 구현된 송구봉의 인물상과 그 의의」, 충남대학교인문과학연구소, 『인문학연구』제54집, 2015.

부록2. 구봉 송익필의 주요 연보(年譜)

	연대	구봉선생 사적(事蹟)	역사적 참고 사항
1세	1534, 갑오(甲午), 중종29년	2월10일(음) 부친 송사련(宋祀連)과 모친 연일 정씨(延日 鄭氏) 사이에서 4남 1녀 가운데 3남으로 한성에서 출생	
6세	1539, 기해(己亥), 중종34년	아우 한필(翰弼) 출생	
7세	1540, 경자(庚子), 중종35년	'산가모옥월참차(山家茅屋月參差)'라는 시(詩)를 지음	뒷날 이이, 최립, 백광훈, 윤탁연, 이산해, 이순인 등과 함께 팔문장가(八文章家)로, 또한 김시습, 남효온과 함께 시(詩)의 산림(山林) 삼걸(三傑)로 일컬어짐
?	연대미상(未詳)	향시(鄕試)에 급제함	
?	연대미상(未詳)	창녕 성씨(昌寧 成氏)와 혼인	
21세	1554, 갑인(甲寅), 명종9년	우계·율곡과 도의지교(道義之交)를 맺음〈율곡연보〉	이 시기에 사암(思庵) 박순(朴淳)·송강(松江) 정철(鄭澈) 등과도 함께 도의지교(道義之交)를 맺어 도학(道學)을 강마(講磨)함
25세	1558, 무오(戊午), 명종13년	율곡과 아우 한필과 별시(別試)에 응시 합격. 이때에 사관(史官)이었던 이해수(李海壽)에 의해 서얼은 과거를 응시할 수 없다는 이유로 과거금지(停擧)를 당하게 됨	시험과제인 "천도책(天道策)"의 해답에 대하여 율곡이 구봉을 추천하여 선비들 사이에 문장과 학식이 알려지기 시작함
27세	1560, 경신(庚申), 명종15년	구봉으로 돌아와 후학을 가르치기 시작. 사계 김장생이 종학(從學)하기 시작함.〈사계연보〉 우계로부터 중절(中節) 부중절(不中節)에 관한 견해를 질문 받음	이때부터 구봉선생이라 불리어졌음. 장소는 지금의 파주시 교하읍 심학산(尋鶴山) 자락, 옛 지명은 심악산(深岳山)구봉(龜峯) 자락

	연대	구봉선생 사적(事蹟)	역사적 참고 사항
31세	1564, 갑자(甲子), 명종19년	우계의 부친인 청송(聽松) 성수침(成守琛)의 만사(輓詞) 지음	
33세	1566, 병인(丙寅), 명종21년	안당(安瑭)이 신원(伸冤)되어 복권(復權) 됨	문정왕후(文定王后)가 죽자 훈구세력들 쇠락, 사림세력들이 정권진출 전환기가 찾아옴 그로 인해 안당이 신원 됨
36세	1569, 기사(己巳), 선조2년	부친 송사련의 무고로 일어난 신사무옥(辛巳誣獄)에 대한 추국이 시작됨	
42세	1575, 을해(乙亥), 선조8년	부친 송사련 죽음. 죽은 안당에게 정민(貞愍)라는 시호가 내려짐	동서붕당이 뚜렷해짐. 남명(南冥) 조식(曺植, 1501~1572) 죽음
44세	1577, 정축(丁丑), 선조10년	율곡의 서모(庶母) 위차(位次)에 대한 예(禮)논변을 주고받음. 율곡의《격몽요결》에 대해 잘못된 점을 논변함	
45세	1578, 무인(戊寅), 선조11년	우계에게 출처에 관해서 '처변위권(處變爲權)'을 권함	토정(土亭) 이지함(李之菡, 1517~1578) 죽음
46세	1579, 기묘(己卯), 선조12년	율곡이 쓴《소학집주》에 대하여 잘못을 고치라고 권함. 우계의 부탁으로《은아전》을 지음	
47세	1580, 경진(庚辰), 선조13년	김장생과 '인심도심설(人心道心說)'에 대해 논변 함 율곡의《순언》에 대해 비판함	
48세	1581, 신사(辛巳), 선조14년	율곡에게 삼대지치(三代至治)의 정치를 실현해야한다고 강조함	
50세	1583, 계미(癸未), 선조16년	율곡이 '계미삼찬' 사건으로 동인 박근원 등에게 탄핵 당하자, 우계에게 도와주도록 당부함	
51세	1584, 갑신(甲申), 선조17년	도우(道友)인 율곡 죽음. 〈제율곡문〉을 지어 율곡의 죽음을 애도	
53세	1586, 병술(丙戌), 선조19년	안당의 아들 안처겸이 신원(伸冤)되고, 부친 송사련의 관작이 삭탈됨.	동인들은 대사간 이발과 대사헌 이식을 통해 심의겸을 논죄할 때, '율곡과

	연대	구봉선생 사적(事蹟)	역사적 참고 사항
		이어서 70여인의 식솔들은 노비로 환천 되어 뿔뿔이 흩어지게 됨. 정철의 도움으로 전라도 광주에 피신 함	우계는 심의겸의 친구로서 조정을 어지럽힌 장본인' 이라고 탄핵함. 이때 율곡 제자 이귀(李貴)가 스승의 죽음에 대한 억울함을 상소했는데, 문장과 논리가 정연해서 구봉선생이 기초한 것이라 간주하여 동인들이 선생을 '서인(西人)의 모주(謀主)'라 공격하기 시작함
54세	1587, 정해(丁亥), 선조20년	중봉 조헌이 선생에 대한 신원소를 올렸으나 무위로 그침	
55세	1588, 무자(戊子), 선조21년	중봉 조헌이 선생에 대한 신원소를 올렸으나 무위로 그침	조헌이 구봉선생과 고청 서기를 군사로 추천 함
56세	1589, 기축(己丑), 선조22년	'정여립(鄭汝立)의 난(亂)'이 일어남. 광주에서 한성으로 올라와 왕명으로 구속 됨	정여립의 난 여파로 기축옥사 일어남. 처리과정에서 선생과 아우 송한필 에 의한 조작사건이라 모함 받음. 이에 연관해 조헌이 또 다시 구봉형제의 무죄와 이산해와 동인들에 대한 상소를 하자, 동인들의 화를 더욱 사게 되었고, 배후자라고 하여 선조가 체포령 내림
57세	1590, 경인(庚寅), 선조23년	구속에서 풀려남	
58세	1591, 신묘(辛卯), 선조24년	정철의 세자 책봉문제에 관련하여 연루됨. 선생은 스스로 충청도 홍산현(鴻山縣, 현재의 충남 부여군)에 자수, 형조(刑曹)로 압송. 10월 북인(北人) 정인홍 등이 사헌부 간관을 사주하여 구봉형제의 논죄를 주청함, 12월 선생은 평안북도 희천(熙川), 아우 송한필은 전라도 이성(利城)으로 유배	정철이 왕세자 책봉문제에 연루되어 실각하고 유배되었고, 구봉선생도 연관하여 유배 길에 오름

	연대	구봉선생 사적(事蹟)	역사적 참고 사항
59세	1592, 임진(壬辰), 선조25년	유배생활, 4월 임진왜란 발생.명에 따라 명문산으로 피신	조헌 의병장으로 전사
60세	1593, 계사(癸巳), 선조26년	유배에서 풀려남. 평북 희천에 있는 상현서원에서 한훤당 김굉필 정암 조광조 참배	도우(道友)인 송강 정철 죽음
61세	1594, 갑오(甲午), 선조27년	중형(仲兄)송부필(宋富弼)과 아우 송한필(宋翰弼)이 잇달아 죽음	
63세	1596, 병신(丙申), 선조29	충청도 면천(沔川) 마양촌(馬羊村)의 첨추(僉樞) 김진려(金進礪)의 집에서 우거(寓居)하게 됨	
65세	1598, 무술(戊戌), 선조31년	《가례주설》을 지음	도우(道友)인 우계 성혼 죽음. 부인 창녕성씨와 사별함
66세	1599, 기해(己亥), 선조32년	아들 취대에게 〈현승편〉을 엮게 함. 8월 8일 마양촌의 우사에서 운명함. 문인들과 인근의 유림들이 당진현(唐津縣) 북면(北面) 원당동(元堂洞)에 장사 지냄	
	1622,임술(壬戌), 광해14년	문인 심종직이〈비선구봉선생시집(批選龜峯先生詩集)〉5권1책 간행.	
	1624, 갑자(甲子), 인조2년	스승에 대한 억울함을 풀고자 제자 김장생, 김집이 갑자소(甲子疏)를 올림	
	1625, 을축(乙丑), 인조3년	정엽·서성·유순익·김장생 등이 망사(亡師)에 대한 신원회복에 대한 상소문 올림	
	1717, 정유(丁酉), 숙종43년	이종신 등 2백여 인의 성균관 유생(儒生)들이, 적서(嫡庶)의 차별과 서얼(庶孼)을 금고(禁錮) 시키는 것에 대하여 상소 올림	
	1720, 경자(庚子), 숙종46년	김장생 후손 김진옥(金鎭玉)이 묘표(墓表)를 세움. 병계(屛溪) 윤봉구(尹鳳九)가 묘소 옆에 제각 입한재(立限齋)를 건립함	
	1724,갑진(甲辰), 영조즉위년	정진교 등의 유생들이 상소 올림	

연대	구봉선생 사적(事蹟)	역사적 참고 사항
1745, 을축(乙丑), 영조21년	이주진 등의 유생들이 상소 올림	
1751, 신미(辛未), 영조27년	충청도관찰사 홍계희가 조정에 〈청포증장(請襃贈狀)〉을 올림	
1752, 임신(壬申), 영조28년	구봉선생 사후(死後) 153년 만에 천민에서 면하여 신원(伸冤)되고, '통덕랑행사헌부지평'에 추증 됨	
1762, 임오(壬午), 영조38년	구봉선생 사후(死後) 163년 만에 김장생의 현손 김상성《구봉선생집(龜峯先生集)》11권5책 간행.	
1778, 무술(戊戌), 정조2년	삼남(三南)의 유생(儒生) 황경헌 외 3천 2백 72인이 상소 올림	
1874, 갑술(甲戌), 고종11년	유생들의 서얼허통(庶孼許通) 주장하는 상소 올림	
1910, 경술(庚戌), 순종4년	문경(文敬)의 시호를 받고, 정이품(正二品) 규장각(奎章閣) 제학(提學)에 추증 됨. 〈순종실록〉	
1991, 신미(辛未)	파주시 교하읍 산남리 183-3번지 심학산자락에 봉우(鳳宇) 권태훈(權泰勳)이 구봉선생의 유허비(遺墟碑) 세움 (산남리 주민들에게 전해지는 본래 송구봉선생 이 살던 집터자리에, 그 뒤로 궁녀(宮女)가 살았었다는 산남리 175번지 유역에서 30여m 떨어진 곳에 유허비 세워짐)	

龜峯文化學術院

주 　 소: 충남 계룡시 장안로75, 114동 1102호
　　　 (우림루미아트A) 우편번호32825
연락처: 010-8819-9712(김창경)
메 　 일: ryusu4@hanmail.net

구봉 송익필의 철학과 문학

발행일 | 1판 1쇄 2024년 4월 25일

편저자 | 구봉문화학술원(전 구봉송익필선생기념사업회)
편집인 | 김창경
주　간 | 정재승
교　정 | 홍영숙
디자인 | 배경태
펴낸이 | 배규호
펴낸곳 | 책미래

출판등록 | 제2010-000289호
주　소 | 서울시 마포구 공덕동 463 현대하이엘 1728호
전　화 | 02-3471-8080
팩　스 | 02-6008-1965
이메일 | liveblue@hanmail.net

ISBN 979-11-85134-72-7 93130